赣商研究

秦夏明　主编

A Research on Merchant Class in Jiangxi Province

赣商，史称"江右商帮"，兴起于宋代，繁荣于明清两代，是一支曾与晋商、徽商鼎足而立的商业群体，留下了"无江西商人不成市"的传奇，形成了具有鲜明的江西特色、深厚的历史底蕴、丰富的思想内涵的赣商文化。

经济管理出版社
ECONOMY & MANAGEMENT PUBLISHING HOUSE

图书在版编目（CIP）数据

赣商研究/秦夏明主编 . —北京：经济管理出版社，2014.10
ISBN 978-7-5096-3443-1

Ⅰ.①赣… Ⅱ.①秦… Ⅲ.①商业史-江西省 Ⅳ.①F729

中国版本图书馆 CIP 数据核字（2014）第 242962 号

组稿编辑：杜　菲
责任编辑：杜　菲
责任印制：黄章平
责任校对：超　凡

出版发行：经济管理出版社
　　　　　（北京市海淀区北蜂窝 8 号中雅大厦 A 座 11 层　100038）
网　　址：www.E-mp.com.cn
电　　话：（010）51915602
印　　刷：三河市延风印装厂
经　　销：新华书店
开　　本：720mm×1000mm/16
印　　张：18.75
字　　数：317 千字
版　　次：2014 年 10 月第 1 版　2014 年 10 月第 1 次印刷
书　　号：ISBN 978-7-5096-3443-1
定　　价：68.00 元

编委会名单

顾　问：谢　斌　蒋　斌　杨人平

主　编：秦夏明

副主编：（按姓氏笔画排序）

　　　　肖文胜　张　军　林　芸　罗时万　曹国平

　　　　黄筱蓉　雷玉霞　樊小青

成　员：（按姓氏笔画排序）

　　　　严　琦　李康美　肖　苏　肖鸿晶　吴泓颖

　　　　宋艳萍　张　彬　陈　晋　范　锐　罗　雁

　　　　金　阗　周利峰　查　威　宫　毅　徐　蕾

　　　　衷　欣　黄小平　黄　河　童垚力　曾祥慈

　　　　赖光金　熊运儿

序

　　当今世界，文化与经济和政治相互交融，在综合国力竞争中的地位和作用越来越突出，文化的力量深深熔铸在民族的生命力、创造力和凝聚力之中。中共十七届六中全会作出了《关于深化文化体制改革的决定》（以下简称"决定"）。"决定"在"建设优秀传统文化传承体系"中指出，加强对优秀传统文化思想价值的挖掘和阐发，维护民族文化基本元素，使优秀传统文化成为新时代鼓舞人民前进的精神力量。中共十八大报告把"文化建设"提升到国家五大战略层面的高度，并指出文化实力和竞争力是国家富强、民族振兴的重要标志。在这一背景下，区域商业文化研究日益受到各地重视，成为我国文化研究走向深入的一个标志。

　　赣商，史称"江右商帮"，兴起于宋代，繁荣于明清两代，是一支曾与晋商、徽商鼎足而立的商业群体，留下了"无江西商人不成市"的传奇。勤劳智慧的赣商群体历经几百年的传承与创新，在保留自身文化特质的基础上，兼收并蓄外来文化的精华，形成了具有鲜明的江西特色、深厚的历史底蕴、丰富的思想内涵的赣商文化，这是赣商群体共同创造的物质文化和精神财富的结晶，是中华商业文化中的一朵奇葩。目前国内外学者对"晋商"、"徽商"、"潮州商"、"京商"等的研究已基本形成了理论体系，研究成果的传播与应用已对地方经济发展、增强地方文化软实力起到了重要作用。如同徽商和晋商一样，江右商帮有自己独特的历史贡献和历史地位。然而，对江右商帮的研究非常缺乏，仍然停留在表层，缺乏综合性的深入研究。这表现在：一是研究领域还有许多空白，如对商帮制度、商帮代表人物、江右商帮文化、商帮老字号、江右商帮流派、行业商帮、新赣商等有关问题尚属空白；二是研究方法比较单一，目前研究主要运用的是历史文献法，未能把文化资本、制度分析、管理理论等最新的经济学、社会学和管理学分析框架融入进来。研究工具的单一，难以从深层次解释赣商的核心问题。因此，系统梳理江右商帮历史渊源和兴衰，抢救、发掘江右商帮历史遗存，提炼赣商商贾精神，研究江右商帮流派及代表人物、老字号及品牌文化、行会制度等，建立赣商研究资料库，成了本项课题研究的重点。这既是建设江西优秀传统商业文化传承体系的需要，更是填补赣商研究空白并建立赣商学理论体系的当务之急。因此，本项研究的价值在于通过系统、深入的江右商帮研究，抢救、发掘江右商帮历史遗存，探索和升华现代新赣商商业精髓，将赣商导向未来，将赣商告诉世界，这对丰富江西经济史，推进江西文化软实力建设有着十分重要的意义。

赣商研究领域十分广泛，主要源于赣商现象的复杂性。在几百年的赣商发展历史长河中，赣商这个群体不仅在其活动疆域的广阔性方面引人注目，更重要的是在赣商贸易、企业经营、赣商行会等许多领域所创造的惊人成就尤其显著。这部《赣商研究》汇集了江西经济管理干部学院教师近几年的研究成果，我们没有对赣商历史及其所涉及的方方面面都加以全面论述，而是以赣商精神挖掘为主线展开研究。主要涵盖：①江右商帮的历史渊源与行会制度研究，如江右商帮的兴起及背景、发展、衰落及原因，江右商帮行会的历史沿革，江右商帮兴衰史的借鉴与启示等。②江右商帮流派与老字号研究，包括江右商帮流派的发轫、演变，制度变迁与江右商帮流派兴起的关系，江右商帮老字号品牌挖掘，江右商帮老字号品牌的建设与创新等。③江右商帮家族及商贾精神研究，包括体现江右商帮家族在经营活动中的商贾精神，体现在社会伦理中的商贾精神以及商贾精神对世风的影响等。④江右商帮比较与新赣商研究，包括江右商帮与粤商、徽商、晋商、闽商的比较，新赣商发展等。

我们深知赣商研究的起点高、难度大，虽然江西经济管理干部学院的教师非常努力、非常勤勉去攻克这一难题，但受研究条件、研究能力限制，这部《赣商研究》自然不尽如人意，其中的错误与不当之处也很多。我们恳请关心赣商研究的各界人士不吝赐教。

秦夏明

2014 年 9 月 18 日

目　录

第一篇

江右商帮历史渊源与行会制度研究

江右商帮兴衰及其原因

肖文胜　熊运儿

内容摘要　本文从大量的历史资料中，探索赣商发展的脉络，分析江右商帮的兴衰及其原因，从古道青石、茶亭驿站、大漠孤烟、深山马帮中，寻找赣商先辈经商的足迹，见证江右商帮创造的辉煌，吸取江右商帮衰弱的教训，从而为做大做强新赣商队伍不断提供理论、方法支持，为促进江西经济发展和在中部地区快速崛起做出一分贡献。

一、江右商帮发展及原因分析

（一）江右商帮发展概况

历经 300 余年的明清两代主要有十大商帮：山西商帮、徽州商帮、陕西商帮、宁波商帮、山东商帮、广东商帮、福建商帮、洞庭商帮、江右商帮、龙游商帮。江右商帮的兴起，得益于当时中国社会大的政治经济环境和其自身所拥有的人口、物产、交通、地理等优越条件。元末明初，由于战争对社会经济造成的破坏以及明王朝统一中国军事和政治上的需要，无论国家还是人民，对生活物质资料的需求都达到一个空前的高度，尤其是在挥师南下、平定云贵两广等南方边疆边远民族地区的过程中，鉴于这些地方人口稀少和经济的欠发达，粮草物资等军需给养的供应在很大程度上仍要依赖物产丰富的长江中下游平原地区，明太祖朱元璋夺取政权后，定都南京，第一个设省的地区就是江西。随着明朝对全国的统一，明军不断进兵两湖、两广、云贵，都是以江西为基地的。明军北伐中原，进军西南，战争连绵不断。相对而言，东南地区则战事缓和，生活较为太平。明朝统一中国的军力虽从南京出发，而军需给养却多依赖江西供给，这就为赣商的兴起形成了很大的商业空间。

江西不仅拥有长江中游三大平原之一的鄱阳湖平原，而且拥有运河—长江—赣江—北江3000公里长的黄金水上贸易通道的1/3约1000余公里，在实行海禁闭关政策、只留广州一个对外通商口岸、经济贸易绝大部分只能在内部循环进行的历史时期，这一突出的地理优势尤为显要；江西盛产瓷器、茶叶、纸张、夏布、大米、药材、木竹、烟草、蓝靛、煤炭、钨砂等，其制瓷业和造纸业在明代首屈一指，占了当时全国五大手工业中的两项。这些因素，给赣商的兴起提供了一个得天独厚的内部和外部社会环境，使其在一个不太长的历史时期内能迅速发展开来，遍及大江南北、五湖四海，成为与著名的晋商、徽商等齐名的十大商帮之一。江西商人活动的地域和范围很广，在当时可以说是遍布全国各地，其财力和势力，仅次于晋商和徽商，居全国第三位。在明朝设立的地方行政机构十三承宣布政使司中，江西是最早的一个。

赣商（江右商帮）兴起于元末明初，并迅速进入鼎盛时期。明代各地在北京的会馆见于文献者有41所，其中江西有14所，占34%，居各省之首。在经营活动过程中，江西商人以其经商人数众多、行政区域广、经营方式灵活、贾农结合紧为特色，为明代的经济繁荣做出了重大的贡献。同时江右商帮的兴起为江西经济的发展亦起到重要的作用，农业得到了大发展，各种水利设施得到完善，手工业技术不断上升，其中以景德镇的陶瓷为代表，赣南出现了具有资本主义性质的租地农具，有手工工场性质的瑞金烟草制造厂，食盐的销售区域也得到了扩大，商业城镇也得到了繁荣，如九江、赣州、大庾、樟树镇、吴城镇、河口镇、玉山等都得到了较大的发展。贸易的繁荣铸就了"瓷都"景德镇、"药都"樟树镇。

江西在明清时期由于人口增长过快，人地比例严重失调，人口压力越来越大，加之赋役严重，产生了大量的流民。明代临海人王士性曾说："江西，浙江闽福建三处人稠地狭，总之不足以当中原之一省。故身不有技则口不糊，足不出外则技不售。惟江右尤甚。"由于古代户籍管理相当严格，大量游食于他省的江西人不得不从事手工业和商业活动，特别是小商小贩尤众。明代江右商帮的兴起，正是流民运动的产物。江右商帮的渗透性极强，活动范围广阔、经商人数众多，操业相当广泛，但竞争力较弱。江右商帮具有很强的流民运动特征，江西商人为了求生存、求脱贫，经商相当灵活，他们无孔不入，渗透性极强。从福建、两广到北方各省甚至辽东、甘肃、西藏等极边省区，到处都有江西商人的活动足迹。就国内市场上的活动范围而言，毫不逊于"遍天下"的晋商。抚州人艾南英声称"随阳之雁犹不能至，而吾乡之人都成聚于其所"。甚至在湖广地区还流行有"无江西人不成市场"的民谚。与活动广阔相对应的是江西商人经商人数众多，操业相当广泛。从本地土特产瓷器、茶叶、纸张、木竹到人们的生活必需品粮食、布帛、食盐，从杂货业到典当质押业，从坐商到行贾，凡是能够谋生的品类都是江西人经营的对象，而且在各地从商人数都相当众多。据明中后期有关记载湖广地区"地多异省之民，而江右为最"，河南"四方之贾人归焉，西江来者尤众"，云南"全省抚州人居什五六"，江西"百工技艺之人亦多出于东南，江右为夥"等，其他许多地方也大抵如此。这些散布在各地的江西商人或久居一方经营店铺，或往来于江西与各地之间进行贩卖贸易，形成了人数众多的江右商巨流。

（二）江右商帮发展原因

1. 水运发达，交通方便

江西位于长江中下游南岸，北部为鄱阳湖平原，中南部为丘陵地带。赣江发源于省境南端的南岭山脉，自南而北流经南安、赣州、吉安、临江、南昌、建昌等府，汇抚、袁、信、修诸水于鄱阳湖，北接长江，赣江全长700多公里，贯穿全省，流域面积8.3万平方公里，达全省面积之半，是全省最重要的通航河道。位于江西南部赣粤边界的梅岭，越梅岭而南至广东南雄入浈水，沿北江可直抵广州；江西一侧，从梅岭顺江而下抵鄱阳湖经长江转大运河，可达京师。故梅岭自古为岭南和中原的交通要道，也是沟通珠江水系和长江、运河等主要水道的重要枢纽。

江西四面环山，东北武夷山脉沿赣闽两省边界延绵数百公里，西部罗霄山脉耸立于赣湘边界，南端以梅岭和广东为界，东北有怀玉山脉，西北有九岭山和幕阜山分别构成与邻省的天然屏障。仅九江府最北部100多公里有长江流经，并隔江与湖北、安徽为界。明代禁海，清代自乾隆二十二年（1758）实行独口通商，特殊的历史条件使得梅岭商道在长达数百年的时间内成为南北贸易的重要干线，江西因此成为全国商品流通的必经之地。

隋唐两宋以来，江西木材外销是商业贸易中的一个大项目。明成祖扩建北京，于永乐二年（1404 年）派侍郎古朴到江西采购木材，就是通过赣江经吴城过鄱阳湖进入长江由运河北上的。不仅建设古都的木材是江西的，设计、主持建设北京主要宫廷建筑的"样式雷"（雷发达）也是江西人。此外，茶叶、生丝、桐油、茶油、瓷器、烟草、纸张、夏布、粮食等大宗货物也是江西的特产。交通便利为江西商人外出经商和运输货物创造了极为有利的条件，也是赣商发展的地域优势。所以"九江据上流，人趋市利；南、饶、广信阜裕，优于建、袁，以多利贾；而瑞、临、吉安尤称富足；南、赣谷林深邃，实商贾入粤之要区。"

2. 讲究白手起家，从小做起

"细伢子不要懒，大了可以做老板"、"只有病死人，没有累死人"。这些口头语至今仍在南昌地区流传。在江右商人中大多数是因家境所迫而弃农经商、弃儒经商者，他们携一点土产，小本经营，负贩往来，以求养家糊口。一个家庭，则又往往是以农为本，以商补农。于是，男子外出，妻子持家，父兄外出，子弟务农，则成为江右商人的基本情况。崇仁黄二严，其父外出经商，二严操持家政，上事母，下教弟，后又远涉云南，将因经营亏欠而羁留在那里的父亲接回。广昌毛普圣，未出母腹，其父就外出经商多年，音信全无。普圣"娶妻以养母，而身出访父"。这是父出经商儿子持家者。金溪李应科，父亲外出经商，客死于汉口，这时李应科刚成年，三个兄弟都在幼年，应科独力将他们抚育成人并筹集资金，让他们出外经营，屡次亏损，应科将授课所得报酬资助，又负担养活全家十多口的责任。

赣商多是家境贫寒的农家子弟，自幼养成了吃苦耐劳的品格。在从商的过程中，他们吃苦耐劳，艰苦创业，勤俭持家，蔚然成风。东乡商人，"牵车者遍都大邑，远逾黔滇不惮"；丰城商人，"无论秦蜀齐楚闽粤，视苦比邻"；临川商人，"行旅达四裔，有弃妻子老不归者"。许多赣商由于亲身体验到从商的艰难和经营的劳苦，往往能够疏远纷华声色，粗食布衣，洁身自好。玉山商人吴士发兄弟八人，商贾农艺各执一业，家道殷富，就"不趋游荡，凡声色犬马樗蒲之戏，从不入其内"。清江商人杨福圆，经商多年后，"良田、夏屋渠渠，而藏获之备，指使者甚众"，其妻张氏却仍是"裙布荆钗，操作犹昔"。

3. 物产丰富，技艺精湛

江西种植的特产作物以烟草、茶叶、苎麻、柑橘等为主，并有着悠久的种植历史。至明清时期，随着全国尤其是南方经济的发展，无论是种类、质量，还是分布区域、种植面积都有较大的提升和扩张。明代末期，闽粤客家人将烟草传入了江西。《石城县志》记载："烟草，明末自海外流传闽漳，故漳烟名最远播。石于闽接壤，故其品亦佳。"茶叶，江西种植茶叶的历史可以上溯到唐代，那时的贡茶就有一部分产自江西，如赣东北地区的上饶从唐代开始就是历代贡茶的主要产地。苎麻在江西的种植也有很长的历史，在唐代，江西观察使所辖的八州中有七州的贡品都是苎布一类的物品。柑橘，江西水果类特产作物以柑橘最优，种植区域集中于赣中和赣南。早在宋代，江西就曾大规模地种植过柑橘，并发展成为当地特产，南丰蜜橘是橘中珍品，抚州朱橘在唐代就是贡品，而遂川金橘在宋代即闻名京师。油茶的发展主要得益于闽粤移民的到来。明代的种植范围有限，直到清代才形成了三个影响较大的油茶林区。

　　江西矿产资源丰富，种类繁多，配套齐全，富有特色。赣南以钨、重稀土、锡、铋等矿产为主，赣东以铜、金、银、铅、锌、水泥用灰岩、花岗岩等矿产为主，赣西以钽、铌、煤、铁、岩盐、硅灰石、粉石英、高岭土等矿产为主；在国内外享有盛誉的有铜、钨、铀、钽、重稀土、金和银7种矿产，储量和产量在全世界都具有举足轻重地位的有钨矿。

　　江西的传统手工业如制瓷业、造纸业、纺织业、制茶业、制烟业、制糖业、冶炼业等有较大的发展。翦伯赞先生在《中国史纲要》中指出："明朝中叶……已经形成为五大手工业的区域，即松江的棉纺织业、苏杭二州的丝织业、芜湖的浆染业、铅山的造纸业和景德镇的制瓷业。"明代形成的全国五大手工业区域中，江西就占了两个，由此可见江西手工业之发达。明清时期江西手工业的发展，首先表现为生产技术的进步。而生产技术的进步，又以景德镇的制瓷业最为典型。明代景德镇成为全国的制瓷中心。洪武二年（1369年），洪武皇帝在景德镇珠山建立御窑厂，专门生产皇宫御用瓷器，所制瓷器只求精工，不惜工本，使制瓷技艺更趋进步。到宣德时期，御器厂所造瓷器，"无物不佳，小巧尤妙，此明窑极盛时也"。珠山周围亦分布着众多民窑，生产规模很大。据万历年间（1573～1620年）统计，当时瓷业雇工"每日不下数万人"。明末宋应星在其不朽巨著《天工开物》中描述明代制瓷业时称，"合并数郡，不敌江西饶郡所产……若夫中华四裔驰名猎取者，皆饶郡浮梁景德镇之产也"。明代后期，景德镇瓷器行销国内外，并大量运往欧洲。1602～1637年，经荷兰东印度公司运到荷兰的中国瓷器总数高达300万件以上；1608～

1616 年（缺 1609 年、1611 年两年）6 年内，经荷兰东印度公司运入欧洲的瓷器共 641165 件，其中以景德镇瓷为主。瓷业的兴盛带动了城市的繁荣，当时的景德镇乃"天下窑器所聚，其民繁富，甲于一省……万杵之声殷地，火光烛天，夜令人不能寝，戏目之：四时雷电镇"。清代前期，景德镇瓷业的发展达到了瓷业发展的高峰，制瓷技艺、产品品种及生产数量均达到历史最高水平。据《景德镇陶录》记载："陶至今日，器则美备，工则良巧，色则精全，仿古法先，花样品式，咸月异而岁不同矣。而御窑监造，尤为超越前古。"清代景德镇民窑更多，其生产规模远远超过了明代。清人沈怀清说："昌南镇（景德镇）陶器行于九域，施及外洋，事陶之人动以数万计。海樽山俎，咸萃于斯。"据统计，雍正、乾隆年间（1723~1795 年），景德镇产瓷值约 350 万~440 万两白银，输出商品值（主要是瓷器和茶叶）折白银 36015 万~45015 万两，主要商品流通额约相当于 17 世纪英国每年的出口商品值，相当于法国年出口商品值的 1/3 强，商品输出值是英国的 2/3，法国的 1/4 强。随着瓷业生产的发达，景德镇的城镇规模亦得到相应的扩大。清代督陶官唐英描绘道："景德一镇，僻处浮梁邑境，周袤十余里，山环水绕中央一洲，缘瓷产其地，商贩毕集。民窑二三百区，终岁烟火相望，工匠人夫不下数十余万，靡不借瓷资生。"瓷业中心的地位吸引了全国各地身怀绝技的制瓷匠师聚集景德镇，形成了"景德产佳瓷，产器不产手，工匠来八方，器成天下走"的局面。一时间"豪商大贾，咸聚于此"，"其人居之稠密商贾之喧阗，市井之错综，物类之荟萃，几与通都大邑"，景德镇成为天下闻名的瓷业城市。"浮于饶称望邑，景德一镇，屹然东南一雄。业陶者生于斯，贸陶者聚于斯，天下之大，受陶之利，而举以景德名"；"浮处万山之中，而景德一镇，则固邑南一大都会也。殖陶之利，五方杂居，百货俱陈，熙熙乎称盛观矣"。景德镇的格局以御器厂为中心，街巷和民窑围绕御厂逐步扩增。至迟在嘉庆年间，景德镇街市的扩展，已"自观音阁江南雄镇坊至小港咀，前后街计十三里"，人口达 25 万，遂与佛山、汉口、朱仙并列为全国四大镇。

赣商中不乏技艺精湛者，他们不仅以技谋生，而且为中国传统建筑和文化建设做出了巨大贡献。建昌（今永修）工匠雷发达及其后人，擅长建筑设计制造，自康熙年间至北京任工部样式房掌案（号称样式雷）以后的 200 余年间，清廷主要建筑，如故宫三大殿、圆明园、颐和园等皇家宫殿、苑囿和清东、西陵，均由雷氏家族设计建筑，在中国建筑史乃至世界建筑史上浓墨重彩

宋朝江西景德镇出产的青花瓷

地写上了一笔。

4. 科举盛行，官宦支持

明清两朝，科举盛行。江西人历来尊师重教，崇尚学习，每年中举者络绎不绝，朝中官宦江西人居多。元朝有程钜夫、吴澄、虞集；明朝有黄文澄、杨士奇、杨溥、解缙、胡广、费宏、夏言、严嵩、谭纶、况钟、徐贞明、欧阳德、邹守益、罗钦顺；清朝有朱轼、裘曰修、甘如来、戴衢亨等。明代，朝廷上有"朝仕半江西"的说法，政治影响很大。这些官宦故乡情深，非常注重对家乡的关心和奖掖，他们不仅在京城和各地保护了赣商的地位与权益，还提供了不少的市场信息和商业机遇，在一定程度上刺激了江西人外出经商做工的积极性。

江西商人中有许多是因为生活所迫而弃儒经商者，当他们赚钱盈利解决生活问题后，便资助其兄弟子孙读书业儒，甚至出现子服贾助父业儒之事，以博取功名，提高家族的政治地位，这可称之为"曲线业儒"。如庐陵东界人刘子持，"少孤贫，客蜀，得甘脆以养母，岁备侑觞。助两弟读，仲弟子杨中乡魁，任阳春知县。"庐陵洪塘人罗克勤，十二岁即随兄商楚，其孙振劳考中同治丁卯科举人。庐陵第四塘人刘培秀业商，"子熙盛以优贡生任浙江处州知府"。安福刘孔教因为家贫，其父命兄孔端读书，而命他服贾于楚以致赀。庐陵曲山人肖金烈，父为诸生，因为家贫，"父命金烈营商，家渐裕"。兄俊烈也得以补诸生。为了提高个人和家庭的身份地位，很多吉安商人致富后，为父母或为自己捐钱买官、买封号，直接购买荣誉性功名。如庐陵湖塘人罗克勤被官府"赠奉政大夫"，庐陵第四塘人刘培秀被"赠通政大夫"等。这些头衔，都是他们用一定金钱从官府购买得来的，这种现象在清代较普遍。

特别是吉安地区，宋代的欧阳修、文天祥、周必大等名宦皆出自于吉安，还有杨万里、刘辰翁、胡铨等一代文化名人。由于当时吉安文化发达，科举兴盛，先后多人登上政坛并位居高位。因此当地盛行有"隔河两宰相，五里三状元"的说法。万历《吉安府志》称："至欧阳修一代大儒开宋三百年文章之盛，士子相继攀附，必以通经学古为高，以救时行道为贤，以犯颜敢谏为忠。家诵诗书，人怀慷慨，文章节义遂甲天下。"进入明代以后，吉安科举再攀高峰，尤其在明初100年，达到鼎盛时期。

5. 讲究"贾德"，注重诚信

利马窦在他的《杂记》中多次提到江右商人讲信用的情况。江右商人对外商不欺诈，对于当地人，就更不敢也不会欺诈了。"临川张世远、张世达兄弟交替往汉口贩卖纸业，一次，张世达从汉口卖纸归来，和世远一算纸价，发现货主多给了100两银子，因为是老主顾，所以世达没有点钱。兄弟俩商量后认为：'此非分之财，毕还之。'下一趟本该张世远去汉口，但为这事，仍由世达去。张世达将货主多给的100两银子全部买了纸，携往汉口，找到货主钟良佐说明原委，良佐感服。"

江右商帮讲究忠孝、讲究信用、讲究和气生财。江右商人比较讲信用，如有不讲信用商号，经调查属实的话，商帮会采取办法，小则责其改正，大则孤立和惩罚他。对于江右商人而言，明清以来一直是讲信用的典范，因为江西是一个商业比较发达的地区，江右商也是一个有影响力的商帮，江右商有相当一部分人是远在外地做生意，如不讲信用则难以立足。花钱消灾，是南昌人至今的一句名言。只要不是大的事，南昌人都愿意花一点钱私下调解，维护平和的局面。"只要人情在，就有元宝攒。"由于江右商人在经商过程中长期注重"贾德"，因此积累了一些"贾道"，也出现了一些颇具声誉者，如金溪傅谦，长年在重庆经商，"久充客总，盖八省商侣所推择者，剖决是非曲直"。又如南丰赵希安，在云南经商几十年，"索以信义为滇客重，市事资裁决，卒不得归"。又如东乡陈登瀛，经商汉口，以信义著称，许多云贵、两广商人的货物都请他转运代销，聚集在汉口专门铺售云南货物的抚州商人不下百人，也都推崇陈登瀛。

6. 其他原因

江右商帮之所以能够兴起除了当时的国内环境和江西特殊的地理位置外，江西人特有的品质也是一个关键性的因素，他们讲究互相帮助，讲究回报家乡家族，同时能够把握市场行情。

二、江右商帮的衰落及原因分析

明清 500 余年，十大商帮称雄，逐鹿于我国商界。有的辉煌，随着历史的变迁，转换角色，融入近代经济甚至现代经济，仍然在我国经济中发挥作用；有的没落，只留在历史的过眼烟云之中。江右商帮有过辉煌，曾与晋商、徽商鼎足而立，活跃在全国，时有"无赣不成商"之称，但是，江右商帮没落了，随着清代社会的发展，在鸦片战争以后，活跃了近 500 年的江右商帮没能向近代经济转变和发展，最终没落了。

（一）江右商帮的衰落

从 19 世纪五六十年代至 20 世纪二三十年代，因国内政治经济大格局等因素的变化，江西商人活跃了 500 年之后，最终走向衰落，失去了往日的辉煌。其衰落的主要表现为：

1. 江右商帮群体萎缩

大批江右商人弃商返农，直接造成江右商帮群体萎缩。小本经营的江右商人在经商数年后，稍有积累即顾及年老父母，弃商返农，如南昌刘善莘服贾汉口，"家计饶裕"后，"不复出门"；金溪徐延辉十七岁赴滇经商，积赀"稍裕，遂绝意远贾"；抚州赵雪涛贾滇黔，"多技能"，但其习惯则是"计所谋足一日之费，即闭门赋诗书"，不假外慕；鄱阳吴士孔是"治产不求盈余"；玉山商人王长发、广丰商人吕以时等也是稍有积累即弃商返农。另外，在明代，江西会馆在北京有 14 所，占全部会馆数的 34%，居各省之首，到清光绪年间这一比重下降到 12%，在清末现存会馆碑刻资料者共有 23 个，内中竟无一江西会馆，这一史实可以从一个侧面看到江右商帮群体的萎缩。

2. 改变投资方向，商业资本萎缩

据江西师范大学的方志远教授对新城、金溪、临川、丰城、东乡、崇仁 6

县的江右商人的统计,在 109 项投资中,商业资本改变投资方向的情况十分严重。其中,生活性投资占 21.1%;社会性投资占 77.1%;产业性投资只占 1.8%。占比例最大的社会性投资主要是用于建祠修谱,增置族田族产,救灾赈灾,办学助读,建桥修路及捐粮助饷等。鼎盛的科举文化,曾给江西带来过骄傲,但也使江西重功名、轻工商的观念根深蒂固。小有积累的江西商人一旦摆脱贫困,便将资金投放在后人的举业之上,希望子孙进入仕途,光宗耀祖。或者花成百上千两银子为自己及子弟捐个空头官衔,以改变在家族及社会中的地位。截至太平天国起义之前的清代,资本并非雄厚的江西,以捐钱为手段而获得的国子监监生的名额,竟居全国首位。改变投资方向的结果是,部分商业资本退出了贸易领域,商业资本萎缩。

3. 经营区域日渐缩小

江右商帮在鼎盛时期,经营区域遍及全国各地。不论是就近的湖广、福建,还是云、贵、川,就是辽东、新疆都有江右商帮的活动,"无江西人不成市场"。随着北方各地社会经济的恢复和各地商人的崛起,一些本由江西商人垄断或控制的行业和市场,不得不开始让位于徽商、晋商、陕商、闽粤商、浙商等其他地域性商帮。如明代前期在河南活动的主要是江西商人。明天顺、成化时李贤说,"四方之贾人归焉,西江来者尤众"。到清乾隆初,河南巡抚雅尔图则奏称:"豫省每有山西等处民人及本省富户,专以放债为事。"说明此时的河南,山西及本地商人的势力已超出了江西商人。在江西商人最为集中的云南,明末是"抚(州)人居十五六"。而至清代,则已是"楚居其七",而江右仅"居其三"。虽然在"楚"商中有大量的江右商后裔,但毕竟已不是江右商而是楚商。又如江西本地产茶,明代主要由江右商经销,而至明末清初,浮梁茶已由徽商垄断;清后期,武夷茶则操纵在晋商之手。赣南各府县颇多苎麻,农户资以为生,而其贸易获利亦多让于福建等地商人:"赣州各邑皆业苎,闽贾于二月时放苎钱,夏秋收苎,归而造布。"在鸦片战争以后,江右商帮经营区域日渐缩小,江右商人的大规模出省经营的活动几乎不再见于史料。

4. 江右商人官商化和官府抑商盘剥,江右商帮分崩离析

江右商人的官商化主要发生在盐商中,临川的李宜民叔侄就是典型人物。招商经营更是官府对贸易经营的渗透,国家权力与商业资本的结合,使这部分江右商人逐渐失去了经营的独立性。

无论是明王朝，还是清王朝，官场都是黑暗的。小商小贾组成的江右商帮虽然人数众多，但很松散，很容易被贪官污吏看作下手的对象。贪官污吏用各种手段对江右商人进行压抑和盘剥：利用"官办"，先后有盐业、茶业、瓷业、粮业甚至有时是布业被官办；利用招商贸易，官家参与甚至有的官员参与"干股"以实现官控；发布行业或区域性禁令，不准江右商人经营，先后有部分采矿业、药材业被禁；至于说利用苛捐杂税，搞敲诈勒索更是数不胜数；同时官府又利用江右商人的"商卑"心理，让他们用钱捐官……凡经济的、政治的、黑的、白的、硬的、软的……各种各样的手段尽用于盘剥江右商人。而江右商帮既松散，又无足够的力量与官府周旋。缺乏"红顶商人"，无闻名全国的大贾的江右商帮，在官府的多方压抑和盘剥下，发展空间极为有限。在外省经营的江右商人见之寒心，权衡以后，有一些干脆断绝了与江右商帮的联系，加入到当地商帮。强压之下，焉有完卵？江右商帮分崩离析，走向没落也就成为必然。

（二）江右商帮衰落原因

江右商帮没落的原因是多方面的，既有长期战乱、交通格局变化、市场竞争加剧、近代资本主义经济的冲击、官府抑商等外部方面的原因，也有江右商帮自己内部的因素，具体有：

1. 长期战乱的影响

清朝末年至民国期间，江西经历了多次长时期的战火蹂躏。连绵不断的战火，使赣商赖以生存的主要商品茶叶、纸张、木材等生产受到严重破坏，景德镇的瓷业也一度陷于停产。与此同时，商业资本在战争中也遭到毁灭性的掠夺和打击。在清军围剿太平军的战争中，湘军统帅曾国藩不仅以江西、安徽作为扼制、反击太平军的基地，更以江西作为军费的筹集地。5年间在江西征得白银840万两，占湘军全部军费的一半以上。这个数字对于素称富有的两淮盐商都难以承受，更何况以小本经营为特色、谋取小额利润的江西商人。由于商业资本的急剧萎缩，赣商的贸易江河日下，赣商的命运也就可想而知了，用"惨淡经营"来形容绝不为过。

2. 交通格局的变化

清朝末年，京汉、粤汉、津浦等铁路的修通，水运变陆地，南北交通改走两湖、冀豫，江西成了陆运和海运的盲区。虽然后来有浙赣线，也只是在赣北穿境而过，整个赣中、赣南特别是构成江右商主体的吉安、抚州、建昌三府，因远离交通线，物质流通艰难，过境贸易相当稀少。

交通格局的变化，不仅使赣商的贸易量剧减，也使外部渗入的新思潮、新风尚绕过了江西。而这新思潮、新风尚在扩散过程中不断地被抵制、被削弱、被改造，然后再反射到江西，致使江西在观念的更新上，不仅落后于沿海，也落后于中原和南北交通上的湖广、苏皖等地。这是赣商衰落的重要原因之一。江西四大名镇之一的河口镇（今铅山）和饶州（今鄱阳）是江西主要的河运码头，市井繁华，贸易兴旺。尤其是饶州，是景德镇瓷器、浮梁茶叶和赣东北木竹的集散地。据《鄱阳县志》记载，清乾隆年间，城内"商贾凑聚，百货所集"，有"十里长街，烟火万家"，"千帆安泊，百货归墟"之说，年输出的鲜干鱼、银鱼、白莲等水产品万余担。随着铁路和公路的开通，饶州港口日渐萧条，河面上常常渔船多于货船，而河口也渐渐变成了一个死码头。

3. 近代资本主义经济的冲击

从 19 世纪 40 年代起，即鸦片战争后，来华商船增多，为了维修船舶，外国商人投资擅自设立船坞料和劳动力，外国商人在中国通商口岸非法开办了一批加工厂，如砖茶厂、缫丝厂等。从此，外商企业资本主义经济在华产生。60 年代，西方资本主义国家开始在中国投资经营轮船公司，如美国旗昌轮船公司，英国等外国侵略者还把持了中国海关管理权，逐步控制了中国经济命脉，中国社会经济日益陷入资本主义市场。70 年代后期，外国侵略者非法对华资本输出，在通商口岸开办各种工厂，设立银行等。

甲午中日战争后，由于《马关条约》允许日本在华投资设厂，其他列强援引"利益均沾"的条款，各资本主义国家纷纷在中国投资设厂。外国资本主义经济由于享有政治、经济特权，在中国市场中居于垄断地位。19 世纪末，帝国主义国家大规模地对华资本输出，抢夺路权、矿权，开设银行，开办工厂，并附加苛刻的条件。《辛丑条约》签订后，外国资本主义经济在华势力不断增加。

外国资本主义经济，一方面，瓦解了中国自给自足的自然经济，造成农民和手工业者的大批破产，带来灾难；另一方面，虽然其主观目的是经济侵略，但客观上为中国民族资本主义经济的产生和发展创造了商品市场，给中国带来了近代民族工业发展以及企业的管理制度，同时也造就了中国最早的产业工人。

清朝末年，辽东、河北、山东、浙江、江苏、广东、云南等地相继被纳入外国资本势力范围，西方廉价工业商品大量涌入，国内民族资本开始生长，渐成气候。但江西商人既没有吸收外国资本的条件和创新意识，又没有较大的民族企业，只能被外国资本主义经济所瓦解，赣商逐渐呈衰弱之势。

4. 传统观念的束缚

江右商人的经营观念受传统观念束缚，未能随着社会的发展而转变。江右商帮应时而兴起和发展，但其经营观念仍然没有完全跳出"以商补农，以末养本"的思维方式。在长达500余年的过程中，江右商人的这种观念虽然有所变化，但这种变化并不深刻、彻底。有一些小有成就的江右商人见好就收，把资金投向土地和房屋，如金溪的徐廷辉"资稍裕，遂绝意远贾"，有盈利就寄回家。还存在一批亦农亦商的季节性商人，他们只是利用农闲时节经商，农本商末经营观念严重，只把经商作为一种补充。

明清时期，江西和全国一样仍然处于小农经济的包围之中，农民以小本经营方式，暂时脱离农事，而从事贸易活动。由此可见，人数众多的江右商人仍然受到农本商末观念的深远影响，把经商作为农业的一种补充，是亦农亦商的季节性商人。小富即安，不愿做大做强企业，缺乏创新精神。在乡里，大家尊崇的是官员和读书人，认为他们可以光宗耀祖；而轻视商贾。商贾成巨富，回到乡里建祠修谱，增置族田族产，救灾赈灾，办学助读，建桥修路及捐粮助赈，才能勉强获得乡梓间的尊重。就是国史、正史言及商人，贬多于褒。在《新城县志》中，人物篇收集了历代名人：有个人传略的人，榜上有名的人，全部是历代的官员和有功名的读书人，没有一个商贾。其实，新城（今黎川）历史上出现过一批有成就的商贾，个别甚至很有成就，如新城的商人邓兆罄。在这种传统文化氛围中，江右商人的经营观念是很难有较大改变的。陈旧的经营观念广泛地存在于江右商人之中，严重地阻碍了江右商人向近代经济的转变。

江右商帮几百年来虽然形成了人数多、行业广、讲信誉、能吃苦、善筹算、渗透力强等优势，但存在着以商脱贫、资本分散、小本经营、难成规模、因循守旧、故步自封等传统观念的束缚。在政治权力与商业资本关系密切的中国社会，江右商人借助"朝仕半江西"的优势，才得以壮大和发展。到清朝末年，朝廷为官者赣人日渐稀少，缺乏以特权为依托的赣商难以与晋商、徽商相抗衡而日益衰落。

九江某江右商人回到乡里修建的家族祠堂

5. 全国经济格局变化

鸦片战争以后，广州、厦门、福州、宁波、上海成为通商口岸，此后，北方的天津、营口、烟台，南方的汉口、九江、南京、镇江、汕头、琼州、宜昌、芜湖、温州、北海、重庆、沙市、苏州、杭州，台湾的淡水、台南，新疆的喀什等处也纷纷成为商埠，外国资本开始渗入沿海、沿江及内地。19 世纪七八十年代，广东、福建、浙江、江苏、天津等地开始兴办近代私人企业。《马关条约》签订后，辽东、山东、云南、广西等地相继被纳入外国资本的势力范围，近代民族资本开始生长。在这一形势下，江西虽然也有九江一个口岸对外通商，但在南浔铁路修通之前，九江更多的是与沿江的汉口、芜湖连为一线，与江西内地的联系反倒薄弱。以明时九江钞关为例，它只能对长江江面往来的商船收税，在没有设置湖口分司时，管不到出入湖口下行的商船。即使南浔铁路开通之后，也只有赣北地区才与九江联系较为密切。

全国经济格局变化，江西经济地位转弱。随着明清政府的一系列政策的调整，昔日的物流"黄金通道"已不复存在，沿海地区和以北京为中心的北方经济区域逐渐加快经济发展，各省的经济实力纷纷超过江西，江西的经济地位转弱。特别是在鸦片战争以后，沿海地区经济更是加速发展，超过江西者益众。江西由于历史原因，仍然沿着封建经济的轨道缓慢爬行。从而，江右商帮赖以生存的经济基础发生了根本性动摇，其结果是江右商帮辉煌不再。斗转星移，江右商帮的结构更逐渐趋于松散，到后来，在全国性的经济贸易中竟难寻其踪。

6. 江右商人在外省落户，削弱了江右商帮的实力

在外省的江右商人在当地落籍，削弱了江右商帮的实力。江右商帮兴起于江西的流民运动，在初期，外地的江右商人仍然"乡音未改，乡情深重"；随着时间的推移，江右商帮中的流民落籍已久，他们接受当地的传统文化，被当地同化，逐渐与江右商帮失去联系，甚至为数不少的江右商人的后裔与江西经济断绝联系，成为当地居民，融入当地社会经济生活中。由于地缘关系，他们中绝大部分商人加入了当地商帮。这直接壮大了其他商帮的实力，削弱了江右商帮的竞争力。

7. 少数江右商人不讲究职业道德，违背诚信原则，受到惩罚

虽然绝大多数江右商人注意信誉，但江右商人不像晋帮商人，供奉财神和关羽以义团结同乡商人，讲究"贾德"，积累"贾道"，尤其是少数江右商人不道德经营，视市场规则如儿戏，更谈不上公平交易，童叟无欺。如新城的涂肇新晚年回故土，于是将资本交给"伙某"，没想到血本无归。这种行为给江右商帮带来的灾难是毁灭性的。以至于明成化二年（1466 年），福建都司王历指出，江西等商人"奸盗作伪，匪所不为。"李贤记载，江右商人"善于做生意，而且狡猾多智"。"坐放钱债，利上加利，收债米谷，贱买贱卖"，牟取暴利。市传"南人多诈"，不良江右商人的行径受到谴责，引得群起而攻之。到后来，有的商人为避免伤害，干脆拒绝与江右商人做生意。官府也有禁止江右商人进入某些地方进行交易的举措，对江右商人的经营活动加以限制，如明成化十年（1474 年），刑部就要求明令禁止江右商人在四川地区进行商业活动。江右商帮因少数不法商人违背市场规律的行为败坏了江右商帮的声誉，受到了集体惩罚，给江右商人的经营带来较大的困难，江右商帮的市场空间受到压抑。

8. 家族和乡里对江右商人的抽血

江西处于中国的腹地，在当时，小农经济发育得比较好。江西有成千上万的家族祠堂。在乡间，由于当时的经济实力，官府对于小公益事业是没有投入的。家族祠堂的维护、小公益事业的兴建都需要投入，钱只有两个来源：一是向各家各户摊派；二是要求有钱的多出一些。江右商人在家族和乡里的双重压力下，只好拿出钱来，进行建祠修谱、增置族田族产、救灾赈灾、办学助读、建桥修路及捐粮助赈等项目的社会性投资。这种投资竟占总投资的 77.1%，

无可奈何，忍痛放血。其结果是，江右商人的商业资本日益萎缩，无法将以小农经济为基础的汪洋式的小经营资本，转变成能适应近代经济的集约式大资本。

随着烽火的四起、交通的变迁，由于观念的落后等原因，使得江右商人渐渐失去了曾经的商业领地，也使得江西被边缘化，从而错过了一次又一次的发展机遇。

参考文献

［1］吴启文．"江右商帮"的兴衰［EB/OL］．中华赣商网，2007-12-14．

［2］郑建明．试论明代江西人口的减少［J］．宜春师范学报，1998（2）．

［3］方志远．明清江右商研究（上、下）［EB/OL］．国学网，2005-04-21．

［4］黄世相．历史的对比　现实的思考［J］．科技经济市场，1997（6）．

［5］余龙生．简析明代江西商人的行商特色［J］．上饶师范学院学报，2002（8）．

［6］黄穆泗．万寿宫之殇——从江右商帮兴衰看江西商业精神的沦丧［EB/OL］．新浪网，2007-10-07．

［7］肖文评．试论明清时期的吉安商人［J］．新余高专学报，2005（2）．

［8］袁海燕．明清吉安府士绅的结构变迁与地方文化［J］．江西科技师范学院学报，2004（10）．

［9］谢力军，张鲁萍．浅析江右商帮的没落［EB/OL］．中华赣商网，2007-12-14．

［10］方志远，黄瑞卿．江右商帮的社会构成及经营方式［J］．中国经济史研究，1992（2）．

明清时期江西区域经济非均衡与均衡分析

肖文胜　　肖鸿晶

内容摘要　当明清时期江西区域经济这个系统内部的产业结构（含资源结构）、市场结构（供求结构、经济格局、交通状况等）、劳动力结构、企业组织结构等因素开始由不均衡达到均衡点时，系统有效地发挥了整体功能，即江西区域经济得到较快发展，同时江右商帮也兴起发展；如果系统内某种或某几种因素发生变动，而其他因素的结构不相应发生变动、因循守旧，系统就不能发挥整体功效，区域经济就会衰退，江右商帮也就难逃衰落的命运了。本文就是围绕这一重要课题展开了探讨。

区域经济学理论告诉我们，任何众多因素组成的复杂机体，都要求诸因素在量的方面保持一定的比例，从而形成一种均衡状态，在运动中应当保持这种均衡，才能有效地发挥整体功能。然而，作为一个动态系统，如果在运动中始终保持均衡状态，则意味着该系统的停滞。其实，任何一个发展的动态系统的内部结构都是不均衡的，其演化过程也是不均衡和不平衡的。正是这种不均衡和不平衡成为系统发展的动力。区域经济是不断发展变化的系统，在区域经济发展中，经济机体内部各种结构从不均衡状态向均衡点转化，又从均衡点向不均衡状态转化，如区域产业结构（含资源结构）、市场结构（供求结构、经济格局、交通状况等）、劳动力结构、企业组织结构等无不如此，并形成一个循环往复的过程，对均衡点的突破和出现不均衡现象，促进了区域经济的发展。当明清时期江西区域经济这个系统内部的产业结构（含资源结构）、市场结构（供求结构、经济格局、交通状况等）、劳动力结构、企业组织结构等因素开始由不均衡达到均衡点时，系统有效地发挥了整体功能，即江西区域经济得到较快发展，同时江右商帮也兴起发展；但这时的均衡是一个动态的均衡，因为系统内部的诸多因素都是动态变化的因素，如产业结构（含资源结构）会变，市场结构（供求结构、经济格局、交通状况等）会变，劳动力结构、企业组织结构也会变，一旦某种或某几种因素发生变动（从均衡转化为不均衡），就需要其他因素的结构相应发生变动，从而达到一种新的均衡，经济就会进一步发展，否则，如果系统内某种或某几种因素发生变动，而其他因素的结构不相应发生变动、因循守旧的话，系统就不能发挥整体功效，区域经济就会衰退，江右商帮也就难逃衰落的命运了。

一、明清时期江西产业结构因素非均衡与均衡分析

江西地处长江中下游以南，属亚热带湿润季风气候，明清时期江西物产丰富，有瓷器、茶叶、纸张、夏布、大米、药材、木竹、烟草、蓝靛、煤炭、钨砂等，不仅丰富了商业兴隆的物质基础，也增加了经商的渠道和门路。翦伯赞在《中国通史纲要》中指出："明代中叶，棉纺织业的松江，丝织业的苏杭，浆染业的芜湖，制瓷业的景德镇和造纸业的铅山，为江南五大手工业区。"全国五大手工业区，江西就有两个，可见手工业之发达。据明《铅书食货》记载，铅山县仅石塘镇一地，每年产纸4500多石，其中有200多石被官府收购作为奏本纸。当时铅山生产的纸有连史、毛边、关山、京川、贡川、大表、表心、荆川、书策、白绵十种。铅山的纸其实早在元代就已名播天下了。明清时期江西产业体系主要有：瓷业、茶业、纸业、布业、米业、药业、木竹业、烟业、矿业、建筑业等。至明代，虽然人口次于浙江而居全国十三布政司的第二位，但江西每年所纳税粮，据孝宗十五年（1502年）和万历六年（1578年）的统计数，却超过浙江，由此可见产粮之富。江右商人中不乏技艺精湛者，他们不仅以技谋生，而且为中国传统建筑和文化建设做出了巨大贡献。历元至明，江西产业结构由不均衡逐渐达到均衡状态，有力地促进了江西区域经济的发展。

江右商人开的商行

清朝末年，辽东、山东、云南、广东等地相继被纳入外国资本势力范围，西方廉价工业商品大量涌入，国内民族资本开始生长，渐成气候。但江西商人既没有吸收外国资本的条件和创新意识，又没有较大的民族企业，只能被外国资本主义经济所瓦解，产业结构均衡状态被打破，江右商帮逐渐呈衰弱之势。

总之，明清时期江西产业结构不均衡与均衡状态的相互转化影响了江西区域经济的发展，同时也影响了江右商帮的兴衰。

二、明清时期江西市场结构因素非均衡与均衡分析

（一）供求结构因素非均衡与均衡分析

江右商帮兴起于元顺帝至正十一年（1351 年），同年爆发了历史上有名的红巾军起义，中原大地陷入了旷日持久的战乱之中，明太祖朱元璋建立明朝后，定都南京，第一个设省的地区就是江西。随着明朝对全国的统一，明军不断进兵两湖、两广、云贵，都以江西为基地。明军北伐中原，进军西南，战争连绵不断。相对而言，东南地区则战事缓和，生活较为太平。明朝统一中国的军力虽从南京出发，而军需给养却多依赖江西供给。兵马未动，粮草先行，为此出现了赣商。元末明初的长期战乱，一方面使江西人广征粮草，满足军队的不断需求，贸易越做越大；另一方面，随着军队的推进，江西人又将本地的商

品（主要是农副产品和生活必需品）行销到中原大地和华南、西南各省，赣商的队伍和经商范围也随之不断扩大，渐成气候。历元至明，江西供求结构由不均衡逐渐达到均衡状态，有力地促进了江西区域经济的发展。

从19世纪40年代起，外国商人在通商口岸开办各种工厂，从此，外商企业资本主义经济在华产生并逐步控制了中国经济命脉，中国社会经济日益陷入资本主义市场。20世纪初，九江、南昌先后出现了一些近代民族企业，但无论从速度还是从规模上看，不仅落后于东南沿海各省，也落后于湖北、湖南、安徽等内地邻省。赣商长时期以个体、小本经营为主要方式，形成不了规模经营的气候，生产能力低下，产品供应远不能满足市场需要。赣商长时期的个体、小本经营已经不能适应全国商品市场供求结构的转变，供求结构均衡状态被打破，江右商帮逐渐呈衰弱之势。

（二）交通状况因素非均衡与均衡分析

明朝建立后，为防倭寇的侵扰，实行了长时期的禁海政策。国内贸易，甚至对外贸易，都依靠水上通道。运河—长江—赣江—北江这一通道就成了全国贸易的黄金水道。这条通道，长达3000多公里，在江西境内就有1000余公里。精明的江西人是不会失去这一千载难逢的商机的，他们运用所具有的经济实力，凭借丰富的物产，利用当时较为发达的运输系统，小本经营，迅速发展起来。历元至明，江西交通状况由不均衡逐渐达到均衡状态，有力地促进了江西区域经济的发展。

清朝末年，京汉、粤汉、津浦等铁路的修通，水运变陆地，南北交通改走两湖、冀豫，江西成了陆运和海运的盲区。因远离交通线，物资流通艰难，过境贸易相当稀少。这一交通格局的变化，交通的均衡状态被打破，江右商帮逐渐呈衰弱之势。

（三）经济格局因素非均衡与均衡分析

明代中叶，由于海商经常犯禁，明朝政府实行更为严厉的海禁政策，海上贸易的停滞和萎缩，促进了"内陆"贸易的发展。这使得江西在国内、国际贸易中处于极为有利的地位，为江西经济特别是商品经济的发展和江西商人的活动提供了前所未有的机遇。史料可证，明代江右商帮的兴起是精明的江西人在较为有利的经济基础上，利用良好的地理经济环境，得益于当时明朝的海禁政策；商贸范围迅速扩大，物流速度加快，这对江右商帮的兴起和发展可谓功不可没。

随着清代海禁的开放，华北平原、长江中上游诸省的经济发展，以及东北与台湾等新区的开发，沿海、沿江贸易都有大规模的发展。清代后期，沿海、长江航运逐渐取代运河成为全国最主要的流通干线，沿海、沿江一批重要的流通枢纽城市迅速崛起，如上海、天津、广州、厦门、重庆、汉口、九江等，这些城市大多成为鸦片战争后的第一批通商口岸。江西昔日的物流"黄金通道"已不复存在，沿海地区和以北京为中心的北方经济区域逐渐加快经济发展，各省的经济实力纷纷超过江西，江西的经济地位转弱，江西经济格局均衡状态被打破，江右商帮逐渐呈衰弱之势。

三、明清时期江西劳动力结构因素非均衡与均衡分析

从明太祖洪武二十四年至明神宗万历六年（1391~1578年），江西有过百万人口流向外省，形成了江西历史上一次大的流民潮。主要原因是：宋代后期，由于江西部分地区人口过剩和豪族大户对土地的兼并，鄱阳湖区和吉泰盆地等经济发达区大量农民外流，"江西填湖广"运动使江西商帮在这场大移民中崛起，形成了各种商帮组织，造就了这个独特的商帮。江西的流民以经济发达、人多地少的吉安、抚州、南昌、广信等处为多，但流民们去本省人口稀少的南安、赣州二府者仅十之一，十之九游食于他省，特别是湖广。主要原因是如果到本省南、赣，当地的里甲将强迫其入籍承担赋役，原籍官府又行追捕，而逃往他省，则没有这些麻烦。大量人口的外出经商，缓解了江西人口对土地的压力，也改善了许多家庭的经济生活状况；由于江西商人多以本地土特产品为依托，自然会刺激江西本地的商品生产；大量江西商人涌向湖广、四川、贵州、云南，对西南地区的开发起了重要的促进作用。历元至明，江西劳动力结构由不均衡逐渐达到均衡状态，有力地促进了江西区域经济的发展。

清末以来，由于遭受多次战乱涂炭，江西人口锐减，原先人多地少的情况不存在了，江西人也就开始安享以农为主的生活，陶醉在一片"自给自足、诗书传家"的田园理想里。走州过府的辛苦，作客他乡的艰难，随买随卖的烦琐与风险，开始被已经能够在家乡吃饱饭的江西人视为畏途，江右商帮逐渐消失了，江西人的商业精神也随之消亡。江西劳动力结构均衡状态被打破，江

右商帮逐渐呈衰弱之势。

总之，明清时期江西劳动力结构不均衡与均衡状态的相互转化，影响了江西区域经济的发展，同时也影响了江右商帮的兴衰。

四、明清时期江西企业组织结构因素非均衡与均衡分析

绝大多数江右商人的企业组织结构是个体经营，家庭分工、产销结合。"男人外出，妻子持家；父兄外出，老弱务农。"是大多数江右商人的基本家庭分工。当然也有同业商人合资经营，双方或数方相互承担经济上和道义上的责任。这种结构从封建商品经济的角度来看，在封建商品经济不发达的当时还是可以的。历元至明，江西企业组织结构由不均衡逐渐达到均衡状态，有力地促进了江西区域经济的发展。

随着经济的发展，特别是近代资本主义经济的出现，江右商人的经营方式仍然停滞于个体小本经营，"南人多诈"又使江右商人互相不能信任，资本无法集聚。小本生意也就难做。长此以往，恶性循环，小本经营成本不能有效地降下来甚至出现亏损，在市场中江右商人逐渐失去竞争力。江西企业组织结构均衡状态被打破，江右商帮逐渐呈衰弱之势。总之，明清时期江西企业组织结构不均衡与均衡状态相互转化，影响了江西区域经济的发展，同时也影响了江右商帮的兴衰。

综上所述，正是由于明清时期江西产业结构（含资源结构）、市场结构（供求结构、经济格局、交通状况等）、劳动力结构、企业组织结构等因素的均衡与不均衡的变化影响了江西区域经济的发展，也影响了江右商帮的兴起、发展和衰败。

参考文献

[1] 吴启文．"江右商帮"的兴衰［EB/OL］．中华赣商网，2007-12-14．

[2] 谢力军，张鲁萍．浅析江右商帮的没落［EB/OL］．中华赣商网，2007-12-14．

[3] 方志远．明清江右商研究（上、下）［EB/OL］．国学网，2005-04-21．

[4] 江右商帮的历史渊源与兴衰［EB/OL］．中华赣商网，2007-12-14．

江右商帮消隐的制度成因分析

张　军

内容摘要　本文从新经济史学视角，对江右商帮消隐的原因进行了探寻，认为江右商帮消隐的原因要到明清时期的制度安排中去寻找，正式制度和非正式制度的安排以及制度的变迁是导致江右商帮消隐的根本原因。

江右商帮的鼎盛时期发端于明初，延续到清代前中期，终结于清末民初，活跃了 500 余年。据史料记载，至清代中叶一些本由江西商人垄断或控制的行业和市场，逐渐让位于徽商、晋商、陕商、闽粤商、两浙商等其他地域性商帮。如明前期在河南活动的主要是江西商人。明天顺、成化时李贤说，"四方之贾人归焉，西江来者尤众"。到清乾隆初，河南巡抚雅尔图则奏称"豫省每有山西等处民人及本省富户，专以放债为事"。说明此时的河南，山西及本地商人的势力已超出了江西商人。在江西商人最为集中的云南，明末是"抚人居十五六"。而至清代，则已是"楚居其七"，而江右仅"居其三"。虽然在"楚"商中有大量的江右商后裔，但毕竟已不是江右商而是楚商。又如江西本地产茶，明代主要由江右商经销，而至明末清初，浮梁茶已由徽商垄断；清后期，武夷茶则操纵在晋商之手。赣南各府县颇多苎麻，农户资以为生，而其贸易获利亦多让于福建等地商人。"赣州各邑皆业苎，闽贾于二月时放苎钱，夏秋收苎，归而造布。"

江右商帮的消隐如果仅从交通格局的变化、小本经营以及江右商人儒家个性出发来找原因，就显得很落俗套，笔者认为应该从封建制度本身找原因。在中国古老的封建制度里，商帮迟早都要衰落，只是时间上早晚不同而已。如果经营的是与国家命脉紧密相联的行业，如经营钱庄和盐的晋商和徽商就衰落得晚一些，否则就更早一些。诚如江右商帮的兴起可以从制度及制度变迁上找到成因，江右商帮的衰落和消隐也同样源于制度及其变迁，本文从正式制度和非正式制度两个角度分析江右商帮消隐的原因。

一、正式制度分析

（一）中国封建制国家经济制度的劣根性

中国历史上的"封建社会"引用欧洲历史学划分的方法应该叫做"宗法专制社会"，是具有中国特色的社会形态，其特征是地主占有土地，农民只有很少土地或全无土地，只能耕种地主的土地，绝大部分产品被地主剥夺。封建社会比奴隶社会前进了一步，农民可以有自己的个体经济，但终身依附土地，实际上仍无人身自由。保护封建剥削制度的权力机关是地主阶级的封建国家。"普天之下莫非王土，率土之滨莫非王臣。"土地是封建制国家的命根子，重农抑末的思想根深蒂固，封建制国家是不情愿商品经济得到发展的，只有把农民牢牢地捆在土地上，封建统治才会固若金汤。之所以会让商品经济有发展的空间，那也是为了保障封建制国家皇室的无节制开销以及国家机器运转所需要的巨额赋税有稳定来源。

中国的"封建社会"就像一个早熟的婴孩，在政治上过早地发展进入中央集权制度，而经济上远远落后，这就严重阻碍了中国两千年的发展，使中国的前进自秦以后就走进了"死胡同"。中国封建社会商品经济的发展经历过三次高潮：秦汉、唐宋、明清，封建制度对商业的打压是紧一阵松一阵。商业发展是在封建制度的夹缝中曲折前行的，就像一颗顽强的种子，只要有一线阳光就要破土而出，可是最后还是像烟头一样被捻灭了。

春秋前期著名的政治家、先秦法家先驱管仲在他的著作《管子·国蓄》中说："利出一孔者，其国无敌；出二孔者，其兵半屈；出三孔者，不可以举兵；出四孔者，其国必亡。先王知其然，故塞民之羡（多余的钱财），隘（限制）其利途，故予之在君，夺之在君，贫之在君，富之在君。故民之戴上如日月，亲君若父母。"这一思想被历代封建制君主奉为统治民众的金科玉律，成为实施中国特色的人身控制的黄金法则。"利出一孔"是指人民只有一个获利的孔道、途径。即国家采用政治经济法律手段，控制一切谋生渠道同时垄断社会财富的分配，那么人民要想生存与发展，就必然要事事让给于君主（国家）的恩赐，这样君主就可以随心所欲地奴役支配其统治下的民众了。

自由商业活动对社会所起的作用效果，恰恰与集权的封建制统治形成尖锐的对立，集权统治要求人民空间位置凝固，彼此之间杜绝横向联系，保持小农经济的统治地位，以实施人身控制和弱（贫）民术；自由商业活动尊崇的是等价交换的价值规律，其基础是金钱面前人人平等，与等级制、特权制水火不容。而且商业可以促进人力、资金、技术、信息、商品等的横向流动，这又是对人身控制的极大危害，势必威胁封建制度的根基，统治者不遗余力地抑制它的发展就不足为怪了。

（二）中国封建制国家"重本抑末"商业制度的发展轨迹

1. 秦汉时期的商业思想和商业制度

秦始皇统一中国后采取了一系列政策，对市场和商贸的发展起到了十分重要的作用。秦朝统一文字、货币、度量衡等具体有效的措施为当时商品流通的广泛发展创造了极为有利的环境。当然，秦朝作为商鞅改革的直接受益国，秦王朝建立后在商贸方面继承了商鞅的"重本抑末"政策并在抑商方面采取的一系列具体措施实际上又大大限制了商贸的发展。

西汉时期在农业、手工业广泛发展的基础上，出现了我国封建社会商贸经济发展的一个高峰。地区间的商品流通和贩运贸易迅速发展，开始出现中国与外国之间的贸易往来，商贸都市的兴起及城市市场繁盛，民间自由贸易广泛发展。东汉商贸的发展程度始终没有超出西汉的最高水平。

2. 三国魏晋南北朝时期的商业思想和商业制度

由于全国经济重心开始转移，南方战祸较少，故南方经济的发展较快，商贸相对繁荣。北方由于长期战乱，商贸兴衰不定，更多的时候呈现一派萧条景象，几乎陷于停顿状态。官僚经商现象特别多，由于土地兼并严重，有些农民不得不弃农经商，增加了城市商贸人口，也助长了城市的虚假繁荣，谷帛货币盛行，金属货币在一些地区退出了交换，表明了商品货币关系的倒退。商品交换虽然在国内、国际间依然进行，但不是很发达，国家专卖的商贸有较大发展，但其主要目的是为了增加收入，而不是繁荣市场。

3. 隋唐时期的商业思想和商业制度

公元 581 年，杨坚建立隋朝，中国历史进入一个新的统一阶段。此后的 300 多年间，中国历史进入繁荣时期，社会经济比起以前有了明显的进步，国内贸易、国外贸易也较前期更为频繁和发达。统治阶级不像以前一味地重本抑末，限制商贸的发展。隋唐政府从促进商贸流通的角度出发，改革经济体制，大力进行基础设施建设，重新统一货币，采取一定的措施鼓励商贸活动，商贸活动较之前朝有了明显的提高。

隋朝时，城市商贸繁荣，较大的商贸都市已达 10 余座，以东西两京为最。

唐朝时期，重农的思想虽然仍居统治地位，但不少封建官吏士大夫、理财家对商人及工商贸的认识已有进步，轻商思想日趋淡薄，对手工业、商贸及工商贸者的限制得到部分取消，手工业商贸得到某些发展，产品大量增加，工商贸者的地位也得到提高。这些都有利于商贸的发展。长安成为当时世界上最大的国际都市，扬州、洛阳等都是著名的工商贸经济城市。在这些著名的工商贸城市中除了大量的本国商人外还有不少外国商人。

4. 宋元时期的商业思想和商业制度

宋代的商贸达到了封建社会商贸的发达形态。宋代，商品交易活动已不限于特定的市区以内，城乡内外都有商贩叫卖。交易时间也没有限制，商人白天黑夜通宵都在营业，农村集市贸易也很发达，有的集市的商税收入甚至可以超过县城。宋代商贸分工更细。宋代商品品种的构成较前代有了明显的变化，种类十分丰富。宋代商贸行会组织比以前更加发达。商贸的发达，使纸币的产生成为可能。北宋每年铸造大量钢铁钱，但仍不能满足流通需要，以致四川地区出现了我国最早的纸币，也是世界上最早的纸币。

宋代海外贸易发达。和两宋贸易往来的国家很多，南宋外贸最发达时，来往国家多达 50 多个。进出口货物一般都由中国海船担任运输，中国的造船业在当时世界上居于领先地位。宋代对外贸易港口主要是广州和泉州。为了管理对外贸易，政府还在一些沿海港口城市设立了"市舶司"。市舶司的主要职责就是管理船舶、征收舶税、低价收买舶货。通过加强管理，宋代外贸收入相当可观。

元代政治上的大统一，农业、手工业生产的恢复和发展以及发达的国际、国内交通，为元代商贸的恢复和发展创造了条件。元代最值得注意的商品是棉纺织品。棉花很早以前就传入中国，但棉花的广泛种植和棉纺织业的推广都在元朝取得了较大的成就。元代的奴隶贸易也很盛行。反映了元代商贸的畸形发展。

元代的城市商贸基本上保持了发达状态。北方的大都和南方的杭州，都是当时举世闻名的工商贸城市。《马可波罗行记》中记载了大都、杭州经济的繁荣。与元代城市商贸发达相适应，商贸行业组织也多，其主要作用是为了应对官府勒索和维护同行利益。从总体生产水平来看，元代没有超过南宋，但外贸在有的方面却比南宋发达。元代海上贸易范围更广，东到日本、朝鲜，西到波斯湾沿岸、阿拉伯半岛以及非洲沿海等地区。南海诸国与中国通商的有20多国。进出口的商品大致和宋代相同，不同之处是元代奴隶贸易具有相当规模，奴隶已成为国际性商品。

宋元时期的商贸思想也是比较丰富的。沈括非常赞赏扩大消费借以刺激生产与就业的观念。他拟定了一个较客观的谷米采购价格，以避免价格波动的影响。沈括还分析了当时出现钱荒的原因并暗示其解决办法，即主张采用经济方式以阻止外货进口，从而减少铜币外流。

5. 明清时期的商业思想和商业制度

明清之际，中国商贸发展进入了一个新阶段。明朝中叶至清朝前中期（鸦片战争前），代表尚在生长的商人阶层利益的商贸思想家，开展了对传统的重本抑末思想的批判运动，由此形成了本时期较为进步的商贸经济思想。同时，传统的重本抑末、贵义贱利思想仍有很广阔的市场而且在社会现实经济政策与措施方面得到较全面的体现。封建统治者运用政权力量、封建法令强力推行重农抑商政策，并运用财政税收、货币制度等经济手段来保障其意愿的贯彻。与旧的传统思想相比，新的商贸思想显得十分微弱。

清朝时期，统治者虽然仍然比较重视社会生产和经济社会的发展，但是由于封建制度本身的束缚，在商贸方面采取了许多不合时代发展趋势的做法，导致从这一时期开始中国与西方国家在商贸经济方面的差距越来越大，在商贸方面仍然固守中国的传统，与西方国家开始兴起的近现代商贸思想相比，中国已明显落后。

康熙时期的经济政策，仍然是传统的重本抑末的政策。康熙帝作为康乾盛世的开创人，在位期间尤其是统治前期，千方百计地维护封建制度及其赖以存在的经济基础，尽力恢复和发展封建经济秩序。康熙在国内外经济政策方面，仍旧循着原来的封建关系走，对待工商贸仍旧采用传统的轻视压抑政策，实行有限制的海外贸易政策。但康熙晚期，在大地主保守势力的影响下，于1717年实行了严格的闭关锁国政策，完全否定了他前期的通商政策。在国内商品流通方面，则采取种种措施，限制国内商贸的发展。

雍正在位时推行的商贸经济政策和措施基本上沿袭康熙时期的原样，其商贸思想甚少。雍正时期，国内工商贸经济虽有一定增长，但由于雍正崇本抑末，其发展规模、速度受到很大限制。不过，随着商品经济的发展，雍正对商品流通的态度有时也较宽容。在对外贸易方面，雍正基本上仍袭康熙之制。

乾隆沿袭先辈们所推崇的重本抑末思想，也将打击工商贸、压抑商品生产与商品流通作为治国的根本原则。这些抑商措施，打击了商贾政策。在工商贸者的强烈要求下，乾隆虽然有时也采用有限的松弛政策，但与其推行的重本抑末政策相比，显得微不足道。在对外贸易方面，乾隆基本上采用康熙以来的外贸政策和措施。乾隆基于自给自足自然经济的反映，认为中国不需要外国商品，倒是外国很需要中国的商品。

（三）交通格局的变化

1. 水土流失导致水运发生困难

从北宋到清朝前期，中国的水运是长期占据主导地位的运输方式。运河—长江—赣江—北江一直是国内主要的南北通道，它促进江西商品经济的发展起了重要作用。但到清中期，长期以来对山林的超量砍伐及开山造田所造成的后果开始明显，水土流失严重，赣江水运发生困难。几乎与此同时，运河的淮河—黄河段因黄河泛滥及改道而淤塞，南北水道被拦腰截断，为江右商帮发展提供了重大机遇的水运优势从此丧失。

2. 清末修建铁路成为清政府自强的方针之一，并被提升为国策

鸦片战争后，在以外向型经济为中心的中国近代经济体系发展的持续需求下，于19世纪末展开了现代交通体系的建设，以铁路建设为中心，以华北、东北区域为重心渐次展开，不仅加快了现代交通技术的应用，促成了现代化交通体系的初成，也成为近代中国社会与经济变动的重要特征之一。

清政府对于修建铁路经历了坚决抵制、态度松动，到主动制定铁路政策和规划的变化过程。随着社会的发展，清政府中许多人，特别是决策者开始认识

到，修筑铁路不仅对战争的胜负至关重要，而且对一个国家的发展有着重要作用。于是修建铁路成为清政府自强的方针之一，并被提升为国策。设立专门的铁路机构，制定详明的铁路章程，最终形成明确的铁路政策。如1889年4月1日，张之洞写了著名的《请缓造津通改建腹省干路折》，其中，他提出"宜自京城外之卢沟桥起，经行河南，达于湖北的汉口镇。此则铁路之枢纽，干路之始基，而中国大利之所萃。"折中陈其有七利而无一害，如不近海口，敌不可资；广开商旅之利；促进煤铁开采；方便嘈铜之运；有利军队调动；等等。在清政府时期，1876~1911年，总计修筑铁路9618.1公里，奠定了中国铁路交通网络的基本框架，这样才有了以后中国铁路的更加广泛的延伸。由此才使国内外先进的经济、文化等因素随着铁路的延伸而向更广泛范围内渗透，从而加速了中国社会经济与文化的近代化。

令人遗憾的是江西并没有从全国兴建铁路的过程中受益，反而被远远地甩在了后面。尤其是京汉、粤汉铁路修通后，南北运道改走两湖、河南，江西成了陆运和海运的盲区。虽然后来有浙赣线，也只是在赣北穿境而过，整个赣中、赣南特别是构成江右商主体的吉安、抚州、建昌三府，因远离交通线，物资流通艰难，过境贸易也相当稀少。由于交通格局的变化，从外部渗入的新思潮、新风尚也绕过江西，或沿广东、湖南、湖北，或沿上海、江苏、安徽，向中原挺进和扩散。这些新思潮、新风尚在扩散过程中，又不断地被抵制、被削弱、被改造，然后再反射到江西，致使江西在观念的更新上，不仅落后于沿海，也落后于中原和南北交通线上的湖南、湖北、安徽等地。

二、非正式制度分析

（一）交易成本的上升

1. 江西士大夫淡出中央决策圈提升了江右商人的交易成本

在明代世宗朝，江西士人非常活跃，并在一定程度上左右明代政局的发展方向。《明史》载："世宗朝，（张）璁、（桂）萼、（夏）言、（严）嵩相继用事。"四位宰辅中，除张璁是浙江永嘉人外，其余三位皆江西人……有的官员甚至想方设法附籍江西……尤其是严嵩任首辅时期，"政事一归嵩"，而"江右士大夫往往号嵩为父"。

但是，就在江西籍官员的极盛之时，却出现了内部斗争。先是严嵩构陷夏言，夺得内阁首辅之位，后是夏言的同乡、道士蓝道行构陷严嵩。严嵩的倒台，大批江西籍官员受到牵连；随着对严嵩攻击的升级，江西士人大体上退出中央决策圈。

江西士大夫集团集体淡出中央决策圈，对于江右商帮的发展是一个沉痛的打击，由此失去大量的商机，并且较之以前会大大增加交易成本。

2. 明代江西"讼风"的盛行也增加了江右商帮的交易成本

江西"讼风"的盛行初衷是正面的，但最后的结果和影响却是负面的，对江右商帮的发展起到了阻碍的作用。

对明代江西"讼风"的发生与盛行，时人进行了各种解释，主要集中在两个方面，其一，生存环境的严峻，养成了江西人克勤克俭、事事认真乃至执拗的性格……既然一饭一粟、一分一厘的获得都要通过艰辛的劳动，自然不愿任意挥霍，更不容他人侵夺，由此而使江西人不惜破家费财，也要维护自身的利益。其二，讲究气节，好论是非曲直，其流弊则为"健讼"。常常一桩诉讼案要牵扯众多的人员和花费大量的时间，多则十几人、几十人，甚至几百人、上千人，这样反而耗费了江右商人的元气，致使商业发展每况愈下。

"讼风"盛行之后，江右商人在官府和民间的口碑也每况愈下，直接影响到经商的信誉，很多行当都渐渐被别的商帮所取代。如洪武时定制，苏州、松江二府及浙江、江西二省之人不得在户部任职，舆论即认为，这是因为苏松、浙江为财赋之地，而"江西士风诡谲"。由于江西商人在河南经商放债、累起诉讼，河南邓州籍的新科进士李贤竟然拒见江西泰和籍大学士杨士奇，并且专门写了一篇文章，将河南民众的贫困归于江西商人的盘剥。由于江西籍官员卷入派系斗争，明宗武便将其原因归于"江西土俗，自来多玩法者"。"讼风"造成的后果非常严重，不仅使江右商帮名声扫地，也连累到江西籍官员。

（二）小本经营

谢肇制在比较徽商与赣商时称"然新安多富，而江右多贫者，其地瘠也。新安人近雅而稍轻薄，江右人近俗而多意气"。由于赣商大多出身贫寒，以借贷经商而致富，因此有了商业利润首先是偿还借贷资金，然后便是进行再投资。而其商业利润大部分用于社会性投资，用于扩大再生产的极少，这就决定了江右商人不可能做大做强。

由于受"知足常乐、小富即安"的传统思想影响，江右商帮往往在竞争中丧失市场。即便如抚州的李宜民那样的大盐商，也认同"物聚必散，天道然也"的"散财"理论，不利于资本的积累，从而影响了他们的资本投向。

（三）江右商人儒家个性

"知足常乐"：不少商人在稍致盈余、略有成功之后，往往不思进取，不愿再冒风险去拓展经营行业和范围。南昌刘善萃服贾汉口，"家计饶裕"后，"不复出门"。金溪徐延辉17岁赴滇经商，积赀"稍裕，遂绝意远贾"。抚州赵雪涛贾滇黔，"多技能"，但其习惯则是"计所谋足一日之费，即闭门赋诗书"，不假外慕。鄱阳吴士孔也是"治产不求盈余"。由此不难看出，自给自足的小农意识在江西商人头脑中是根深蒂固的。

"能聚能散"：如雍、乾时期的著名官商、临川人李宜民，以盐业起家后，居常仍然是"刻苦如贫时"，常言"物聚必散，天道然也。且物之聚，愁之丛也。苟不善散，必有非理以散之者"。卒以俭淡终其身。万安严致祥经商致富后，常训导其子"吾勤俭起家，非徒以衣食足遗汝辈也。宦达功名皆身外之物，惟忠义慷慨之事能逮之，宜勉为之。创与守不在封殖，宜知散财也"。

"息事宁人"：新城商人邓兆龄，"尝置产，某绅居间，为所绐，空费千金。或劝之讼，辞曰'吾但破钞而已，讼即累某绅名也'"。同邑涂肇新晚年家居，不轻易出，"尝付巨金与伙某往吴营贩。某荡其资，买二姜回。或嗾肇新械某送官。新笑曰'彼虽不义，但取我之财，而致彼败名丧命，何忍乎?'竟置不理"。其后，复"有闽盐商某逋负巨万，诸索者邀新"，肇新复居间为闽商排解调停。这些都是宁愿自己荡产破财，也不愿告官滋事、但求息事宁人的典型例子。此外，出贷而不责偿、焚券还质的例子，在江西商人也时时可见。他们这样做，不少也正是"无为后人留争端"。

"父母在，不远游"：一方面，许多商人经年累月于外经营，穷壤远域在所不计，至抛家不顾、老死不归；而另一方面，又大量商人惮于远行，故经营活动范围十分狭窄。

江右商人的儒家性格使得他们没有远大的理想和报复，没有更加开阔的视野，江右商帮从诞生之日起就决定了它的前途和终将消隐的命运。

参考文献

[1] 方志远，谢宏维. 江西通史·明代卷 [M]. 江西出版集团，江西人民出版社，2008.

[2] 傅衣凌. 明清农村社会经济　明清社会经济变迁论 [M]. 中华书局，2007.

[3] 吴慧主. 中国商业通史（第三卷）[M]. 中国财政经济出版社，2005.

[4] 方志远. 明清江右商的社会构成与经营方式 [J]. 中国经济史研究，1992（1）.

[5] 方志远. 明清江右商的经营观念与投资方向 [J]. 中国史研究，1991（4）.

[6] 白寿彝. 中国通史（第九卷）中古时代·明时期（上册）[M]. 上海人民出版社，1999.

[7] 朱坚真. 中国商贸经济思想史纲 [M]. 海洋出版社，2008.

[8] 王渝生. 中国铁路百年史话 [J]. 科学世界，2014（2）.

[9] 杨佑茂. 张之洞与清末铁路的修建 [J]. 衡水师专学报，2000（4）.

[10] 江沛. 清末国人的铁路认识及论争述评 [J]. 城市史研究，2010（10）.

江右商帮借鉴意义探讨

肖文胜　曾祥慈

内容摘要　江右商帮在长期的商贸实践中，积累了不少经验，创造了不少财富，形成了流芳百世、令人景仰的人格精神，但江右商帮最终衰败，也留给后人许多深刻的教训。学习江右商人身上的优点，吸取江右商帮衰败的教训，为新赣商队伍的成长发展提供借鉴和帮助，意义深远而重大。

一、值得向江右商帮学习的几种精神

（一）流芳百世、令人景仰的人格精神

赣商之所以出现空前的兴盛，关键在于人，赣商有着"忠、孝、悌、信"的人格精神。赣商不仅造福一方，而且还有着舍小家、保大家的爱国精神。

流布四方的赣商，只要具备了一定的财力，不约而同地要做的第一件事，就是建造万寿宫。万寿宫是江西商人设立于交通便利、物产丰富之地，供同乡往来中转、歇息、聚散的场所。遍布国内外的万寿宫，纪念的是同一个江西人：许逊。许逊，字敬之，江西南昌县人，西晋太康年间曾出任四川旌阳县令。许逊精于水利、医术，居官清廉。许逊治理旌阳十年，当时流传的民谣说："人无盗窃，吏无奸欺；我君活人，病无能为。"

当江西商人把生意做到了全国各地时，他们迫切需要一个能够把江西商人组织起来，团结协力、互帮互助的网络。于是，各地的江西会馆应运而生。

江西会馆

在一个以乡籍为纽带结成的松散的商业联盟里，除了共同的利益关系外，最重要的团结手段就是精神力量。而充满人格魅力的同乡先贤，往往会被拔高、被神化，充当这个网络的精神领袖和保护神。统领江右商帮遍布全国商业网络的精神内核，就是许逊倡导的"诚信"、"济民"精神，江右商帮一向以"贾德"著称。许逊，是江西人心目中的"人格神"，也是江右商帮的精神领袖和保护神。

江右商人修建的万寿宫

赣商还讲究回报家族、家乡。主要的形式有建祠修谱、增置族田族产、救灾赈荒、办学助读、建桥修路以及捐粮助饷等。明清是江西家族制度的发展时期，家族作为社会基层组织的作用也越来越明显，建祠修谱、置族产族田成为每户家族成员尤其是家族中的富户所必须承担的义务。

400年来出现了不少像泰和"肖百万"、吉安周扶九、南昌黄文植、抚州汤子敬、靖安陈筱梅那样饱经风雨、百折不挠、贾德高尚、目光远大、腰缠万贯的商业巨子，在全国亦不多见，老一辈外出的江西商人诚实守信、勤俭创业、生活简朴、同舟共济、见义勇为、热心公益慈善事业，与当地各族民众和睦相处，与各省商帮合作共事，协助当地政府解决面临的困难，这种商帮精神和爱国行为值得弘扬和继承。

（二）艰苦奋斗的创业精神、和合共赢的协作精神

赣商多是家境贫寒的农家子弟，自幼养成了吃苦耐劳的品格。在从商的过程中，他们吃苦耐劳、艰苦创业、勤俭持家，蔚然成风。东乡商人，"牵车者遍都大邑，远逾黔滇不惮"；丰城商人，"无论秦蜀齐楚闽粤，视苦比邻"；临川商人，"行旅达四裔，有弃妻子老不归者"。许多赣商由于亲身体验到从商的艰难和经营的劳苦，往往能够疏远纷华声色，粗食布衣，洁身自好。玉山商人吴士发兄弟八人，商贾农艺各执一业，家道殷富，就"不趋游荡，凡声色犬马樗蒲之戏，从不入其内"。清江商人杨福圆，经商多年后，"良田，夏屋渠渠，而藏获之备，指使者甚众"，其妻张氏却仍是"裙布荆钗，操作犹昔"。众多赣商都是白手起家、从小做起的。"细伢子不要懒，大了可以做老板"，"只有病死人，没有累死人"，这些口头语至今仍在南昌地区流传。在江右商人中大多数是因家境所迫而弃农经商、弃儒经商者，他们携一点土产，小本经营，负贩往来，以求养家糊口。一个家庭，则又往往是以农为本，以商补农。

通过自己的艰苦奋斗，闯出一片天地的赣商比比皆是。如同治《南昌府志》说丰城县的商贾工技尤多，"无论秦、蜀、齐、楚、闽、粤，视若比邻，浮海居夷，流落忘归者十常四五。"这些商人中有的是家贫服贾者，从小因家境贫寒，迫于生计而流往他乡，弃农经商。如丰城徐文豹，父亲死后，家无恒卧产，受母命经商。南昌刘善萃，孩提时见父亲终年辛劳，还是养活不了一家人，总是暗自落泪，一待年长，即独自往汉口寻找生计，通过邻里相帮，以贩卖土产来接济家庭生活。这些贫家子弟，一般从小就从事各种劳动，自理能力较强，故而稍长就能独自远出，求蝇头之利。又如丰城熊登轨，幼年丧父，开始与其兄卖柴养母，到15岁，就随人去四川，贩卖丝布，其早年卖柴的经历，

实际上为后来卖布打下了经商基础。

在商海中，个人的力量是渺小的，赣商深知其中的道理，任何时候，赣商都讲究团结互助。相互通婚或结拜兄弟，结为儿女亲家的现象在赣商中非常普遍。曾经有一个江右商人，早年在湖南洪江经商，生有 8 个儿女，大部分与江右商人结亲，他自己娶的也是江右商人家的女儿，整个洪江的江右商人之间有着错综复杂的亲属关系。相互要好的商人之间，只要年龄相近，就会结成异姓兄弟。

（三）以义制利的儒商精神、童叟无欺的和谐精神

讲究"贾德"，注重诚信。赣商诚实守信，讲究职业道德。他们不卖假货、劣货，不抬高物价、欺行霸市，而且还遵守儒家的道德规范，提出了"君子爱财，取之有道"，并由此形成了"以诚待客，以义制利"，"和气生财，公平守信"，"货真价实，童叟无欺"等一系列道德要求，为"江右商帮"共同遵守。浮梁商人朱文炽在经营茶叶时，每当出售的新茶过期后，他在与人交易的契约上均注明了"陈茶"二字，以示不欺。清江商人杨俊之，"贸易吴越闽粤诸地 20 余年，虽童叟不欺，遇急难不异捐赀排解。"不仅如此，有的家族还将商业道德作为家规、族规的重要内容，要求全家庭的人员予以遵守。

江右商人讲信用，如有不讲信用的商号，经调查属实的话，商帮会采取办法，小则责其改正，大则孤立和惩罚他。对于江右商人而言，明清以来一直是讲信用的典范，因为江西是一个商业比较发达的地区，江右商也是一个有影响的商帮，江右商有相当一部分人是远在外地做生意，如不讲信用，则难以立足。利玛窦在他的《杂记》中多次提到，江右商人讲信用的情况。江右商人对外商不欺诈，对于当地人，就更不敢也不会欺诈了。"临川张世远、张世达兄弟交替往汉口贩卖纸业，一次，张世达从汉口卖纸归来，和世远一算纸价，发现货主多给了 100 两银子，因为是老主顾，所以世达没有点钱。兄弟俩商量后认为：'此非分之财，毕还之。'下一趟本该张世远去汉口，但为这事，仍由世达去。张世达将货主多给的 100 两银子全部买了纸，携往汉口，找到货主钟良佐说明原委，良佐感服。"

（四）潜心学艺的钻研精神、勇于排难的战斗精神

赣商中不乏技艺精湛者，他们不仅以技谋生，而且为中国传统建筑和文化

建设做出了巨大贡献。建昌（今永修）工匠雷发达及其后人，擅长建筑设计制造，自康熙年间至北京任工部样式房掌案（号称样式雷）以后的 200 余年间，清廷主要建筑，如故宫三大殿、圆明园、颐和园等皇家宫殿、苑圃和清东、西陵，均由雷氏家族设计建筑，在中国建筑史乃至世界建筑史上浓墨重彩地写上了一笔。

有一丰城籍，邹姓江右商人。他儿时家贫，跟随本家叔叔出来做生意，从江西贩运瓷器布匹等土特产到贵州来卖，又从贵州贩药材去江西樟树卖，一往一返，都不跑空。从江西到贵州，千里迢迢，他一路上仔细观察叔父的经营之道，在以后独自经营过程中，不畏任何险阻，从第一年的学徒，包吃、住、穿只有 10 块银圆，到后来的师傅，一年 100 块银圆左右，最后成为一名成功的商人。

（五）稳扎稳打的务实精神、胸怀大志的进取精神

江西人质朴、做事认真的性格，也是江西人头脑中中国传统儒家思想的自然流露。由于绝大多数赣商是因家境所迫而负贩经商的，因此，小本经营，借贷起家成为他们的特点。他们的经商活动一般是以贩卖本地土特产品为起点，而正是江西商人这些独特的背景，使得江右商帮具有资本分散，小商小贾众多的特点。除少数行业如瓷业比较出众外，其他行业与徽商、晋商等商帮相比经营规模就要显得相形见绌，商业资本的积累也极为有限。曾经有这样的描述，江西布商"一个包袱一把伞，跑到湖南当老板"。面对外界的激烈竞争，江西商人只有稳扎稳打，才能赢得市场，逐步壮大自己。

虽然赣商的起步都比较低，但并不影响他们引领市场的雄心。如宋末元初，景德镇瓷业迅猛发展，青花瓷烧造的成功使江西在全国瓷业输出中独占鳌头。而进贤毛笔、烟花，广昌白莲，南丰蜜橘，临川西瓜，铅山造纸，宜黄夏布等特产均驰名海内外。明朝建立后，为了防止东南沿海倭寇的侵扰，实行了长时期的禁海政策。国内贸易，甚至对外贸易，都主要依靠内陆的水上通道，运河—长江—赣江—珠江成了全国贸易的黄金水道。这条通道长达 3000 多公里，在江西境内则有 1000 多公里，使其在国内、国际贸易中处于极为有利的地位，江右商帮紧紧抓住这一前所未有的机遇。借此全方位铺开，社会上出现了"无江（西）不成市"的盛况。据统计，江西每年外输粮食达 500 万石、茶叶 500 万斤、夏布 230 万匹、售纸 50 万两，均居全国之首。

二、应从江右商帮衰败中吸取的教训

教训一：经营资本不进行足够积累，江西商业就不可能做大做强。

江右商人，经营的行业多以贩卖本地土特产品为依托。有粮食业、茶业、瓷器业、纸业、布业、药业、木竹业、烟业、盐业、书业、杂货业、典当质押等，江右商人绝大多数是因家境所迫而负债经商的，借贷起家成为其特点，他们的经商活动一般是以贩卖本地土特产品为起点，因浓厚的传统观念和小农意识而影响到其资本投向，只求广度，不求深度，资本分散，往往在竞争中容易丧失市场。

江右商帮人数众多，经营范围与行业广泛，但始终没有出现巨商（即使有个人资本达数千两白银，已被称为"富商"的江右商人），这里的原因是多方面的，如江右商帮之下又有小帮，小帮之下又有分化，各帮自成体系，因此，形不成合力，也进入不了垄断行业。即便如抚州的李宜民那样的大盐商，也认同"物聚必散，天道然也"的"散财"理论，不利于资本的积累，从而影响了他们的资本投向。

"江右多贫者"，江右商帮具有资本分散，小商小贾众多的特点，本来个体经营资本就小。在人的生衍繁殖过程中，由于家大要分，家产的分析就不可避免。江右商人在分析家产后，小资本被分成更小，逐渐失去了作为商业资本的资格。江右商帮又是江西流民运动的产物。小本经营，原始资本没有得到充分的积累。在江右商帮辉煌之时，江右商人赚取了一定的利润，"以小买卖而致大开张"。但是，江右商人并没有把赚取的钱返投入到贸易中来，扩大企业生产经营，形成规模，而是把很大一部分利润拿回老家投入本宗族的事务中。如修谱建祠、购买田地、资助科举、兴办学堂、赈济族众以及捐纳功名、光宗耀祖等。这些做法虽然对当地公益事业发展和人才培养起了很大的作用，江西人才辈出，文化兴盛，与此不无关系。但从赣商的发展观来看，这些做法严重地阻碍了江西商业资本向产业资本转化从而向资本主义发展，江右商人的投资方向多为生活性投资、社会性投资，而产业性投资极少；据统计，其中，生活性投资占两成，社会性投资占近八成，产业性投资仅占不足 2%。资本被分拆，投资方向错位，资本积累也就极为有限。有许多江右商人又抽逃资金，江右商帮多处"失血"严重，经营资本必然减少，更谈不上商业资本与金融资本的结合了。缺乏大资本的支持，江右商人的成就有限，嘉庆年间，严嵩的儿子严世蕃曾与所厚屈指天下富豪，将资产百万以上的列为第一等，江右商人中不见百万富翁。

赣商一直没有在江西本土上营造出一个像广州、汉口、南京、上海、杭州、苏州那样的大都市或消费中心，因而无法刺激消费水平的提高，也无法吸引外来的消费者而积累资金。同时，在江西本土上也没有形成以大都市为中心的市镇网络，更没有产生有影响力的百年老店、大型民族企业和优秀的领军人物。整个商业活动始终停留在以商补农、以商脱贫的低层次上，始终没有达到资本化、规模化和产业化的水平。

教训二：官本位、小富即安意识会严重抑制江西商业的发展。

观念上的束缚，更成为江西商业资本积累和赣商发展的重大障碍。江右商帮更多地吸取了中国传统文化中不利于商业发展的内容：首先，江西是一个文化发达，官本位意识更浓的地方。历史上，江西就是出官吏、文人的地方，如解缙、严嵩、王安石、范仲淹等，新修复的滕王阁画出了历代江西名人，其中明代为最。当时的"朝士半江西"正是江西仕风、文风之盛的写照。所以，江西人重视"学而优则仕"，并不重商。从商者多为下层，经商属无可奈何之所为，而且，略有家资后仍以读书入仕为目标。其次，中国传统文化中的小富即安，求稳怕冒险等中庸思想也使江右商人在商业中不求上进，他们有点钱就过上小财主的日子，没想过也没有努力成为巨商。最后，他们有钱后，把钱用于建祠堂、修族谱、置族产等公益性事业；这一点与陕西商帮类似，不可能把商业做大。

江右商帮应时而兴起和发展，但江右商人的经营观念未能随着社会的发展而发生转变，其经营观念仍然没有完全跳出"以商补农，以末养本"的思维方式。在江右商帮中，并未能产生出资本实力雄厚、影响极大的商业领袖级的代表性人物，其原因是当时商业活动的主体是离开土地的流民，他们在迁徙过程中迫于生计而从事买卖，大多"小富即安，不思发展"，少有做大商人的野心。大部分赣商的主业化经营并不明显，小本经营，他们挟小本，收微货，走州过府，随收随卖，操业甚广。整个商业活动始终停留在以商补农、以商脱贫的低层次上，始终没有达到资本化、规模化和产业化的水平。由于受官本位、"知足常乐、小富即安"的传统思想影响，江右商帮往往在竞争中丧失市场，最终走向衰败。

教训三：没有创新，江西商业就会缺乏活力，最终走向衰败。

江右商人经营方式和经营行业长期固守不变。随着经济的发展，特别是近代资本主义经济的兴起，江右商人的经营方式仍然停滞于个体小本经营，小富即安，不愿做大做强企业，缺乏创新意识。江右商人的经营行业多为土特产品，传统的经营行业已经被大家琢磨透了，长期以往，江右商人逐渐失去竞争力。

鸦片战争以后，中国的国门被迫打开，随着外国列强的侵入，国内市场的竞争加剧。江西居于中国腹地，封闭性较强，对新事物接受较慢。江右商人未能像宁波商帮那样，接受新观念，转变投资理念，积极开拓市场参与竞争。江右商人还是沿用原有的经营老套不能接受新的观念，未及时采取有效应对措施，因此在市场竞争中屡屡受挫。由于没有创新，江右商业缺乏活力，最终走向衰败已是必然。

教训四：不精诚团结，违背诚信原则，必将受到惩罚。

赣商几百年来形成了人数多、行业广、能吃苦、善筹算、渗透力强等优势，"以小买卖而致大开张"，但绝大多数江右商人采取的经营方式是个体经营，商人之间、商帮之间各干各的，缺乏精诚团结，既不具有徽帮商人的"商成帮，学成派"、"无徽不成商，无徽不成镇"团队精神；也不像晋帮商人，供奉财神和关羽以义团结同乡商人，讲究"贾德"，积累"贾道"；更不像潮帮商人，格外团结，只要说潮汕话的商人，自然而然就能抱成团的精神。一旦出现问题，不能精诚团结、一致对外，无法形成凝聚力和战斗力，最后只能被外力各个击破。

虽然绝大多数江右商人注意信誉，但少数江右商人不道德经营，视市场规则如儿戏，更谈不上公平交易，童叟无欺。这种行为给江右商帮带来的灾难是毁灭性的。江右商帮因少数不法商人违背市场规律，违背诚信原则，而受到集体惩罚，江右商帮的市场空间受到压抑，最终走向衰败。

参考文献

［1］章文焕．万寿宫［M］．华夏出版社，2003.

［2］江右商帮［EB/OL］．百度百科，2010-06-15.

［3］江西日报首届"中国十大杰出赣商"评选结果［EB/OL］．大江网，2007-12-08.

［4］章文焕．净明伦理与江右商帮精神［EB/OL］．新浪网，2010-04-13.

［5］章文焕．江右商帮文化新论［EB/OL］．新浪网，2010-03-06.

［6］章文焕．为当代赣商发展江右商帮而欢呼［EB/OL］．新浪网，2010-04-13.

［7］吴启文．"江右商帮"的兴衰［EB/OL］．中华赣商网，2007-12-14.

［8］黄穆泗．万寿宫之殇——从江右商帮兴衰看江西商业精神的沦丧［EB/OL］．新浪网，2007-10-07.

［9］谢力军，张鲁萍．浅析江右商帮的没落［EB/OL］．中华赣商网，2007-12-14.

从江右商帮的没落看行会法的作用

赖光金　周利锋

内容摘要　江右商帮衰落的主要原因在于行会运行法则和机制的缺失。行会法是习惯法的组成部分之一，起源于隋唐时期，发展于两宋和明朝时期，在清朝得到完善。行会法对于限制外部竞争、维护行业既得利益、协调内部关系以及同业救济方面，发挥着重要的职能。古代行会制度作为一个有机运行机制，对于我国行业协会制度的建立与完善有着借鉴意义。

行会又称行帮，英文为"Guild"，是封建社会时期，商品经济发展到一定阶段，商人、手工业者为了排斥竞争，独占市场，保护同行利益，以习惯法为凭借而组织起来的一种社会团体，一般分为手工业行会和商业行会两种。

"江右商帮"是商业行会的一种，"江右"在中国历史上泛指现在的江西一带，据清代魏僖所著的《日录杂说》上记载："江东称江左，江西称江右，何也？曰：自江北视之，江东在左，江西在右耳。"也有学者认为，江西位于江南西部地区，江右一称应该来自传统中国"东为左，西为右"的文化观念。故"江右"在很长一段时期曾被作为江西的代名词，而明清时期活跃在大江南北的江西商人也就被人们称为"江右商帮"。

江右商帮兴起于元末明初，人数众多、操业甚广、小本经营、活动地区广泛、渗透力极强。但在鸦片战争以后，未能尊重市场规律，追随社会的进步，跟上历史的前进步伐，在多方的压抑和竞争下，江右商帮没落了。江右商帮没落的原因是多方面的，既有社会进步，市场竞争加剧，官府抑商等方面的原因，也有江右商帮内部的因素。江右商人不像晋帮商人，供奉财神和关羽，以义团结同乡商人，讲究"贾德"，积累"贾道"。虽然绝大多数江右商人注意信誉，但少数江右商人不道德经营，视市场规则如儿戏，更谈不上公平交易，童叟无欺。如新城的涂肇新晚年回故土，于是将资本交给"伙某"，没想到血本无归。以至于明成化二年，福建都司王历指出，江西等商人"奸盗作伪，匪所不为。"李贤记载，江右商人"善于做生意，而且狡猾多智"、"坐放钱债，利上加利，收债米谷，贱买贱卖"，牟取暴利。明宪宗（成化）十年，刑部就要求明令禁止江右商人在四川地区进行商业活动。这种行为给江右商帮带来的灾难是毁灭性的。市传"南人多诈"，不良江右商人的行径受到谴责，引得群起而攻之。到后来，有的商人为避免伤害，干脆拒绝与江右商人做生意。官府也有禁止江右商人进入某些地方进行交易的举措，对江右商人的经营活动加以限制。江右商帮因少数不法商人违背市场规律的行为，而受到集体惩罚，江右商帮的市场空间受到压抑。

　　江右商帮的衰落，反映了行会运行法则和机制的缺失。行会作为一种组织，有其运行的规则，同时也遵循特定的规则，以自己的方式影响着与之相关的各种关系。这一规则是广义上的一种法律，是民间法的一种，是习惯法的组成部分之一。因此，研究探讨行会法的产生、发展及其特点，对于深化习惯法研究，拓宽中国行会制度研究的领域，有着积极的意义。

一、行会法的源起

　　中国行会法是随着行会的产生、发展而产生、发展的，行会组织的数量、种类、活跃程度，直接制约着行会法的发展变化。

（一）隋唐时期：行会法的产生时期

　　隋唐时期，由于国内环境相对稳定，商业较前代发达，也促进了手工业的发展，城市中出现了手工业作坊，为了排斥接踵而来的竞争者，保护有限的市场，联合起来对付封建势力的压迫，行会组织诞生了。而为了维持行会组织团结，维护行会的权威，确保行会目的的实现，行会法便应运而生。最初的行会会员必须共同遵守的行会习惯法还很简陋，内容也不复杂，主要由行头、行旨、行老等行会组织的领袖拟订。这一时期的行会习惯法，其内容主要是关于行会组织内部管理的，如行头、行旨、行老等的产生和职责，会员的条件等，其调整的领域比较窄。

（二）两宋和明朝时期：行会法进一步发展

这一时期，行会差不多遍及全国各大中城市，行会的种类也随着分工的发展而逐渐增多。行会习惯法规定了更加严密的组织体系，反映了行会对行业的进一步控制。同时，行会习惯法仍以突出地位规定了行会与封建政权的关系。行会通过习惯法对行业的营业活动进行多方面的控制；对内组织和分配货源，对外在经营上排斥非行户。商人凭借行会，勾结官府，并通过习惯法的规定，将行会置于封建官府榨取工具的地位。明代中叶后，会馆已开始出现。行会习惯法规定商人可在会馆中居住、存货以至评定市价。业务常被内部有力者所把握。习惯法所确认的行会宗旨一般是防范异乡人或外行人的欺凌，并为同业利益服务。

（三）清朝：行会法的完善阶段

这一时期会馆和会所普遍出现，行会打破了地域界限，发展到了一个新的阶段。与此相适应，行会习惯法不但系统相当严密，而且自成体系，达到鼎盛时期。这一时期的行会法内容全面，规定具体详细，内容涉及开业、市场、价格、产品质量规格式样、招收徒弟和使用帮工、权利义务、罚则与执行等各个方面。习惯法所确认反映的封建官府与工商业者、行会之间的关系有了重要的变化，清朝各地行会法的议定，不少都要经过当地政府的批准；禁止帮工再成立自己的"行"、"帮"、"党"、"会馆"等组织及"同盟"罢工等习惯法，也是行会组织通过与地方政权的密切配合议定的，不少还由官府出面发布，赋予其国家法的效力，由国家强制力同时保证其实施。清朝行会法的宗旨目的，由原来主要限制同行的自由竞争，逐渐转变为对付帮工的组织及其同盟罢工，反映了在一些具有资本主义萌芽性质的手工业商业组织中，帮工与作坊主、商东的矛盾日益尖锐化，行会开始走向分解。1927年11月27日，国民政府公布《工艺同业公会规则》。这样，封建的中国行会组织已被资产阶级商会组织所替代而退出历史舞台，中国行会法也被国家制定的商法所取代。

二、行会法的功能

由于封建社会的局限性，行会必然具有消极作用和影响。如行会排挤外行商人加入本行、限制本行另开新店、限制工商业者招收学徒、限制学徒参加行会以及行会工商业者利用行会勾结官府镇压工人罢工斗争等。但是行会法也有着对于现代的借鉴作用。

（一）限制来自行业内部或外部的竞争，维护各行业的既得利益

行会的职能首先是勾通官府，防止地痞游勇的讹诈敲索以保护行业正当利益。除此之外行会还担负着维护商人利益、抵制牙行勒索的义务。行会法的议定、执行、遵守无不围绕这一宗旨进行，行会通过法限制开业，对新入行的工商业者收取相当可观的行规钱，限定开设店坊的地方，严格控制业主招收学徒雇请雇工，统一货价银码，统一分配市场和原料，统一产品质量规格技术标准等，确保经营垄断地位，享受垄断利润，许多行会的习惯法中均有这些项目的具体表达。

（二）制定行规或章程，协调行业内部关系

为了规范行业生活，维持本行业及其成员利益，行业大多定有细密的行规条约。行规内容涉及行内事务管理和成员生产经营上的各个环节，从生产组织的形式和规模、生产原料的获得和分配、产品的数量和质量、业务的承接、销售的范围、度量衡的标准、货物的价格、结账的日期到同行之人福利和相互关系等无所不包。我们必须注意的是，行会的职能及其活动并不是通过官府法加以确立的，从根本上还是一种自生、自发秩序，这就使得它们天然地受到普遍信赖和认同，也就是说行会法的生命力来自社会。

（三）供奉酬谢行业祖师或保护神，加强联谊

每一个阶级，每一个行业，都各有各的道德规范。各式神祇是它们的"精神宪兵"。对于行会的这一职能并不能简单地以封建迷信对其进行否定。行业崇拜可以满足从业者的互相防范的心理和趋吉心理，以及外乡商人联络乡谊的需要。同时行会管理者和政府也利用行业神崇拜对从业者进行精神管理。正如有学者所言，拜神唱戏活动虽带有一定的迷信色彩，然而寄托了离乡背井的商贾的思乡之情，有助于联乡情、固乡谊，同时也通过这样的行业联谊活动，加强了行业归属感，增强了行业凝聚力和向心力。

（四）解决同业纠纷，举行同业救济

行会作为同业或者同乡商人组织，必然具有解决同业纠纷、举行同业救济的职能。如果被确定的行规可以类比成"实体法"的话，那么这些法律要起作用还必须有"程序法"保障实体法的实行。这在行规当中也有体现。

从上述职能分析可以看出，行规将大多数行户的行为纳入规范之下，这在具有以刑为主、诸法合体特点的中国古代法制中具有十分重要的意义。因为许多现代意义上的私法行为在封建时代的中国，要么以之为"民间细故"为由不加规定，要么大多在行政性质立法中予以规定。而行会规则作为官府认可的民商习惯法的法源之一，对于这些私法性质的社会关系就具有了重要的规范作用。可以说，传统行会尽管带有封建性的社会局限，但它们作为多层面的民间社团和社会保障控制体系的重要组成部分，对缓解因资源稀缺造成的巨大社会压力起到了重要作用，对明清时期乃至民国政局变迁时的社会稳定也起了不可低估的作用。

由于行会的行规、条例属于同行共同议定的行业规范，遇到有不遵守行规的行为，大多是在行会内部共同议罚。所以它实际上反映出行会享有一定程度上的司法裁量权和一定程度上的行会内部自治权。其争端解决机制也主要是采取首先调解等非正式措施，这些措施在民间具有相当重要的地位，这与中国民众厌诉的传统有密切的关系。行会的出现，使得外乡人离乡找到某种寄托或保障，从而加速了人口的流动；同时严密的行规又减轻或者避免外乡人给当地秩序带来的不稳定因素。从而行会在实际上促使了商业社会从血缘向地缘转化。

三、对现代行业协会的借鉴意义

在传统中国社会，国家对于经济社会的干预是比较少的，国家很少直接触及社会经济的发展，这就为行会的产生创造了空间，随着 20 世纪 50 年代计划经济体制的建立，国家权力进入到各个领域，就使得行会的发展缺少了土壤。但是改革开放以来，行业协会顺应时代要求，开始在中国恢复。

行业协会是指由同行业的企业按照自愿或强迫的原则，自下而上组织起来的民间组织的通称。可以说，行业协会是以同一行业共同的利益为目的，以为同行企业提供各种服务为对象，以政府监督下的自主行为为准则，以非官方机

构的民间活动为方式的非营利的法人组织。

行业协会协调同业关系，增进行业共同的经济利益，谋求工商业的发展，以促进整个国民经济的进步。显然，这种活动不是以积极的营利为目的，不是把所获利益分配于成员的营利法人，而是非营利法人。那么，行业协会是否为公益法人呢？按照传统民法的观点，所谓公益法人是以社会一般利益，即以不特定多数人的利益为目的的法人。但现在的发展趋势表明，"民法上的公益性概念，不应限于社会的利益，不特定多数人的利益，也应包括像特定业界团体那样的特定多数者的利益，仅须以该利益对社会一般人开放，即受益对象不固定为要件。"所以，行业协会是公益法人。

行业协会是市场经济深入发展和社会分工在市场领域细化的必然产物，是市场经济体系的一个有机重要组成部分。中国作为一个市场经济国家，同样需要行业协会。而行业协会在中国的发展状况并不是很好，没有起到应有的作用。这在很大程度上是因为没有从历史当中汲取相应的营养，《大学》有言，"物有本末，事有终始，知所先后，则近道矣。"研究中国行会的发展史，把握其发展脉络，对其进行扬弃，才能真正建立适合中国发展的行业协会制度体系，也才能和中国的传统相契合。传统行会对现代行业协会主要有以下几个借鉴意义：

当前司法改革的一个重要方面就是建立社会纠纷解决机制，使社会矛盾尽量消弭于民间，真正使法院成为社会矛盾解决的最后一道防线，行业协会的章程可以作为一种软法规范继续起到承上启下的作用。其作用机制在于，其以行业整体利益为媒介，对内调整各个企业之间的关系，对外则代表整个行业与其他主体发生关系。

行规是自下而上产生的，其具有的灵活性，容易被行内人认同，弥补了法律的不足；行规统一规定了产品的规格、质量，并且规定对违规者进行制裁，对于诚信机制的建立具有重要意义。

民间法视野下的中国封建行会是一个有机的系统，与西欧行会相比具有独特之处，这些特点根植于中国传统民间社会的基础上。行会对内作为一个系统，有其运行机制，在处理内部事务上具有独特的纠纷解决机制；对外作为一个有机共同体，其职能又对社会秩序具有重要的影响。这就一方面保护了行内人员不受外界不良势力的滋扰，另一方面也使行内人员不会给外界社会带来不安因素。可以说其功能不仅对于其行内人员的秩序起到规制作用，对于相关的一系列社会关系也具有重要的影响。行规作为一种社会规范，弥补了法律的不足，有利于有序市场和安定社会秩序的形成。而且，行会作为行业协会的前身，对于行业协会的发展也具有借鉴意义。

参考文献

[1] 高其才．论中国行会习惯法的产生、发展及特点 [J]．法律科学（西北政法学院学报），1993（6）．

[2] 梁上上．论行业协会的反竞争行为 [J]．法学研究，1998（7）．

[3] 谢力军，张鲁萍．浅析江右商帮的没落 [J]．江西社会科学，2002（2）．

[4] 梁四宝．江右商帮与晋商的差异及其主要特征 [J]．生产力研究，2002（9）．

[5] 窦竹君．传统行会的职能评析与现实借鉴 [J]．河北青年管理干部学院学报，2003（3）．

[6] 朱英．中国行会史研究的回顾与展望 [J]．历史研究，2003（4）．

江右商帮行会制度的启示

陈　晋　赖光金

　　内容摘要　江右商帮是中国明清时期的重要经济力量，其创造了繁荣的商品文化，也在法律制度文化史上留下了浓厚的一笔。研究其行会制度对于今天社会的发展具有重要的意义：它提倡诚信经商，对今天信用伦理社会的建立具有重要意义；它注重行会内部的调解，对于解决今天"诉讼爆炸"具有重要价值；挖掘江右商帮行会制度，有利于法治社会的建立。

一、江右商帮的兴起与没落

（一）江右商帮的兴起

　　明清时期，江右商帮作为一支不可忽视的力量，在中国的经济舞台上占有重要的地位。他们凭着自己坚韧不拔的毅力、顽强的渗透力和吃苦耐劳的创业精神，遍走于通都大邑和穷山恶水之间，为明清商品经济的繁荣贡献了自己的力量。

　　"江东称江左，江西称江右。盖自江北视之，江东在左，江西在右。"江西商人也就被称为"江右商人"。江右商人在明清时代，"以地域为中心，乡谊为纽带，以'相亲相助'为宗旨，以会馆、公所为他们在异乡的联络、计议之所，逐渐形成既'亲密'又松散的自发性商人群体。"这就是中国明清商业史上的"江右商帮"。随着历史的发展，全国经济重心南移，江西在两宋以后，由于得天独厚，人杰地灵，成为全国经济文化的先进地区。历元至明，江西继续保持这一经济优势。在明朝，江西人口仅次于浙江，居全国 13 个布政司中的第二位；由于地产丰富，盛产粮食、茶叶、陶瓷、纸张、布匹、木材……缴纳税粮在明孝宗弘治年间直至明神宗万历年间却居全国第一位。

兴起的江右商帮人数众多，举世瞩目，小本经营，操业甚广，活动范围广泛，渗透力极强，以至于当时在全国具有较大的影响。明代在北京的江西会馆多达 14 所，占全国在北京会馆数的 34%，居各省之首。就是在当时活跃于全国的各大商帮中，如龙游帮，也留下了江右商人的踪迹，到后来它们融入了当地商帮。江右商帮的兴起，为江西的经济发展有较大的贡献，贸易的繁荣造就了江西当时的辉煌："瓷都"景德镇名扬万里；樟树无药，却成为"药都"，有"药不过樟树不灵"之说；九江雄踞长江之滨，成为当时极具影响的商埠，在当时江苏一带，市传"三日不见赣粮船，市上就要闹粮荒"，以至于后来九江引起外国列强垂涎；商业繁荣，促进了江西各业的迅速发展，素有"江南粮仓"美名的江西，真是百业兴旺。

（二）江右商帮的没落

鸦片战争以后，江右商帮在活跃了 500 年后，逐渐没落。其没落的主要表现为：

1. 江右商帮群体萎缩

在明代，江西会馆在北京有 14 所，居各省之首。到清光绪年间这一比重下降到 12%。在清末现存会馆碑刻资料者共有 23 个，内中竟无一个江西会馆。这一史实可以从一个侧面看到江右商帮群体的萎缩。

2. 有大批江右商人弃商返农

小本经营的江右商人在经商数年后，稍有积累即顾及年老父母，弃商返农。

3. 改变投资方向，商业资本萎缩

据江西师范大学的方志远教授对新城、金溪、临川、丰城、东乡、崇仁 6 县的江右商人的统计，在 109 项投资中，商业资本改变投资方向的情况十分严重。其中，生活性投资占 21.1%；社会性投资占 77.1%；产业性投资只占 1.8%。占比例最大的社会性投资主要是用于建祠修谱、增置族田族产、救灾赈灾、办学助读、建桥修路及捐粮助饷等。改变投资方向的结果是，部分商业资本退出了贸易领域，商业资本萎缩。

4. 江右商人的经营观念抱残守缺，存在亦农亦商的季节性商人

江右商帮的经营观念仍然是"以商补农，以末养本"。有一些小有成就的江右商人见好就收，把资金投向土地和房屋，如金溪的徐廷辉"资稍裕，遂绝意远贾"，有盈利就寄回家。存在一批亦农亦商的季节性商人，他们只是利用农闲时节经商，农本商末经营观念严重，只把经商作为一种补充。

总之，经历 500 余年，在近代资本主义经济的冲击下，江右商帮没落了，失去了往日的辉煌。虽然江右商帮没落了，但是江右商帮仍然在人类历史上留下了浓厚的一笔，其行会制度对今天新赣商的发展具有重要的启迪作用。

二、江右商帮行会制度介绍

江右商帮作为一种组织，有其运行的规则，同时也遵循特定的规则，以自己的方式影响着与之相关的各种关系，这一规则是广义上的一种法律，是民间法的一种。研究法最重要的是研究"支配生活本身的法律"，也就是被埃利希所称的"活法"（Living Law）。对于行会组织而言，其具有自己的运行法则和机制，用自己内在和外部的力量对特定的社会关系进行调整，并且由此形成了一定的社会秩序。江右商帮行会制度非常繁杂，笔者仅在此处做简单的介绍。

（一）行会对内部的管理

行会对内部管理的主要目的在于保证行会成员间的平等，限制来自行会外部及行会成员之间的竞争。因此，行会制定了一系列的规范来调整成员的经营活动。

首先，在市场准入的问题上，大多数行会规定，只有加入行会，才取得了进行市场交易的资格，同时，还规定了入会的一些手续，通常的规定是要交纳一定的钱物。通过这些规定，排除了行会成员以外的商人（商号）对有限市场的占有，确保其成员在当地某一行业的利益。

其次，在限制其成员间的竞争方面，行会也作出了细致的规定。主要体现在以下几个方面：

1. 严格的徒弟及雇工制度

行会对收徒的人数、年限等方面均作了详细的规定。这些对学徒及雇工人数的控制，一方面是出于保证同行间的平等，限制成员间的竞争的需要。在当时市场份额有限的情况下，行会需要保证其成员均能从有限的份额中获得利益。而对学徒及雇工人数的严格控制，则有效地控制了每一个行会成员的生产经营规模。否则势必造成某一成员的规模扩大，而其他竞争力弱的同行则被挤出这一市场，最后的结果势必形成某一商号的市场垄断，这样的结果是行会不愿意见到，也是统治者们不想看见的。

另一方面，学徒及雇工人数被极严格地限制在了较低数额上，使经营者无力进行扩大再生产，因此，在这样的生产经营条件下，各经营者的生产经营规模均局限于较低的水平，其最理想的结果也只不过是在维持家庭生活所必要的生活资料的基础上略有盈余。从这一方面来看，行会的这一限制性规定对工商业的长远发展来说，其消极影响是非常明显的。

2. 对商品价格的控制

基本上每一个行会都会通过制定规则，严格控制商品的市场价格，以禁止同行间的恶性竞争。在行会制定了一件物品的市场价格后，行会成员需要严格按此价格进行交易。他可以选择高于此价格出售，但绝不允许低于此议定价格。这一举措，在当时看来是限制了经营者之间不正当的压价竞争，对当时社会商业交往秩序的维护可谓意义重大，因此，此举也是深得统治者赞赏的。但是，若将其放入当时商品经济发展的大经济环境中去看，笔者认为，这一规定的合理性就值得商榷了。诚如笔者前面所讲的，明清时期正是我国古代社会商品经济发展到最高峰，同时也是资本主义萌芽正在渐渐产生的时期。在商品经济发展的过程中，市场起着非常重要的作用，其中便是通过市场来确定商品的价格。而行会通过召集会议，人为地议定商品的价格，并要求行会成员严格去遵守，这对其中那些生产效率高的经营者来讲，是获得更高利润的绝佳机会，但对于那些生产效率较低，所需必要劳动时间较长的经营者来讲，却使其获得的利润大大降低。这原本应通过市场来进行的选择，此处却由行会人为地进行着，不是违背了商品经济发展的规律了吗？因此，这样的行规到最后必然扮演着阻碍社会经济进一步发展的角色。

除上述两点以外，各行会还指定了一些其他措施，以规范经营者的行为，如统一度量衡。各行在自己的行会场所设置校验过的标准量器，要求其会员在进行交易时不得"浮称抬盘"，或者要求成员定期将量器送去校验，需有官方证明后方准使用；另外，行会还会规定其成员的产品质量，所有的这些规定，虽说是为了规范市场的交易秩序而定，但从另一个角度来看，这些规范正好避免了其成员之间恶性竞争的出现。应该说，行会的这些规范，对维护中国封建社会的经济秩序意义重大。而说起行会的这些规则之所以被会员奉为最高准则，行会与政府的关系就不得不提了。

（二）行会与政府的关系

如前所述，行会设立之初既是应工商业者的需要，也是应政府对市场管理的需要。因此，行会与政府之间不可避免地存在着千丝万缕的联系。

首先，政府需要行会对其进行协助，以管理市场、征收商税等。这一经济职能在隋唐时期行会刚设立之时便被赋予了。而到了明清时期，行会与政府的关系更加密切，它不仅承担了传统的一些管理职能，还要承担政府的采购任务，以及承担相应的一些差役。并且，随着政府对行会干预的增强，行会的独立地位也变得越来越有限了。甚至政府会在行会中挑选一位享有声誉的或者直接任命一名具有实授官职的文人在行会中担任经理，用以与官府联络。这样看来，行会在某种程度上成了一个半官方的组织。

其次，行会制定的一些规范需要政府的强制力加以保障。通常可以看到行会组织在它所制定的规范的最后会加上"如若违反此规则……则送官究办"等字句。我们也知道，中国古代的立法一向是重刑轻民，而对于商业方面的立法就更寥寥可数了。在明律和大清律例中有关商业的立法不外乎《户律·市廛》中规定的那几条。而对商业活动中具体该如何操作，则全仗行会制定的行规来调整。有的行会还会规定，本行的成员发生的纠纷，须先由行会解决，对行会的处理结果不服的，才可以向官府提起诉讼。若跳过了行会仲裁这一必经程序，就会招致行会的惩罚，甚至被逐出行会，这对于当时的工商业者来说，无疑是灭顶之灾。而一旦纠纷送至官府，官府通常也会先按照行会制定的规则来审查。从这不难发现，官府与行会的这一层关系，使行规在行会成员内部具有了绝对的效力。同时也让政府与行会牢牢地拴在了一条绳上。

三、江右商帮行会制度对今天社会发展的启示

（一）加强行会制度建设，以信用伦理为本位

社会主义市场经济是信用经济，没有信用就没有秩序，市场经济就不能健康发展。当前，我国的信用制度建设进入了关键时期，但是市场信用危机却频频亮起了红灯。信用制度建设的缺失对一国的影响是深刻的，如果一个国家的信用风险过高的话，那么不仅关乎新赣商的生存发展，而且会波及国家的整体性安危，当下我国信用缺失的现象可谓是形形色色，政府公信力不足，企业诚信缺失和社会个体信用度不高。仅从近年来愈演愈烈的信用卡问题便可对个人信用缺失的现状窥之一二，信用卡的发行本来是为了方便用户交易，但是有些人利用信用卡透支消费后，欠钱不还成为一种司空见惯的现象。

回首江右商帮传奇，江西商人在中华民族几千年发展过程中已经积累了许多成功的经验，明清时期的江右商诚信立业，诚信兴业，堪称讲求诚信和先义后利的典范。诚信义利已经成为明清江右商的金字招牌，并内化为其经商的精神之魂。江右商信用制度建设的成功主要源于两方面的努力，一方面江右商注重对其内部成员的诚信商业道德的教化，另一方面主要得益于江右商把诚信伦理上升到制度的范畴，特别是把诚信的道德要求以号规、会馆规约等形式确定下来。明清时期江右商的成功启示我们，信用社会的构建离不开意识形态上的约束，同时也必须把信用伦理转化为一种制度规范，只有双管齐下对市场主体的内心状态和外在行为同时进行规制，信用制度的效能才能达到最佳的效果。

针对当前我国信用缺失的现象，可以从以下两方面着手：其一，重树我国市场主体的诚信意识，加强市场主体的道德自律已成为我国的当务之急，诚信意识形态的建设是一个系统工程，它需要各方面的共同努力。公民诚信意识的提高离不开诚信文化的支撑，我国素有崇尚诚信的优良传统。我国现代社会的诚信思想是由传统诚信思想不断发展演化而来的，文化传统的传承性决定了现代诚信思想无论在内涵还是外延上都比传统诚信思想要丰富。只有把社会公众的诚信教育作为公民的终身教育，才能提高公民个人的信用意识。

其二，把诚信纳入法律的权利义务层面，对违反诚信的行为给予必要的法律惩治，诚信本质上是一种道德规范，强调自律，而法律是他律，具有外在的

强制性，当诚信和法律产生某种联系时，这个问题的核心便转化成了道德诚信与法律诚信的关系，后者脱胎于前者，只不过后者在继承前者的遗传基因的同时，发生了一些基因变异，演化出了一些法律上的功能。道德规则乃是一个社会的健全所必不可少的，诚信道德规范的法律化的目的就在于用法律来更好地发挥诚信道德规范的作用，维护市场经济的道德底线。建立一套以诚信原则统领下的法律体系，并且把诚信原则细化为具体可操作的法条是诚信与法制建设接轨的前提。要使其成为社会每一个行为主体的自觉需要和对行为主体重要的评价体系，必须借助法律现实强制力的有效保障，建立对失信者有效的惩罚机制和对守信者有效的保护机制，让守信者最大获益，让失信者得不偿失，这才能从根本上有效遏制失信行为。

（二）注重非诉调解，健全行会内部治理

当前，我国步入了一个社会矛盾纠纷的高发期，特别是近年，随着我国公民权利意识的提高，诉讼爆炸已成为重要的社会现象。这就导致了法院案件受理数不断上升和司法资源有限性的矛盾不断激化，司法权几乎不堪重负，打破单一的诉讼纠纷解决机制已是势在必行。与此相反，其他合理的既存的多元纠纷解决方式却被忽略和遗弃，特别是民间纠纷解决机制在纠纷解决体系中的地位日益失落，这样一来纠纷解决的效率和效果就会大打折扣。不同类型的纠纷和利益诉求需要在各种纠纷解决方式之间进行不断的选择与平衡，以避免单一纠纷解决方式所固有的缺陷。同时通过建立和完善多元解决纠纷机制，由非诉机制与诉讼机制共同分担化解纠纷，这样也有助于实现纠纷的分流，使有限司法资源发挥出最大功效。

江右商的时代已经远去，但是江右商行会调处机制在解决内部纠纷的效率之高和效果之好，在今天看来依然值得我们去反思当下的行业纠纷解决现状。诚然，江右商所处的社会环境与今天新赣商的社会环境不可同日而语，特别是在当下这个开放流动、瞬息万变的市场经济下，行业纠纷变得异常复杂。但是从历史成功的经验中，我们总能发现一些合乎事物规律的未来发展的有益因子。人类纠纷处理的制度和文化作为法律文化的一种形态，它具有文化传承性的特质，古代的纠纷解决机制与今天的纠纷解决机制理应是一脉相承的，而不是断裂的。对古代纠纷机制的相关研究的价值，不能仅停留在是兴趣使然和拾取历史记忆的意义上，而应当是惠泽当下的。放眼当下，我国民间纠纷解决机

制在纠纷解决体系中长期被漠视是一个不争的事实，特别是以行业协会为代表的民间组织发展缓慢。

鉴于此，笔者针对如何构建和完善我国的行会性纠纷解决机制做出以下三方面的思考：首先，在行业协会纠纷解决机制中，必须充分贯彻当事人自愿的原则，当事人自愿是行业协会调解的前提，它是行业协会调解决定获得认可和执行的正当性基础。其次，明确行业协会在纠纷解决机制中的合理定位，行会组织都有比较广泛的群众基础，也基本上能够实现自我管理，应当确保各种行业协会的自治性质。最后，实现行业协会纠纷解决机制与诉讼纠纷解决机制的接轨，借助国家司法机关的权威来增强行业协会调解和仲裁协议的效力。

（三）重视民间法的挖掘，契合当代法治

民间法是那些在日常生活中被各种社会团体成员所认可的规则，调节和支配着社会成员之间行动，并不存在于制定法的条文中，而是存在于各种民间的契约以及团体章程中。江右商在其长期的经营活动中，依靠着群体智慧构建了一套调整其内部商事行为的制度规范，如雇佣制度、商号号规制度以及会馆制度规约等民商事习惯，并且至死不渝地把它们作为其群体商事行为的最高准则，进而实现了高级的治理方式、行会自治。从这个意义讲，江右商奉行的大部分民商事习惯，便是一种民间法。对于这些民间法，有一部分在今天的商事现象中仍然能够直接体现出来，如江右商所倡导的诚信制度建设与民法中的诚实守信条款如出一辙。

还有相当一部分的江右商帮行会制度，由于历史的局限性，在我国的法治现代化的过程中不能直接为我所用，必须加以创造性转换，以避免和减小与当代市场经济接轨中可能出现的阵痛。当然，对于不能转换的这类商事习惯我们必须坚决扬弃，如江右商雇佣制度中具有浓重封建色彩的调整学徒与师傅之间人身依附关系的商事习惯。值得注意的是，江右商帮行会制度文化只是我国浩如烟海的传统法律文化现象的一个缩影，在我国5000年的人类文明演进过程中形成了大量的具有中国特色的法文化现象，还有许多类似的民间法值得挖掘。应在对传统的法律文化进行批判性反思的基础上，从传统法律文化中汲取能够和当代法治建设相契合的元素。

参考文献

　　[1] 徐书生，栾桂灵. 江右商帮创业文化浅谈——以丰城商帮、樟树药帮为例 [J]. 江西教育学院学报（社会科学版），2013（1）.

　　[2] 栾玲玲，林娜. 论行会之功能——以民间法为分析视角 [J]. 法制与社会，2008（8）.

　　[3] 许慧祺，李贞贞. 明清时期的行会制度初探 [J]. 法制与社会，2007（2）.

　　[4] 谢力军，张鲁萍. 浅析江右商帮的没落 [J]. 江西社会科学，2002（2）.

　　[5] 单文杰. 明清时期行会晋商制度研究 [D]. 山东大学硕士论文，2011.

江右商消费性支出经济学分析及启示

曹国平

内容摘要 江右商的消费性支出，特别是奢侈性消费支出、捐官纳衔支出、社会性赈济支出等非正常的消费性支出对于其商业的发展具有很大影响，许多江右商家族由于陷入"消费陷阱"而导致了自我毁灭。现代民营企业仍然具有同江右商相似的消费性支出情况，因此，研究江右商的消费性支出具有很强的现实意义。它为我们今天的现代民营企业发展提供了一些有益启示。

江右商兴起于元末明初，辉煌于整个明清时期，是中国商业史上最重要的商业流派之一。江右商兴盛时期，其得势之时，大量金银从各地滚滚流回乡里，置田产、起楼阁，显赫一时。江右商的兴起固然有其客观的社会条件，但从某种程度上说，许多家族的崛起源于小买卖，得益于几代人的勤俭积累。江右商的衰落固然是近代社会变迁的结果，有着深刻的社会历史背景和复杂的内外因素，但在很大程度上也是他们挥霍无度、腐朽没落而导致的自我毁灭。事实上，江右商家族的消费性支出同他们的商业发展之间存在着很大联系，对其进行理论上的分析和探讨具有很强的现实意义。

一、江右商消费性支出分类

我们将江右商消费性支出分为正常消费性支出和非正常消费性支出两部分。正常消费性支出是指为维持一个家族正常的生活水平所需要的支出，它在整个商业发展过程中变化不大，为了分析上的方便，我们假定它为一个常数值，不予以分析。正常消费之外的消费界定为非正常消费。江右商的非正常消费性支出主要包括：①奢侈性生活支出；②捐官纳衔支出；③军阀强派，修桥筑路、修祠建庙、天灾人祸等社会性赈济支出。

二、江右商消费性支出的经济学分析

商业积累逐渐减少，非正常消费性支出却在不断增加。在江右商的商业发展起始阶段，为了创业，为了积累商业资本，他们会对现期消费与未来消费进行权衡。而积累动机大于消费动机的结果，将使他们用积累替代消费，他们会减少现期非正常的消费性支出甚至一部分正常的消费性支出以增加积累。随着商业的发展和收入的增加，他们的积累动机和消费动机都会增强。在每一个发展阶段和收入水平上，江右商都会将积累与消费进行权衡，以实现自己的最大效用满足。这样，随着江右商财富的增加，积累的边际效用会递减，积累对消费的替代以及积累效应本身都会变得越来越小。最终江右商的消费动机，会强于积累动机，他们将用消费替代积累，消费性支出会越来越多。

江右商的收入水平与其商业发展具有正相关关系，因此，我们可以由此推断出江右商的商业发展与其非正常消费性支出之间的关系函数。在江右商商业发展的前期，他们总是加强积累以促进商业的发展。而到一定阶段，消费性支出会越来越多，相应地，商业发展也会越来越慢。这是由江右商的积累动机和消费动机所决定的。

然而，商业的发展并非一帆风顺，一旦遇到市场的不景气或者社会变革的冲击，需要对商业结构、商号组织进行调整时，商人家族的消费性支出却形成了惯性，它并不会随着商业发展的停止而下降，反而会变得越来越膨胀。其结果不可避免地陷入消费陷阱，表现为坐吃山空、商业破产、家族衰败的境况。

三、江右商陷入消费陷阱的原因分析

江右商家族的消费陷阱基本上都是由非正常消费性支出膨胀所造成的。

（一）贪图享乐封建思想是陷入消费陷阱的最根本原因

当其商业发展到一定阶段，他们常常在蓄意储银以养亲的思想意识指导下，"皆急于享受而不求再进"，把大量的时间和精力花在了纸醉金迷而不问商号事，常常贪图享受而管理松懈。

如支撑清朝盐业半壁江山的"胡慎怡堂"，是近代盐业世家胡氏家族的住宅堂号。据四川地方史志记载，清朝嘉庆中叶，世居江西省吉安府庐陵县（今吉安市）儒林乡连山堡高坪第十都的胡礼纬，因家道破落，为求生计，与同族胡士云来到自流井经商，主要经营江右商擅长的贩布贸易。其子胡元海利用战争带来的时机，改营盐业，经营得法成为开创胡氏盐业世家新局面的关键人物。后经元海之子湖承钧、孙胡念祖的苦心经营，胡氏家族盐业"工人上千人，役牛 600 余头，骡马 100 多匹，年盈利白银近 15 万两"。达到家族盐业的顶峰，成为当时富荣盐场"王李胡颜"四大家族之一。但第四代的接班人胡铁华掌管"胡慎怡堂"时（1913 年），家族吸鸦片烟者过半，仅胡铁华一房就达 20 余人。

又如南昌月池熊氏家族，中国最早新式中学堂的缔造者。第二代掌门人筱香生前曾有"和字辈发财，育字辈享福，正字辈吃苦，大字辈讨饭"的预言。实际情况与筱香的预言基本吻合。到正字辈，已没有多少家产了。其原因在于"生长富贵，习于柔脆，意志薄弱，不敢冒险耐劳故也"。育字辈以后的许多人，都不善经营，疏于管理，又沾染上吃喝赌博等恶习，有时一夜之间，便输掉一座铺面。

（二）捐官纳衔支出是影响其商业发展的又一项非正常的消费性支出

随着商人财富的积累，商业利润的边际效用在降低，而其他商品，如社会地位、威望、官职等的边际效用在增加，当商业发展到一定阶段，他们的着眼重点不是在扩大经济势力上，而是把注意力转向为家族买官鬻爵以提高社会地位上。

如上述胡氏家族，为捐官耗去之银两甚多，仅以胡孝先（胡汝修兄子）加捐中书员外郎，即纳白银 7000 两。阖府捐官，耗资之巨。孝先、铁华、师仲在京师 3 年，攀龙附凤，附庸风雅，送礼频频，耗资 10 万两。在蜀中，官来官去，争名于朝，花费白银不少。从以上事例可以看出，虽然江右商抓住机遇促进了自身的崛起，但当他们把大量的商业资本用于捐官纳衔时，这又在很大程度上危及了他们商业的正常发展。

（三）巨额社会性赈济支出也是他们陷入消费陷阱的主要因素

如抚州南城县杨氏家族在西南地区开办的聚兴诚银行，成为中国近代史上最有影响力的民营商业银行之一。1915 年成立，先后在汉、申、京、津等地设立分行，还在香港开设了办事处，在全国各地的分支机构曾多达 40 个。当时其地位可与"中国通商、四明、上海、金城相比"，有"无聚不成行"之说。据有关记载，民国初年以来，四川军阀混战，为祸最烈，重庆地当要冲，各系军阀打进打出，几无宁日，打进者要钱，败走者也要钱，派捐派垫，估逼勒索，手段至为横暴。聚兴诚开业以来即成为派款的主要对象之一，先后被军阀派垫之款，累计达 150 万元，严重影响聚兴诚的资金营运。

又如南昌月池熊氏家族，在禧祖时期，为了让更多的子弟读书有成，以光宗荣祖，显耀门楣，禧祖设立了"心远堂"这一专门的家族教育机构。即每年抽取部分家族公产的盈利存储起来，设立"心远奖学金"，用来奖励读书应试有成的家族子弟。"凡族之子弟，为郡邑学官弟子员，或领乡荐，及成进士者，皆得分享。盖所以资孤寒，助膏火，使颖敏有志者成业，易于造就，以至于无穷也。""心远堂"最大的经济来源是设立于汉口的"信昌盐号"，每年有 2000 两银的收入，其奖金分等级设立，中举人者可得 700 两银，中进士者可得 3000 两银。此外，生员（秀才）、贡生等也有一定的奖励。

（四）放弃勤俭节约的传统是商业衰落的主要根源

实际上，我国古代很早就把奢俭看作了贫富根源，人们认为"贫富之不同，由于勤惰"（管同），"奢俭者，贫富之大源也"（梁章钜）。虽然这种看法在今天看来存在很大局限性，但江右商家族大多历经几代积累而致富，对其早期资本的积累和商业发展确实起了很大作用。因此，江右商家族的兴起大都经历了一个节衣缩食、长期积累的过程。他们在商业发展的前期善于节约自律，注重守成，注重对子孙后代的教育。而到后世，常常由于非正常的消费性支出膨胀而陷入消费陷阱，最终衰落。美国社会学家 E. A. 罗斯在游历晋中时曾说道："抽吸鸦片和赌博发展浸染了商人阶层，那些成功的商人后代沉湎于纵情声色、出入戏院、赋诗作画之中，使得他们祖宗积累起来的事业从他们身上败落了。"

江右商虽然在国内商界兴盛长达 5 个多世纪，但就单个家族而言，其商业周期一般也不过百年左右。这同江右商的消费周期存在着很大的联系。因此，江右商家族的非正常消费性支出的膨胀，是其陷入消费陷阱的主要根源，这又进一步导致了他们的商业破产和家族衰落。

四、江右商消费性支出的启示

现代民营企业是焊接在陈陈相因的历史链条上的一环，其企业发展与消费性支出之间仍然存在着与江右商基本相同的函数关系，许多企业的破产仍旧是由"消费陷阱"所引起的，只是其成因略有差异而已。因此，在今天审视江右商消费性支出有很强的现实意义。

（一）提倡勤俭持家，反对大肆挥霍

昔日江右商的诸多缺陷仍以曲折的形式在现代民营企业那里继续重演着。而且，现代企业的商业周期已经大大缩短而不是延长了，许多"名牌"犹如过眼烟云而迅速消失了。许多企业家仍然存在着一种供养子孙和光宗耀祖的失衡心理；许多人为举办婚礼宴庆而互相攀比，为祭奠祖先、修坟造墓而不惜耗费重金，为追求安逸的生活而修造别墅、包养二奶。许多地方官员还进行着钱权交易。这些事例向我们证明，今天的许多企业家仍然缺乏一种理性经济人思维观念，缺乏对企业长远发展的思考。在他们身上呈现出更多的是一种良莠掺杂的非理性行为，一方面存在经商逐利的普遍热忱，另一方面又表现出了贪图享受的挥霍行为。争奢斗富而大肆奢靡消费，为走捷径而采取贪污贿赂的不法手段。无怪许多学者感叹我们的企业家是"低素质无以承受高科技，低道德水准无力承受财富"。

（二）提倡消费型经济，反对无理性的消费

凯恩斯在阐述其需求管理思想时指出，它只适用于存在资源没有充分利用情况下的短期失衡状态。马克思强调："不仅消费的对象而且消费方式……都是由生产所生产的。"韦伯在谈到理性资本主义精神时曾说："禁欲主义的节俭必然要导致资本的积累。强加在财富消费上的种种限制使资本用以生产性投资成为可能，从而也就自然而然地增加了财富。"反思我们今天的企业家，在很大程度上恰恰缺乏这种精神气质。

（三）提倡遵规守法，反对随心所欲

江右商的商业发展轨迹告诉我们，现代民营企业要想取得良性发展，就必须避免陷入那种非理性的消费陷阱。为此，我们要加强市场竞争意识，增强法制建设，加大反腐倡廉力度，为企业的发展提供一个良好的外部环境。同时，还应该有效地界定和保护企业产权，使其真正成为具有"经济人"人格的法人主体，从而降低他们在经济活动中的交易费用，提高资源配置效率，更为重要的是我们必须加强引导，注重企业的非正式制度建设，培养现代企业的理性精神。

参考文献

［1］张正明. 江右商与经营文化［M］. 世界图书出版公司，1998.

［2］姚贤涛，王连娟. 中国家族企业：现状、问题与对策［M］. 企业管理出版社，2002.

［3］徐泰玲. 家族企业创新思考［J］. 南京社会科学，2002（增刊）.

［4］余龙生，赖明谷. 简论明代江西商人的行商特色［J］. 江西社会科学，2003（5）.

［5］傅衣凌. 明代江西的工商业人口及其移动［M］. 人民出版社，1982.

［6］曹国平. 月池熊氏家族经商思想研究［J］. 老区建设，2010（20）.

［7］曹国平. 聚兴诚银行的经营特色和启示意义［J］. 大江周刊，2010（10）.

［8］曹国平. "胡慎怡堂"盐业家族的兴盛及其精神价值［J］. 大江周刊，2010（11）.

古代民间商事登记制度研究

——以"写车薄"为研究对象

陈　晋　黄筱蓉

内容摘要　"写车薄"作为行帮组织的帮规，是一种自发兴起的商事登记制度。但是"写车薄"不符合现代商事登记制度对安全和效率价值的追求，仅仅是一种原始形态的商事登记制度。而其蕴含的对劳动者权益保护的人文主义精神超越了时代的局限，是现代商事登记制度无法包含的。

一、学界争议：我国古代是否存在商事登记制度

商事登记，是指依照商事法的规定，向商事登记机关提出申请，以期建立、变更或者消灭商事主体资格的法律行为。通常认为现代商事登记制度起源于西方国家，是商业文化发达的产物。而我国古代是否存在商事登记制度，学界仍存在争议。

观点一：史料证实我国古代存在商事登记制度

一些学者通过对史料的考证，认为我国古代存在商事登记制度。远至西周时期，商人已经开始使用营业执照，商人"货贿用玺节"。春秋时期，管仲将商人集中在特定区域，并对商人进行入户编制，派官员管理。而汉朝专门设置了市令长主管市场事务，负责征收市税和掌管市籍。商人经商须在官府登记取得市籍，否则视为违法。明清时期，政府对商人及商业活动的管理愈加规范，

商事登记非常普遍，明嘉靖年间诏令，置立产业、铺面均应进行登记。到明万历十年北京城内登记注册商户达 3400 家。清朝初期民间纺织作坊"机户张纳税当五十金，织造批准注册给文凭，然后敢织"。丰富的史料记载证实了中国古代存在较为发达的商事登记制度。

观点二：我国古代不存在西方式的商事登记制度

另一些学者则认为中国古代不存在西方意义上的商事登记制度。从西方商事登记制度的发展轨迹看，其随着商人阶级的诞生而产生，以保护商人阶层的利益为己任，最初表现为商人习惯法，随着经济的发达，商业社会的成形和繁荣，商事登记制度逐步完善，不再"囿于为特定阶层的利益服务，渐而演绎出为社会经济秩序和社会公共利益服务的其他功能"，并成为国家立法的重要组成部分，因此西方商事登记制度是市民社会的法律。反观我国古代政府制定的商事登记律令，与西方商事登记制度的目的相悖，其不是为了保护商人利益，维护和繁荣商品经济，而是国家管理、抑制工商业发展的手段。古代中国的封建统治者基于社会稳定和自身政权稳固的需要，排斥人口流动和商业文明，采取了"重农抑商"的政策，通过降低商人的社会地位和采取重税政策，抑制商业的发展。我国古代始终没有形成西方意义上的商人阶层。没有商人阶层，自然"不可能形成商人习惯法，更不可能出现像西方国家那样商人自发的登记制度"。

笔者观点：古代中国特定地区存在类似西方式的商事登记制度

西方商事登记制度与商人阶层的产生和发达紧密相关，而处于自给自足的小农经济的古中国似乎缺乏西方意义上的商事登记制度产生的土壤。但是不可否认古代中国在某一时期或者某些地区，产生过短暂和畸形的商业繁荣，而这种商业繁荣必然产生商人阶层，在商人内部也势必产生较为发达的商事习惯法。明清时期中国景德镇地区（古都昌）由于瓷器产业的发达，商业文化浓厚，商人内部存在大量的以行规、帮规为名的商事习惯法，其影响力和适用范围虽然仅仅局限于一隅，但仍然非常具有研究价值。下文将对明清时期景德镇地区的一种特殊的商事登记制度——"写车薄"进行研究。

二、"写车薄"性质辨析：一种商事登记制度

明清时期景德镇地区的陶瓷业十分繁荣，陶瓷业的发达为商人文化的兴起创造了条件，据不完全统计围绕着"陶瓷产业"行会、行帮数目达到近百个。举凡各行会的重要事件，多由行会组织以行规的形式颁布，要求成员遵守，以维护行业合理有序的竞争体系，保障成员利益。这些行规，内容丰富，十分具有时代特色。"写车薄"就是当时景德镇地区工人行帮组织的一项帮规，也称为"写本薄"，① 其具体内容是：窑（坯）户开业首先向窑户自己的行帮申请开业，以领取官贴，然后再向"五府十八帮"②缴交"写车薄"费，将相关经营事项进行登记，并领取一本盖有"五府十八帮"木质长印章的旧式红格账簿，把这些手续办好，记载清楚，方准开业。这项帮规的目的是为了调和瓷业工人和手工业主的矛盾，加强对手工业主的约束，维护工人的利益。目前学界在谈及"写车薄"时都是将其作为一种帮规进行介绍的，而忽视了其本身性质的研究，"写车薄"实际是依照行业规定，根据一定的程序，向行会组织提出申请，以建立商事主体资格，具有商事登记制度的特征。

（一）登记模式属于行会登记模式

现代商事登记制度主要有以下三种登记模式：一是行政登记模式，由特定的行政主管机关负责商事登记的管理。我国现在实行的就是这种制度，工商业登记由工商管理部门负责。《日本商业登记法》规定由法务省及地方的法务局负责商事登记，澳门地区是由商业登记局负责商事登记。这种登记模式强调商事登记制度的管理职能，注重政府对商事主体的监督与管理。二是司法登记模式，即法院负责商事登记的管理。这种登记模式强调商事登记的公示功能和对债权人的保护，德国、法国即采取此种制度。《德国商法典》第 8 条规定"商业登记簿由法院管理"。《法国商事及公司登记的法令》规定，法国的商事登

---

① 《传统与变迁——景德镇新旧民窑业田野考察》一书中将其记载为"写本薄"，本文采纳《景德镇文史资料》记载，"写车薄"之内容也来自该书。参见景德镇市文史资料研究委员会：《景德镇文史资料》第一辑《景德镇都帮》，1985 年。

② 五府十八帮，明清时期景德镇地区的一种工人行帮组织，所谓五府，是指工人的籍贯，有南昌、南康、饶州、九江、抚州府。十八帮，即这个行业划分的组，一帮为一组，共 18 个组。

记主管机关由法院担当。但是 1935 年后法国改为采用司法登记和行政登记双轨制。三是行会登记模式，商事登记机关为行会组织。早期的商事登记都采用行会登记模式，现在仍有一些国家采用这种古老的登记模式，如《荷兰商事注册法》规定，地方商会负责保管当地商事注册文件。"写车薄"采用的就是行会登记模式，向"五府十八帮"组织进行登记，它是由行业组织内部自发形成的一种登记模式，并非政府的行政行为。

（二）登记原则采取了"核准原则"

历史上共出现了四种商事设立登记原则，分别是自由设立原则、特许原则、核准原则和准则设立原则。自由设立原则产生于欧洲中世纪，是商人习惯法时代的产物，任何人都可以自由选择商事组织成立的形式、性质，而不得对其成立的条件和内容加以干涉。自由设立原则容易造成商事主体的滥设，引发经济秩序的混乱。"写车薄"虽然也是源于民间行会的规定，但显然比欧洲中世纪的商事习惯法更严谨，更加符合当代现代法制监管的理念，它采取了类似现代登记制度中的"核准原则"。核准原则要求商事主体在成立时，应当经过有关国家行政机关的许可方可设立，如德国的财团法人的设立，我国股份有限公司的设立皆采取了该原则。"写车薄"制度规定首先必须经过窑户自身行会组织的批准，发给"官帖"，笔者认为"官帖"相当于行会的许可批文，有了批文，窑户才可以向"五府十八帮"办理"写车薄"。但是这种"核准原则"与今天的"核准原则"具有本质上的不同，"写车薄"虽然经过了核准程序，但是核准机关是行会组织，它并不是政府对商业的监管，其实质仍然是行业组织的自治规范，是一种内部约束。

（三）登记种类包括设立登记和变更登记

从登记的种类看，现有的资料显示"写车薄"包括设立登记和变更登记。设立登记的内容比较丰富，规定了商号的登记，即窑户使用的招牌名称；经营范围，即开列其制作的范围，如生产二白釉、粉定器等，该经营范围是不得随意改动的，窑户必须按照在登记的经营领域内从事生产经营；生产经营规模，即将"几乘做坯辘护车，几乘利（修）坯辘护车"写上账簿，雇用几个员工也应当登记。此外还应当登记雇用哪个行帮的装坯工和师傅，特别是请用工人的帮属。以现代法制的视角看，"写车薄"登记的内容仅仅是商业登记的一种雏形，许多重要的内容，如法人代表、住所、经营期限、出资等都没有记载。但在封建小农经济时代，仍然是一个比较先进的商事登记制度，其登记的内容和欧洲中世纪商事登记的内容，大体相当。中世纪欧洲商事登记的内容包括商人名称、营业招牌、商业使用者及所雇学徒等事项。就变更登记而言，其仅规定了一种登记，即对商业名称的变更登记。而作为现代登记中最重要的登记种类——注销登记，也没有记载，但是基于"写车薄"的登记目的来分析，注销登记似乎是不可能的，因为一旦窑户注销登记，那么必然导致工人失业，有悖于"写车薄"维护工人利益的宗旨。

"写车薄"登记的内容、登记的模式都比较简单，仅仅是商事登记的雏形，但是在中国封建王朝极度压制商业发展的情况下，"写车薄"极具进步意义，它是商业文化、行帮文化发达的产物。

三、"写车薄"不是现代意义上的商事登记制度

（一）商事登记制度诞生于陌生人社会

登记是一种习俗性的产权制度，其出现并非出于任何个人或组织有目的的设计，而是一种自发的秩序。在传统熟人社会里，人口流动性小，登记是没有必要也没有价值的。费孝通先生指出，乡土社会是一个生于斯、死于斯的封闭社会。常态的生活终老是乡，卖肉的郑大官人，卖包子的孙二娘皆为大家熟识，商品质量和服务口碑大家也非常熟悉，一旦发生了商业欺诈和产品质量问题，可以很快就能找到本人解决问题，无须通过商事登记制度等市场交易法律来维护。可是，当越来越多的陌生人闯入，原本因熟悉所建立的诚信市场渐渐被打破，需要一种新的元素来保障秩序，以熟悉而构建的信任必然被法律而构建的信任替代。只有在一个充满流动性的陌生人社会中，商事登记才有存在的意义。

（二）商事登记制度的价值理念：安全与效率

在陌生人的社会里，交易安全成为人们关注的焦点。商事登记法律制度能有效遏制商人逐利本性导致的信息披露缺失与虚假，通过权威机构将商事主体的经营情况和法律状况公之于众，有助于社会公众对商事主体的资信进行充分

了解，有效地降低了交易风险，实际上是人们将熟人社会中对商人的直接信任转为对权威机构公信力的信赖。以公示主义、外观主义、要式主义构建的商事登记制度在保障市场安全上无疑发挥了重大作用。

商事登记另一个重要价值理念是经济效率，商事法系从制度层面规范以营利为动机的商事行为，实现商事主体的盈利，从而促进社会整体经济利益的增长。往往通过对某些行为的规制，使法律关系和法律行为流转快速化，以实现最大价值的实现。将商事登记作为交易的前提，从表面上看增大了商事主体交易成本的支出，但从社会整体角度分析，经过登记和公示商事主体的各项信息，有助于获取交易信息，从而大大降低交易主体获取信息的成本支出，也为商事主体及时作出交易决策、降低交易风险创造了条件。

（三）"写车薄"偏离了商事登记制度的价值理念

从"写车薄"的产生背景来看，其产生于陶瓷商业文化高度发达的景德镇地区，该地区小农经济的社会背景已被打破，商业文化成了封建农业经济时代的逆流，许多陌生人涌入，诸多行帮林立，需要一种登记制度来维持商业的秩序。"写车薄"在一定程度上反映了商事登记制度的传统功能，如要求登记招牌名称、经营范围、生产规模等。

然而景德镇的瓷器商业文化，仍然是建立在小农经济体系中的畸形商业形态上，"写车薄"不可能摆脱历史的局限性。在古代景德镇虽然涌入了很多外来者，但是这些外来者又通过血缘、乡邻结合成一种新的熟人社会。[①] 这种半熟人社会的状态必然导致"写车薄"的功能趋向偏离了商事登记传统价值。它用大量的内容规定了应当登记"窑户用何帮装坯工（一般由该帮组织介绍）、用何帮师傅、特别是请用工人的帮属"，这些登记内容具有和西方商事登记制度相同的信息公开和公示功能，但它的目的并非为了构建市场安全，更不是为了保护交易的效率，它是为了保护"五府十八帮"成员的垄断利益，限制行业的无序竞争。因为一经登记，则该窑户永远只能雇用某帮派的劳工，而禁止其他帮派进行不正当的竞争，这是"五府十八帮"对劳动雇用市场的一种竞争秩序的维护，同时客观上起到了保护劳动者的合法权利的作用："开业后，要改换招牌，必须再办'写车薄'手续。否则就要永远按照'车薄'

---

① "五府十八帮"以工人的籍贯、乡邻作为纽带而维系。

规定的帮属去雇请装坯工和领头。""写车薄"和现代法上的商事登记相距甚远，它以行业帮规的形态存在，存在的价值必然是维护行业组织内部的秩序和保障行帮组织成员的合法权益，从某种意义上成为处于商业领域统治地位的行会限制商业自由的工具。

四、余论："写车薄"蕴含对劳动者的人文关怀

尽管"写车薄"不具有现代商事登记制度的价值功能，但我们仍不能否认"写车薄"的进步性，甚至笔者认为抛开商事登记本身来看，其发挥的社会功能应当为社会学家和法学家所称道。"写车薄"制度充斥着对劳动者权益维护的人文主义情怀，当然这种保障是建立在对劳动者无情剥削之后给予的一点怜悯，它和现代社会对劳动者的保障是有区别的。这种登记制度创立的主旨是为了维护商业活动秩序和限制同行业之间的不正当竞争，"写车薄"作为"五府十八帮"的行规，其设立的本身目的也无外乎如此。但是"五府十八帮"作为一种劳动者的行帮，其性质决定了这种限制竞争，必然使"写车薄"成为保障帮众权利的自治性的商业规则，使其获得部分劳动契约的性质。"五府十八帮"的诸多劳动者获得了一份稳定的劳动收入，它甚至规定"装坯工和领头，可以任意将其工作岗位转让给他帮工人接替（行话称为'过帮'），窑户不得干预。"这种劳动社会契约属性在西方的商事登记制度中是没有体现的，它反映了在封建社会中国劳动者一种朴素的权益保障启蒙意识，尽管只有那么少量的一点规定，尽管是商事登记的一种副产品，但仍然是超越当时社会形态的一种历史进步。

参考文献

[1] 王妍. 商事登记中公权定位与私权保护问题研究 [M]. 法律出版社，2011.

[2] 林剑鸣，余华青. 秦汉社会文明 [M]. 西北大学出版社，1985.

[3] 高升金. 工商登记注册史话 [J]. 中国工商管理研究，2005（7）.

[4] 徐学鹿. 商法总论 [M]. 人民法院出版社，1999.

[5] 朱慈蕴. 我国商事登记立法的改革与完善 [J]. 国家检察官学院学报，2004（6）.

［6］张秀全，金东辉．中国商事登记法律制度探源［J］．郑州工业大学学报，2001（2）.

［7］方李莉．传统与变迁——景德镇新旧民窑业田野考察［M］．江西人民出版社，2000.

［8］法国公司法典［M］．罗结珍译．国际文化出版公司，1995.

［9］王建文．我国商事登记制度的《行政许可法》解读［J］．法学杂志，2004（5）.

［10］董安生．商法总论［M］．吉林人民出版社，1994.

［11］Bruce L. Benson. The Spontaneous Evolution of Commercial Law［J］. Southern Economic Journal，1989（55）.

［12］费孝通．乡土中国［M］．北京大学出版社，2005.

［13］王令浚．商事登记法律制度研究［D］．对外经贸大学博士论文，2007.

［14］李金泽，刘楠．商业登记法律制度研究［C］．商事法论集（第四卷）．法律出版社，2001.

［15］景德镇市文史资料研究委员会．景德镇文史资料（第一辑）（内部资料）［R］．1985.

"写车薄"与商事登记制度研究

黄筱蓉　陈　晋

内容摘要　　"写车薄"是古代江西景德镇地区行帮组织的帮规之一，它是一种原始形态的商事登记制度，其详细规定了登记模式、登记原则和登记内容。"写车薄"与西方的商事登记制度不同，它诞生于小农经济时代的中国，根植于一种以血缘、乡邻结合成的熟人社会，具有身份法属性和集体劳动契约的属性，其中对劳动者权益的保障体现了超越于时代的进步性。

一、引言

中国作为一个文明古国，产生了许多璀璨的文化。其中都昌（今景德镇）作为中国瓷器的重要产地，以瓷器文化享誉世界，当地的瓷器品种齐全，瓷质优良，造型轻巧，素有"白如玉，明如镜，薄如纸，声如磬"的美誉，其产品远销国内外。围绕着瓷器的生产、销售，在古代中国这样一个小农经济的时代，都昌诞生了极具特色的陶瓷商业文化。

都昌的陶瓷业十分发达，生产规模大，分工非常细致。明代宋应星在《天工开物》中记载："共计一杯工力，过手七十二，方克成器，其中微细节目尚不能尽也。"而《景德镇陶录》中详细记载了这种分工的细致："陶有窑（列举烧柴窑、烧槎窑、包青窑、大器窑、小器窑），窑有户（列举烧窑户、搭坯窑户、烧圆窑户、柴窑户、槎窑户），户有工（列举淘泥工、拉坯工、印坯工、镟坯工、画坯工、舂灰工、合釉工、上釉工、挑槎工、抬坯工、装坯工、满掇工、烧窑工、乳料工、春料工、砂土工等十七种，并附彩之工有乳颜料工、画样工、绘事工、配色工、填彩工、烧炉工六类），工有作（列举官古器作、上古器作、中古器作、釉古器作、小古器作、常古器作、粗器作、冒器作、子法器作、脱胎器作、大琢器作、洋器作、雕镶作、定单器作、仿古作、填白器作、碎器作、紫金器作共十八作），作有家（列举青花家、淡描家、各彩家三家）"①；这些为都昌当地的行帮、行会创造了条件，据不完全统计，当时都昌围绕着"陶瓷产业"行会行帮数目繁多，有近百个，从行业上可分为商人行帮、手工业行帮和工人行帮三大类，从地域上可分为徽帮（安徽商人）、都帮（江西商人）和杂帮（前两帮以外的）。商人行帮由外省商人的 26 个客帮组成，既沟通着景德镇与外地的联系，也操纵着景德镇瓷器的运销。手工业行帮更是精密地划分为 8 业 36 行，几乎各项产业都有行帮的存在。举凡各行会的重要事件，多由行会组织以行规帮规等形式向其成员颁布，有口头形式，也有书面刻在石碑上者，要求其成员遵守，以维护行业的合理有序的竞争体系，保障成员利益。这些残留在石碑上流传至今的行规，内容丰富，各具特色，其规定了入会条件，同业救助，对学徒工的要求等，十分具有当时的时代特色，它是江右商帮②行会制度的重要鉴证，对于今天我们研究中国古代的商事习惯法和江右商帮提供了宝贵的史料。下文将就其中极具特色的商事登记制度——"写车薄"展开研究。

二、"写车薄"是商事登记制度的一种原始形态

"写车薄"，也称为"写本薄"③，它是指窑（坯）户开业了，应当办理进行登记，首先向各自的行帮申请，并领取官帖，缴纳入会金，然后再向行会组织"五府十八帮"④办理登记，这种登记制度被称为"写车薄"。

---

① http：//www.jxdcn.gov.cn：7082/News_ View.asp？NewsID＝757.

② 江右商帮，是中国古代十大商帮之一，明清时期江西商人以其人数之众、操业之广、渗透力之强为世人瞩目，对当时社会经济文化带来了一定影响，湖广地区有"无江西商人不成市"的说法。

③ 方李莉在《传统与变迁——景德镇新旧民窑业田野考察》一书中将其记载为"写本薄"，本文采纳江西景德镇陶瓷文化资源库网（http：//www.jxdcn.gov.cn）"写车薄"的记载，其行规内容也来自该网站。

④ 五府十八帮，一种工人的行帮组织，装小器的工人有"五府十八帮。"所谓五府，是指工人的籍贯，有南昌、南康、饶州、九江、抚州府。十八帮，即这个行业划分的组，一帮为一组，共十八个组。

这里的商事登记采用了一种行会组织登记模式，即向"五府十八帮"进行登记，这与现代的登记模式不同，现代社会主要有两种比较典型的商事登记模式，一是法院登记模式，即法律规定由法院负责商业登记的管理。如《德国商法典》规定"商业登记簿由法院管理"。根据《法国商事及公司登记的法令》的规定，法国的商事登记主管机关也是由法院担当。二是行政机关登记模式，即法律规定特定的行政主管机关负责商业登记的管理。如《日本商业登记法》规定由法务省及地方的法务局负责管理商业登记，我国澳门由商业登记局负责管理商业登记，我国香港由税务局辖下的商业登记署负责商业登记，我国台湾由经济部和直辖市、县（市）政府负责管理商业登记。现在我国大陆地区也是采取这种登记模式，即由各级工商管理部门负责管理商业登记。"写车薄"这种登记模式，是由行业组织内部自发形成的一种登记模式，并不是当时政府的一种行政行为。

从登记的原则来看，它类似今天的"登记核准原则"。历史上对于商事设立共出现了四种登记原则，分别是自由设立原则、特许原则、核准原则和准则设立原则。对于自由设立原则来说，其产生于欧洲中世纪，它是商人习惯法时代的产物，规定任何人都可以自由选择商事组织成立的形式、性质，而不得对其成立的条件和内容加以干涉。"写车薄"虽然也是源于民间行会的一种规定，但其登记显然比欧洲中世纪的商事习惯法更加严谨，更加符合当代现代法制监管的理念，因为根据现代法制观念来看，如果对商业组织其成立的条件不加以限制，那么必然会对市场交易的安全、秩序造成威胁。"写车薄"类似现代登记制度中的"核准原则"，核准原则要求商事主体在成立时，应当经过有关国家行政机关的许可方可设立，如德国的财团法人的设立，我国股份有限公司的设立都采取了这种原则。"写车薄"制度，规定首先必须经过窑户自身行会组织的批准，发给"官帖"，这里的官帖笔者认为相当于一种行会的许可批文[①]，有了该批文，窑户才可以向"五府十八帮"办理"写车薄"。但是这种"核准原则"与今天的"核准原则"从本质上看是完全不同的，"写车薄"虽然经过了核准程序，但是核准机关是行会组织，它并不是政府对商业的监管，外部的约束，其实质仍然是行业组织内部的规范，是一种内部的约束。

从登记的种类来看，现有的资料显示包括设立登记和变更登记。设立登记

---

① 江西景德镇陶瓷文化资源库网认为其类似今天的营业执照，笔者认为有误。

的内容比较丰富，它规定了商号的登记，即窑户使用的招牌名称；经营范围，即开列其制作的范围，如生产二白釉、粉定器等，该经营范围是不得随意改动的，窑户必须按照登记的经营领域内从事生产经营；生产经营规模，即将"几乘做坯辘护车，几乘利（修）坯辘护车"写上账簿，此外雇用几个员工也应当登记。此外还应当登记雇用哪个行帮的装坯工，哪个行帮的师傅，特别是请用工人的帮属。从现代法制的视角看，"写车薄"登记的内容仅仅是商业登记的一种雏形，许多重要的内容，如法人代表、住所、经营期限、出资等都没有记载。但在封建小农经济的时代，这仍然是一个比较先进的商事登记制度，其登记的内容和欧洲中世纪商事登记的内容大体相当。中世纪欧洲"欲取得商人资格和身份者不仅须取得特定行业的商人行会事实上的认可和接纳，而且必须将其商人名称、营业招牌、商业使用者及所雇学徒等事项登记于商人行会备置的行会成员名录簿中，此种行业成员名录簿后来逐渐又发展为公示商人营业状况的习惯法文件"。就变更登记而言，其仅规定了一种登记，即对商业名称的变更登记，而其他事项的变更，现有的史料并没有记载。而作为现代登记中最重要的登记种类——注销登记，也没有记载，但是基于"写车薄"的登记目的来分析，注销登记似乎是不可能的，因为一旦窑户注销登记，那么必然有工人要失业，这有悖于"写车薄"的宗旨，下文将就该宗旨详细分析。

"写车薄"作为行会组织的帮规，实质上是一种古代的商业登记，经过对其内容的分析，我们认为不论其登记的内容、登记的模式、登记的原则，都比较简单，仅仅是商事登记的雏形，但是在中国封建王朝极度压制商业发展的情况下，"写车薄"极具进步意义，它是商业文化、行帮文化发达的产物。它的这种行会文化的属性和地域特色，赋予了它与其他商事登记制度相比独有的特色，下文将详细探究这种特色制度的法律属性。

三、"写车薄"是诞生于中国小农经济时代的特色商事登记制度

现在中国法制史学者普遍认为，中国古代的封建统治者基于社会稳定和自身政权稳固的需要，排斥人口的流动性和商业文明。采取了"重农抑商"的政策，通过降低商人的社会地位①和采取重税政策，抑制商业的发展。以明清

---

①　古代社会"士农工商"阶层，商人处于社会最底层，其子孙都不得参加科举考试。

时期的江右商帮为例，这些商人获得的商业利润大部分都流向了土地和房屋等不动产，而不是扩大商业规模，大多数商人始终处于小商人的规模，因此江右商帮尽管也曾轰轰烈烈，辉煌一时，但在社会转型时，却以衰亡结束，没有成为推动中国社会进步的动力。学者们得出结论：在这样一个自给自足的小农经济的时代，政府是不需要制定规范商业的法律，在中国古代的律例中基本上找不到民商法的影子，有那么几条也是"刑民不分，以刑代民"。商事登记制度作为市民社会的法律，在封建王朝的律法中是没有必要规定的。其实中国古代是有关于商事登记的法律的，在汉代的文献中记载：汉朝设市令长，主管市场事务，其主要职权为维护市场秩序，征收市税和掌管市籍。所谓市籍，就是商贾要取得在市区合法的居住权和经营权，须在官府登记即列入市籍。无市籍而经商，被认为是非法的。在南北朝时期也有"违反经商必须到官府登记规定者，货一甲"的律令。清朝初期也有类似的规定。如民间纺织作坊"机户不得逾百张，张纳税当五十金，织造批准注册给文凭，然后敢织"。由此可见，中国古代是有关于商事登记的法律的。

从社会经济的角度来看，登记源于一种习俗性的产权制度，它的出现并不是出于任何个人或组织的理性和有目的的设计，而是一种自发的秩序。商事登记也不是某个人和组织有意识设计出来的。在传统的熟人社会里，人口流动性小，登记是没有必要也没有价值的。费孝通先生在《乡土中国》中指出，乡土社会在地方性的限制下成了生于斯、死于斯的社会。常态的生活终老是乡，这样的社会是一个"熟悉"的社会，没有陌生人的社会。在这样的社会里，卖肉的郑大官人、卖包子的孙二娘、卖菜的李大娘都是大家熟识的，商品的质量和服务的口碑大家都非常熟悉，一旦发生了商业欺诈和产品质量问题，大家很快就能找到本人解决问题，不需要通过商事登记制度来维护。从熟悉到信任，是一种本性的体现。可是，当越来越多的陌生人闯入，原本由熟悉所建立的信任渐渐被打破，需要建立一个由法律和制度来保障的新秩序。因此，在一个充满流动性的陌生人社会中，商事登记才有了存在的意义。从"写车薄"的产生背景来看，其产生于瓷器商业文化高度发达的景德镇地区，这个地区的小农经济的社会背景已被打破，商业文化成为了在封建农业经济时代的逆流，许多外人涌入，诸多行帮林立，需要一种登记制度来维持商业的秩序。

但是都昌的瓷器商业文化，仍然是建立在中国小农经济体系上的一种畸形的商业形态下，"写车薄"不可能摆脱历史的局限性。"五府十八帮"这种商业行会组织仍然建立在以血缘、乡邻为纽带的熟人社会①的基础上，因此在这样一个熟人的商业社会中，"写车薄"的功能趋向偏离了商事登记传统价值，而在西方国家，商事登记的产生和兴旺离不开经济效率和市场安全两大价值趋向。从传统的西方法学来看，商事登记法律制度有效防止了由于商人的逐利本性而可能引致的信息披露的缺失性与虚假性，从而不仅在局部上保证了市场秩序的稳定，也为整个社会商事交易效率的提高提供了基础保障。商事登记是交易的前置程序，要求商事主体在从事商事活动前必须进行登记，并应在实体上达到登记内容的要求，这在某种程度上增加了商事主体，以及商业登记机关进而社会的成本支出，但从社会整体角度分析，经过登记和公告商事主体的各项信息——显然有助于交易相对方便地获取交易信息，这对交易相对方而言，意味着交易成本的直接减少，并为防范交易风险创造了条件；对进行登记公示的商事主体而言，交易相对方迅速作出交易决策意味商事主体实质上是以有限的登记成本支出换取了一个让交易相对方了解自己的公共平台，以各次交易的迅捷争取到交易周期的缩短，赢得他次交易的商机，促进交易次数的增多，进而实现整体交易成本的降低和资金利润率的提高。商事登记除了保证交易的效率外，交易的安全也是其重要的功能价值之一，学者张国键称："商事交易，固贵敏捷，尤须注意安全，如果只图敏捷，而不求安全，则今日所为的交易，明日即可能发生问题，甚至遭受意外的损害。"如果不能维护市场交易的安全，每一个商事主体都会担心其财产安全，进而影响经济效率，因此商事登记法律制度中的要式主义、公示主义、外观主义成为了维护交易安全的必要法则。

"写车薄"在一定程度上也反映了商事登记制度的传统功能，如要求登记招牌名称、经营范围、生产规模等，但是"写车薄"产生的背景源于小农经济时代一种畸形的区域商业文化，它仍然植根于一种半熟人社会的状态。在古代都昌虽然涌入了很多外来者，但是这些外来者又通过血缘、乡邻结合成一种熟人社会，因此"写车薄"这种登记被赋予了与传统登记功能更多的不同。它用大量的内容规定了应当登记"窑户用何帮装坯工（一般由该帮组织介绍）、用何师傅、特别是请用工人的帮属"，这些项目的登记，仍然和西方商事登记一样具有信息的公开和公示的功能，但它更多考虑的是对不正当竞争的禁止，即一经登记即已向社会公告，该窑户雇用了哪个帮派的劳工，也就是

---

① "五府十八帮"是以工人的籍贯、乡邻作为纽带而维系。

禁止其他帮派再进行不正当的竞争，这是"五府十八帮"对劳动雇用市场的一种竞争秩序的维护。同时起到了劳动集体合同的作用，保护了劳动者的合法权益，对窑户实行了监督，"开业后，要改换招牌，必须再办'写车簿'手续。否则就要永远按照'车簿'规定的帮属去雇请装坯工和领头"。多种功能的集成既体现了"写车簿"这种商事登记制度的原始，也进一步说明了在中国小农经济时代是不可能诞生出西方意义上的商事登记制度的。

四、"写车簿"是一种身份法属性和劳动契约属性的商事登记制度

中国古代虽然实施"重农抑商"的商业政策，但是商业的需求始终很丰富，特别是明清时期商人组织遍布大中城市和工商市镇，其中的行帮商帮同中世纪的商人行会一样，自立行规，对入会条件、招收学徒、同业救助等问题均加以规定。但是中国会馆公所的规约并没有演变成近现代商事登记法律制度，有学者认为主要是因为它与西欧行会存在根本区别：西欧的商人行会与封建势力是相互对立、相互斗争的，而中国会馆公所则要依附于封建政府，仰仗官府通过治理经营环境等方式消极地维护其利益，商人自身的意志被压制至最低，其整体利益很难反映于法律中，因此当时的商事登记制度是无法具有以商业为本的精神的。因此中国古代的商事登记建立在封建政府对商人的控制和盘剥，甚至将对商事登记管理作为国家干预商事活动、抑制商业发展的方法。

"写车簿"也是在这种时代背景下顽强诞生的，并极具特色，虽然它仍然不能完全摆脱这种封建的桎梏。它只是在封建政府压榨之下的有限的空间里，寻找到一点自由呼吸的空气。封建社会非契约性而且身份法属性的社会本质，必然决定了"写车簿"只能是一种带有身份法性质的营业登记。这种登记不仅起到授予了窑户商人的身份的作用，还起到公布窑户经营状况的作用，如登记事项中规定："经营项目（如二白釉、粉定器等）、生产能力（几个利坯工，几乘陶车）"，从某种意义上成为处于商业领域统治地位的行会限制商业自由的一种工具。其还详细规定了"用何帮装坯工（一般由该帮组织介绍）、用何帮师傅，特别是请用工人的帮属，把这些手续办好，记载清楚，方准开业。开业后，要改换招牌，必须再办'写车簿'手续。否则就要永远按照"车簿"规定的帮属去雇请装坯工和领头。"从上述规定来看，"写车簿"和现代西方法意义上的商事登记相距甚远，"写车簿"以一种行业帮规的方式存在，其存

在的价值必然是维护行业组织内部的秩序和保障行帮组织成员的合法权益。在我国古代社会，商人们已经把行规帮规和国家律法等同，作为调整行业内部以及行业之间关系的基本准则对待，很多行规的序言中往往有这样的字句，如"国有条律，民有私约"；"盖闻朝廷有律例，商贾有规约，夫规约章程，方可合符王道"等。这些被商人们奉若法律的行规对于保护行业组织成员的垄断利益，限制来自行业内部和外部的竞争发挥了重要作用，"写车薄"通过对窑户登记的严格规定，保护了"五府十八帮"成员的垄断利益，也限制了行业的无序竞争，这些规定都体现了"写车薄"这种封建的身份法属性。

　　尽管如此，我们仍不能否认"写车薄"的进步性，甚至笔者认为抛开商事登记本身来看，其发挥的社会功能是应当为社会学家和法学家称道的。"写车薄"制度本身充斥着一种对劳动者权益维护的人文主义情怀，当然这种保障是建立在封建主义对劳动者无情剥削之后给予的一点怜悯，它和近现代社会主义对劳动者的保障是有区别的，这种登记制度创立的主旨是为了维护商业活动秩序和限制同行业之间的不正当竞争，"写车薄"作为"五府十八帮"的行规，其设立的本身目的也无外乎如此。但是"五府十八帮"作为一种劳动者的行帮，其性质决定了这种限制竞争，必然使"写车薄"成为了保障帮众的权利的自治性的商业规则，使其获得部分劳动契约的性质。"五府十八帮"的诸多劳动者获得了一份稳定的劳动收入，它甚至规定"装坯工和领头，可以任意将其工作岗位转让给他帮工人接替（行话称为'过帮'），窑户不得干预"。这就是通常所说的"窑户不可卖工人，工人可以卖窑户"的意思。这种劳动社会契约属性在西方的商事登记制度中是没有体现的，它反映了在封建社会中国劳动者一种朴素的权益保障启蒙意识，尽管只有那么少量的一点规定，尽管是商事登记的一种副产品，但这仍然是超越当时社会形态的一种历史进步。

参考文献

　　[1]　方李莉．传统与变迁——景德镇新旧民窑业田野考察［M］．江西人民出版社，2000．

　　[2]　法国公司法典［M］．罗结珍译．国际文化出版公司，1995．

　　[3]　朱慈蕴．我国商事登记法的改革与完善［J］．国家检察官学院学报，2004（6）．

［4］董安生. 商法总论［M］. 吉林人民出版社，1994.

［5］林剑鸣，余华青. 秦汉社会文明［M］. 西北大学出版社，1985.

［6］徐学鹿. 商法总论［M］. 人民法院出版社，1999.

［7］Bruce L. Benson. The Spontaneous Evolution of Commercial Law［J］. Southern Economic Journal，1989（55）.

［8］折喜芳，赵颖. 商事登记法律制度的立法完善［J］. 河北法学，2005（2）.

［9］袁晓波. 商事登记的价值分析及其对制度构建的影响［J］. 青岛科技大学学报，2006（3）.

［10］张秀全，金东辉. 中国商事登记法律制度探源［J］郑州工业大学学报，2001（2）.

［11］彭泽益. 中国工商行会史料集［M］. 中华书局，1995.

景德镇古代陶瓷行业帮规研究

黄筱蓉　陈　晋

内容摘要　景德镇在明清时期诞生了非常繁荣的商业经济，同时也因此而产生了丰富的商事习惯法，其表现为行帮帮规，主要包括对行业利益的垄断，对产业工人的适当照顾以及一些行业禁忌的规定。行帮帮规是商人行帮和工人行帮斗争的最终结果，其以维护商人的垄断利益为根本宗旨。

一、引言

景德镇地区在明清时期商业非常发达，其成为了中国最重要的陶瓷业生产地和集散地。在重农抑商的中国古代，随着陶瓷手工业的发达，积聚了大量的产业工人和商人，这些工人和商人为了维护自身的利益必然集合在各种组织——行帮，同时也产生了非常发达的商事习惯法，大量的商事习惯法以行帮帮规的形式表现出来，其涉及很多方面：关于入会、退会资格，工人待遇，工伤的处理等。我们今天还能看到的部分帮规都是刻在石碑上，而得以保存下来的。从这些丰富的帮规资料看，一些学者认为中国古代没有商事习惯法的观点显然难以立足。下文将对景德镇陶瓷行业的帮规进行全面的介绍。

二、与劳动者待遇相关的帮规介绍

对于劳动者的待遇福利，我国主要通过《劳动法》、《劳动合同法》、《工伤保险条例》等以一系列法律、法规对劳动者加以保护，其中有关于劳动者的最低工资标准，劳动者的休息、休假，劳动者合同的签订，劳动者的工伤期间的待遇以及不得歧视女性用工等，从景德镇行帮帮规来看，其也对这些问题进行了相应的规定，对劳动者进行了适当的保护，虽然保护力度较低。

（一）瓷帮工人的休假和福利

景德镇行帮帮规没有明确规定工人的最低工作时间和最低工资标准，仅仅是对过重大节日和过年提出了明确的休假和加班待遇的规定，对工资和工作时间则做出了模糊的规定。

每年农历的腊月十三日，圆器行业规定这天停工，工人不再做坯，故叫歇手。但是歇手并不意味着放假，工人必须将架上的半成坯完成后才可以回家过小年。有时候会遇到生意好或窑内缺坯的特殊情况，这时候老板往往希望工人能够多做几天活。帮规就规定必须经过工人同意，才能进行，这比起欧洲19世纪的血腥工厂更有人道主义。同时帮规还规定，即便工人同意了加班，也不得超过5天，在加班期间，老板必须支付高额的加班工资，即每天供给每个工人四两肉和"耳朵"（佐料）钱。

在窑户行业也有给予工人福利的规定，其帮规规定每逢中秋节、端午节、春节等重大节日，窑户应置办丰盛的饭菜，邀请装坯工人来过节，如果窑户没有履行此义务，装坯工人就会借口窑户怠慢他，故意在生产上出些差错。而窑户不能因此惩罚装坯工人，而必须备酒请装坯工人的师傅和装坯头来说情，才可消除隔阂。

除此之外，琢器作坊的帮规则致力于维护工人的工资标准，其规定无论是淡季或者其他什么原因，老板不得将定好的工资自行降低。而草鞋帮的帮规则明确规定工人不得加夜班。

（二）关于工伤事故的规定

我国的《工伤保险条例》对工伤做出了严格界定："在工作时间和工作场所内，因工作原因受到事故伤害的；工作时间前后在工作场所内，从事与工作有关的预备性或者收尾性工作受到事故伤害的；在工作时间和工作场所内，因履行工作职责受到暴力等意外伤害的；患职业病的；因工外出期间，由于工作原因受到伤害或者发生事故下落不明的；在上下班途中，受到非本人主要责任的交通事故或者城市轨道交通、客运轮渡、火车事故伤害的。"此外，职工在工作时间和工作岗位上，突发疾病死亡或者在48小时之内经抢救无效死亡的，视同工伤。

景德镇陶瓷帮规没有对工伤做出界定，其对于工伤没有规定补偿措施，仅仅对工人在工作时间和工作岗位上死于作坊的，无论何种原因，提出了补偿标准。首先是对死亡工人的死后安排，即买棺木安排下葬，另外还要举办宗教仪式，请道士为亡故者做个"八折火"；其次是对其他工人的补偿，全作坊停工一两天，每个工人可以领取四两猪肉。这种对死亡补偿的规定，会给窑主带来严重的损失。为了回避这种规定，导致窑户一见工人患病，便千方百计不择手段要工人离开作坊，严重损害工人权益。

（三）对女性的歧视

我国现行的《劳动法》对女性进行了特殊的保护，首先在招工、用工中不得歧视女性，要求男女平等。同时对女性在经期、孕期给予特殊的待遇，如不少于90天的产假，不得安排女职工在经期和孕期从事高处、低温、冷水作业和国家规定的第三级体力劳动强度的劳动。对怀孕7个月以上的女职工，不得安排其延长工作时间和夜班劳动。

但是在传统的封建社会却对女性极度歧视，根据传统观念认为女性应该在家里相夫教子，如果外出做事往往被视为不守妇道。而景德镇瓷帮的帮规也体现了这种观念，并将其发挥到极致。它严格限制妇女进窑，更不用提招收妇女劳动者的问题了。它认为妇女是禁忌，如果进窑，会冲撞窑神，因此一旦妇女进入了瓷窑，必须焚香烧烛、杀鸡、鸣放鞭炮，以祭窑神。这种封建迷信的思想严重地歧视妇女，是一种封建糟粕。

三、与行业垄断相关的帮规介绍

行帮存在的目的就是维护行业组织内部秩序，保障行帮的垄断利益。因为任何资源都是有限的，特别是商业资源，垄断意味着高额的利润，也意味着对行业的把持。行帮帮规作为行帮意志的体现，自然将维持行帮的垄断地位作为其最重要的规定。

（一）防止不正当竞争，维护行帮全体工人利益

对景德镇瓷帮各帮派的帮规阅读，发现各帮帮规都禁止工人外出"打闲"。何谓"打闲"，实际上就是工人不能为窑户做私事。如草鞋帮规定，除做坯的可到外厂工作外，其他工人均不得外出做"散做"，也不准打夜班。如窑户是该人的师傅，在学徒期内可以做，出师后则绝不可做。否则，将受到行帮处理。同时，为了保护行帮利益，行帮常常通过罢工方式争取权益，当未得到复工通知时，任何人不得躲在厂内外做工。这些规定实际上是为了防止不正当竞争，损害工人的合法权益，维护了工人的整体利益。

（二）行业垄断

景德镇的瓷帮实行严格的宾主制度，即烧窑、做坯、红店、瓷行以及五行头（汇色、把桩、包装、打桶、打络等）等行业，进行了一次交易后，即不得随便更动，有的甚至成为世袭。倘有一方违反（主要是客方），行会便出面干涉。这种强制固定交易的行为，能够维持行业内部的稳定性，保证了各行业经营者的利润。但是这种规定限制了合理的竞争，最终导致陶瓷行业停滞发展。中国在清朝末年被动开放后，这些缺乏竞争力的商帮最终被淘汰。这就是以景德镇瓷帮为代表的江右商帮为何在近代销声匿迹，被扫进了故纸堆的重要原因。

（三）严格的学徒招收仪式

一个行业要发展必须不断有新鲜血液补充进来，才能推动创新。景德镇的瓷帮为了维持自己的垄断地位，严格控制了招收工人的规模。如装小器工人必须每隔20年，才能开禁收徒弟。开禁要进行非常复杂的仪式和程序，开禁时，要用红颜色涂装坯篮，然后挑红篮过街，沿途放爆竹，吹号奏乐，宣扬装小器工人带徒弟，这叫开红禁。与此同时，还有一种叫做"开黑禁"。这是在装坯人少事多的情况下，可以隔三五年开一回禁，也要挑篮过街，但篮上不能涂红，如在街上平安通过，表示同行群众同意收徒，可以开禁。否则，就不能开禁。这种复杂的仪式和苛刻的招收标准，维持了工人的工资可以保持较丰厚的水平，但是也限制了陶瓷业有规模的发展，因为缺少足够的员工，难以做大做强。

（四）苛刻的商事登记制度

一方面工人商帮通过严格的招收徒弟程序，减少竞争，维持工人的丰厚薪水；另一方面经营者的行帮也通过苛刻的商事登记制度，维持经营者的垄断利益。这种商事登记制度，被称为"写车薄"，抑或"写本薄"，它是指窑（坯）户开业，应当办理登记。具体情形为：窑（坯）户开业，要向他们各自的行帮（20世纪20年代后是××同业公会）缴交入会金，领取"官帖"（今之营业执照）。还要到"佑陶灵祠"，即这些行帮工人总组织——"五府十八帮"街师傅办事地点去缴交"写车薄"费（一般是两个利坯工交4~5块银圆），并领取一本盖有"五府十八帮"木质长印章的旧式红格账簿，即所谓"车薄"。"车薄"上要记载老板所使用的招牌名称、经营项目（如二白釉、粉定器等）、生产能力（几个利坯工，几乘陶车）、用何帮装坯工（一般由该帮组织介绍）、用何帮师傅，特别是请用工人的帮属，把这些手续办好，记载清楚，方准开业。开业后，要改换招牌，必须再办"写车薄"手续。否则就要永远按照"车薄"规定的帮属去雇请装坯工和领头。至于装坯工和领头，他们可以任意将其工作岗位转让给他帮工人接替（行话称为"过帮"），窑户不得干预。这就是景德镇通常所说的"窑户不可卖工人，工人可以卖窑户"的意思。

从这个商事等级制度中我们也发现了其中对工人利益的保护，但是这种保护是建立在垄断利益之上的利益溢出，这里面也包含了商人行帮和工人行帮相互斗争和妥协的结果。

四、其他类型行帮帮规的介绍

景德镇瓷帮帮规主要以垄断商业利益为核心，同时也涉及工人利益问题，除此之外，也对其他方面做出了规定。

（一）对私拿物品的处罚的规定

对于坯坊里的任何东西，工人都不得私拿，即便是一短块废料板、一丁点釉果粉（可用于爽身）或"拣麻雀"（清匣时遗漏的瓷件）。一旦私拿物品，就要受到帮规处罚。其包括财产罚和资格罚两种情形。财产罚表现形式为：首先，领头会同本帮街师傅，将犯者个人的衣物、金钱全部没收、变卖；其次，请本帮师傅们上茶馆酒馆，将变卖犯者所得的金钱吃光；最后，交大伙公议处理。而资格罚，就是将其开除，驱逐出境，永远不得到景德镇进行谋生。

（二）买位置与买扁担的规定

所谓买位置，是指烧窑工人要向窑户交钱买位置，才能有工做。工人没办法，只有向做坯户找弥补，如"包子钱"、"酒钱"、"吹灰肉"等。而所谓买扁担，则是由于搬运一行过去为封建把头所操纵，工人要挑运，必须拿两块银圆向把头买挑运权。把头还要搭扁担，即抽运费的 1/3 归他。一年开始挑货那天，工人要拿红纸包送钱给把头，叫发市包。

这些规定则是陶瓷业经营者和一些地方势力的一种不合理的垄断规定，工人只有对此屈服。虽然景德镇陶瓷行帮帮规对工人利益进行了适当保护，但是这种保护非常微弱，工人仍然生活在社会最底层，受到层层盘剥。行帮帮规类似劳动法的规定，其实只是画饼。

五、结语

通过对景德镇陶瓷行业的帮规的解读，其实质上是一种商业垄断利益下维护商人阶级的一种手段，工人阶级组成的行帮在与经营者商帮的对抗中，其实没有获得多少话语权。我们在研究历史的时候，应该站在当时的时代背景下去解读历史，还原历史。虽然笔者对其有诸多批判，但是从当时的背景看，在重农抑商的封建王朝时期，能诞生出如此丰富的商事习惯法，无疑是一种惊喜，值得我们去深入解读和挖掘。

江右商帮研究综述

曹国平

内容摘要 改革开放以来，江右商帮研究逐渐引起国内学界关注，研究成果渐多，主要围绕江右商帮的本体研究，与地方社会经济的关系研究，与其他商帮的比较研究及会馆研究等展开。就总体而言，无论是资料收集和整理上，还是在研究视角、理论、方法、广度和深度上等，江右商帮研究都与其他商帮研究还有很大差距，应从加强资料收集和整理、转换与拓展研究视角和领域，开展多学科交叉研究，加强文化产业开发等方面来努力推进。

一、引言

在明清时期众多的典籍和文献中，常常会看到"江右"、"江右商"或"江右商帮"等词汇和短语，其中所说的"江右"，指的就是现在的江西。"江东称江左，江西称江右。盖自江北视之，江东在左，江西在右"，所以人们习惯称古代江西商人为江右商帮。江右商帮因"人数众多、举世瞩目、小本经营、操业甚广、活动范围广泛、渗透力极强"的特点，处十大商帮前列，在全国具有巨大的影响。尽管目前对江右商的研究与其地位不相称，落后于其他商帮，但令人欣慰的是近年来研究成果不断涌现，当前极有必要对这一系列的研究成果进行梳理，以夯实江右商研究基础，提升江西文化软实力，为新赣商崛起提供文化支撑。

二、江右商帮文献研究现状

（一）文献调研

1. 数据采集

文献调研的主要数据来源：CNKI 和 DUXIU 学术搜索；主要检索式：主题＝江右商；检索结果：CNKI：90 篇，DUXIU：2244 篇。经过筛选，选取被引用次数排名靠前的 90 篇文献作为文献调研的数据。

2. 文献整理和分析

通过对 1992 年以来有关江右商研究成果的统计，2011 年 11 篇，2013 年达到 22 篇。2011 年前每年仅有少量研究成果，2011 年后江右商研究呈井喷状态，成为研究热点，成果开始丰富起来。

明清时期，江右商帮与晋商、徽商并称三大商帮。但相对晋商、徽商研究，江右商帮研究非常薄弱。傅衣凌先生是最早关注江右商帮的专家之一，其《明代江西的工商业人口及其移动》为该领域奠基之作。20 世纪 80 年代后期，随着改革开放的不断推进，商业勃兴，江右商帮引起学界更广泛的关注，以方志远的论著《江右商帮》为代表，但成果不多，只有寥寥几篇论文而已。进入 21 世纪后，关注商帮研究的学者越来越多，研究的领域和视角也得到拓展。总而言之，江右商帮的研究成果，主要集中在江右商帮本体研究、江右商帮与其他商帮比较、江右商帮与地方社会、江右商帮与“江西填湖广”及“湖广填四川”等方面。

（二）文献解读

1. 江右商帮兴衰及启示

方志远认为江右商帮兴起得益于明朝的海禁政策，此外还源于明代江西传统农业和手工业的发展推动了商品经济的兴旺，政治中心东移，运河、长江、赣江南北贸易通道的开辟使赣江成为南北贸易的重要通道，以及江西流民运动等。而江右商帮的衰落表现为清末江右商帮的群体萎缩，原因在于太平天国战争中商业性资本的毁灭性打击和掠夺，导致大批江右商人弃商返农，改变投资方向；而江右商人的经营观念未能随着社会的发展而发生转变、经营方式和经营行业固守不变等也加剧了这种衰落。肖文胜、蔡玉文认为江右商帮的兴起主要原因是良好的地域资源优势、官宦支撑、优秀的商业文化以及不断创新的能力，而衰败则主要是缺乏自觉发展的商业意识。

2. 江右商帮活动区域与经营领域

明代临海人王士性有一段很著名的概括：江（西）、浙（江）、闽（福建）三处，人稠地狭，总之不足以当中原之一省。故身不有技则口不糊，足不出外则技不售。惟江右尤甚……故作客莫如江右，江右莫如抚州。吉安人彭华说：吉安"商贾负贩遍天下"，印证了王士性的观点。明人张瀚也在《商贾纪》中说："（江西）地产窄而生齿繁，人无积聚，质俭勤苦而多贫，多设智巧技艺，经营四方，至老死不归。"指出了江西流民多从事工商业，同时也说明，江西的工商业人口、江西商人的这一特征及其他因素一道，决定了明清江西商人和商业文化的几个明显特点：人数众多、资金较少、活动地区广、经营行业多、渗透力极强而竞争力较弱。方志远进一步对江右商迁徙的足迹进行研究，认为湖广是江西商帮的主要活动地区，云南、贵州、四川是江西人重要活动区域。此外，福建、两广、河南、陕西、北京、江苏、安徽、浙江、辽东、甘肃、西藏等地及琉球、满剌加（今马来西亚马六甲）、缅甸等国都有江西商人足迹。极边如远东、甘肃、西藏乃至外域，江西商人也贩货往返。他还认为江右商人以贩卖江西本地土特产品为起点，江右商经营领域多以江西本地物产为依托。同治《南昌府志》说丰城县的商贾工技尤多，无论秦、蜀、齐、楚、闽、粤，视若比邻，浮海居夷、流落而忘归者十常四五。

3. 社会构成与资本来源

方志远认为，江西商人社会构成有弃农经商者、弃儒经商者、继承父业者，资本来源以借贷为主，以佣工于富户、力农、教书、集资经营、小买卖、继承家庭家族资产为辅。造成江右商帮资本分散、小商下贾众多的特点。余龙生指出，明清江西盐商社会构成有转营盐业贸易者、弃官从商业盐者、子承父业者和家贫服贾贩盐者，资本来源主要有帑本与民间借贷，存在的经营风险有盐务官员盘剥勒索、盐商之间激烈竞争以及私枭抢夺盐商，这些都阻碍了江西盐商的发展。

4. 经营方式与投资方向

方志远认为，江西商帮经营方式以个体经营为主，多以农为本，以商补农，形成了个体经营、家庭分工协作经营、结帮经营、同本集资经营和主伙贸易形式。杨福林等认为，湖南的江西商帮内各府县商帮组织内部的运作极为严密，通过职责明确的组织制度、管理严格的经营制度、等级分明的薪俸制度来规范成员的行为，有效地实现了经营管理目标，符合竞争需要，维护了地域商人团体的根本利益，具备行业组织的主要特征。方志远认为，江右商帮的投资方向可分为生活性投资（赡养家人、资助亲友），社会性投资（公益性事业）和产业性投资，且以社会性投资为主。余龙生认为，明代江西商人具有从商人数多、行商区域广、经商方式活、贾农结合紧等行商特色，体现了江西人求新思变、善谋实干的良好传统和品质。

5. 江右商帮与其他商帮比较

梁四宝、燕红忠认为，相对于晋商较强的群体意识、雄厚商业资本和商业竞争观念而言，江右商帮则有资本分散、竞争力弱及角色意识较差的特点。余龙生认为，江西商人和晋商具有的相同成功之处在于拥有良好的历史契机、深厚的文化底蕴、重视诚信，走向衰败的共因是社会进步所带来的市场竞争加剧、官府抑商、各自经营管理上的缺陷，其中，江西商人衰败的主因是内部分化和经营观念落后，晋商则是用人制度狭隘和商业活力衰退。

6. 江右商帮与地方经济

方志远、黄瑞卿认为，江西商人商业活动具有人数众多、活动范围广、经营行业广、经营方式多样等特点，促进了西南与全国各地之间的经济联系，扩大了国内外贸易市场；促进了西南地区商品生产的发展和商品经济的繁荣；推动了西南工商业市镇的兴起和发展；推动了西南地区文化公益事业的发展。钟华认为，明清时期江西商人进入贵州，对贵州商品经济的发展起到了一定的推动作用，同时也促进了自身的发展。肖文评认为，明清时期江西吉安商人散布在全国各地约有数十万之众，为云南、湖南、湖北、河南、四川、贵州等正在开发或未开发的西部、南部地区的经济发展做出了贡献，进一步为方志远《江右商帮》中的相关论断作出例证。肯定了吉安商人对推动吉安地区社会经济及宗族势力发展和开发云贵等西部地区所产生的积极作用。

（1）江右商帮与地方公益。方志远认为，社会性投资占江右商帮投资方向的77.1%，兴办各地公益性事业，包括修桥铺路、救灾赈荒、捐助粮饷、办学助读等，推动了地方社会事业的发展，但占用江右商帮大量资金，影响其扩大再生产。李锦伟以吉安府为中心，考察了明清时期江右商帮与江西农村公共产品供给关系，认为商人供给提供的主要是与农村人民生活密切相关的物品，对于维护农村社会的稳定和促进农村社会发展产生了重要作用。

（2）江右商帮与地方文化。江西人重文章、讲节气，方志远认为，江右商帮投资公益性事业中，兴学助读占有重要比例。江右商人有钱后，在江西各地修建义学、书院，设立学田，资助科举，推动了江西文化教育事业的发展。他强调江右商帮在发展过程中利用江西文化优势，即由于教育的普及而带来的谋生手段的多样化和科举入仕的普遍性，获取丰厚回报。此外，他还认为江西、浙江经济文化差异，源于两地人文个性以及经济文化消费中心的出现及其影响力。但江西、浙江分别代表的稳定性、创新性文化之间的关系是互补互融的，并无先进与落后可言。

（3）江右商帮与地方宗族。明清是江西宗族发展的重要时期，建祠修谱、置族产族田成为家族成员义务，也是提升自身在家族地位的重要渠道。方志远认为，建祠修谱、置族产族田成为江右商帮社会性投资的首要方向。

综上所述，学界一致认同江右商帮活动对明清时期江西社会经济发展和全国经济格局产生了重要影响。一方面，推动了江西本土商品的生产和北京、南京等大城市繁荣以及西南和其他落后地区的开发；另一方面，巩固了江西小农经济结构，强化了江西家族观念和宗族势力。

7. 会馆万寿宫与"江西填湖广"，"湖广填四川"及江右商帮

（1）会馆万寿宫与"江西填湖广"、"湖广填四川"。何炳棣曾把会馆研究作为他研究移民史的索引，并收集了地处长江沿线江西、湖广、四川等地移民设置会馆的资料。王笛认为，四川分籍移民之间的冲突表现为会馆设置。曹树基强调四川会馆与移民多少不存在必然联系。但是，四川大量会馆的出现是外省移民祖籍意识的产物，也是各省移民对立或对抗的产物。陈立立以番薯西种为线索，以根据这些万寿宫建立的时间、分布的状况为依据，揭示了一个鲜为人知的、明末以来江西移民在开发湖南和西南数省过程中所做出的巨大贡献的历史事实。

（2）会馆万寿宫与江右商帮。王日根指出，从某种意义上而言，会馆规模的大小与运作好坏通常与该籍商人经营活动密切相关。在湖南，江西商人独占鳌头，多数县镇设有江西会馆。汉口江西会馆多征收厘金，以规范商人活动。杨福林等认为，明清湖南各府县有 104 所以"万寿宫"命名的会馆。刘

嘉弘认为，湖南洪江最早出现的会馆是清康熙初年江西人建立的"江西会馆"，十大会馆的主要功能是祀神，祀神既是会馆的教化方式，又是会馆移民的精神寄托所在。洪江十大会馆神祇文化具有区域性、世俗性、象征性和兼容性等特征。陈立立认为，江西商人在经商过程中，受万寿宫许逊信仰约束，言行上比较讲究忠孝。江右商人充分利用万寿宫这个联络纽带，掌握市场信息。杨福林等认为，清中期臻于极盛的江西商帮组织会馆，自光绪以来，便逐渐趋于停滞，而另一种跨地域商人的行业同业组织却迅速发展起来，在某些地方甚至取代会馆。在江西商帮由地缘组织向业缘组织融入的过程中，其自身内在的乡土黏合力逐渐削减，会馆的功能也在逐步衰微，不少江西会馆开始承载与江西商帮无关的社会活动，出现非地域化的特征。

三、研究现状评价

（一）文献总体研究趋势的评价

有关江右商的研究成果主要集中在期刊论文上，根据前面的检索结果，江右商研究成果从 1992 年开始平稳发展，经历了 20 多年的发展，从 2011 年开始进入第一个研究高峰期，具体趋势如下图所示。

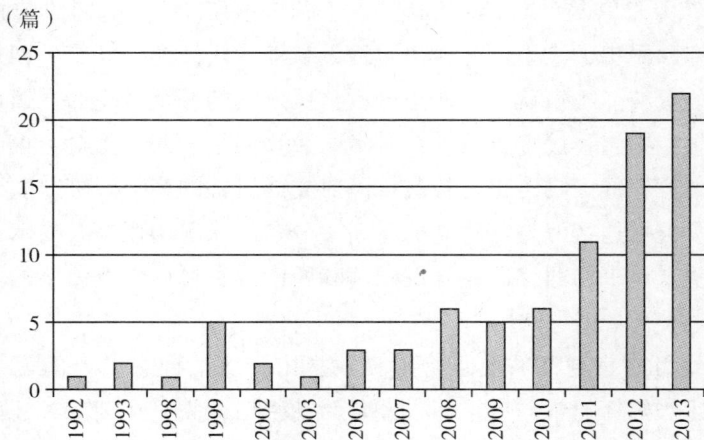

1992~2013 年有关江右商研究成果

（二）具体研究成果的评价

尽管有傅衣凌、章文焕、方志远、陈立立等专家的推动，出现了一些有影响力的论著，但研究成果大多处在兴起阶段，还没有形成有体系的史料库，研究基础还不够夯实；对江右商研究远未形成生产力，更不用谈形成文化产业了。对江右商经商和创业精神挖掘不够深，对其在经商过程呈现出的管理思想也少有研究。因此，对江右商的研究还迫切需要深入。

四、江右商研究展望

迄今为止，江右商帮研究与同领域其他地区研究相比，还非常薄弱。笔者认为，应在以下几方面努力：

（一）加强资料收集和整理，形成汇编丛书

要深入发掘正史、方志、家谱、文集、小说、杂著、文书、碑刻、信函、账簿、碑刻中所蕴含的丰富资料，结合田野考察和口述访谈，收集、整理和出版江右商帮资料汇编丛书，建立文献资料数据库，便于学界深入研究。

（二）转换与拓展研究视角和领域

研究视角要突出问题意识，注重整体史考察，而不再是简单、重复、填补空白式研究，研究领域要注重广度和深度，注重与现有学科对话。

（三）积极开展多学科交叉研究

江右商研究涉及历史学、文献学、经济学、社会学、民族学、民俗学、心理学、美术学、建筑学、历史人类学、文学、美学等多学科，需要注重多学科理论方法交叉，不同领域专家学者集体合作攻关。

（四）召开国际学术研讨会

2012 年 12 月 7~9 日，"移民、商帮与社会变迁"首届全国学术研讨会在黄冈师范学院隆重召开，并成立了"明清时期长江流域移民与商帮研究中心"，但还需尽早召开江右商帮研究国际学术研讨会，建立与国内外学者的联

系，大力推进江右商帮学术研究。

（五）加强文化产业开发

江右商帮研究成果大多还躺在象牙塔中，文化产业开发还有待加强，如成立江右商帮文化产业协会，创作江右商帮文学、影视、网络作品，并拍摄专题纪录片、影视剧及网络剧，建立江右商帮博物馆，兴建江右商帮文化公园，筹办寻根祭祖文化节暨寻根祭祖大典，恢复黄冈市浠水县文庙祭孔仪式、整合"江西填湖广"与"湖广填四川"移民大迁徙路线以申报中国文化遗产与世界文化遗产，构建长江中上游经济带以推动中西部社会经济发展等。

五、总结

综观江右商帮研究，尽管成绩斐然，目前有关江右商帮研究主要集中在江右商帮本体、与其他帮派比较、对地方经济社会的影响、移民、会馆研究等方面。但不足之处也显而易见，相关研究仅 90 项，可见江右商帮研究与现实需要有明显的差距。亟须从加强资料收集和整理、转换与拓展研究视角和领域，开展多学科交叉研究，加强文化产业开发等方面来努力推进江右商帮研究。

参考文献

［1］克林·盖尔西克. 家族企业的繁衍［M］. 经济日报出版社，1998.

［2］S. B. 雷丁. 海外华人企业家的管理思想［M］. 上海三联书店，1993.

［3］沈立新. 论东南亚的华人家族制企业［J］. 学术季刊，1997（2）.

［4］姚贤涛，王连娟. 中国家族企业的现状、问题与对策［M］. 企业管理出版社，2002.

［5］徐泰玲. 家族企业创新思考［J］. 南京社会科学，2002（增刊）.

［6］李春来. 民营企业家族化管理的创新研究：一个文化的解释［J］. 经济体制改革，2002（3）.

［7］陈凌. 面向网络时代的中国家族企业研究［J］. 学术研究，2001（5）.

［8］张余华. 家族企业存在的理论基础与研究现状［J］. 科技进步与对策，2003（4）.

［9］杨善华，刘小京. 近期中国农村家族研究的若干理论问题［J］. 中国社

会科学，2000（5）.

[10] 张海鹏，张海瀛. 中国十大商帮 [M]. 黄山书社，1993.

[11] 刘鹏生等. 晋商的产权制度及其管理特色 [J]. 税收与企业，2003（3）.

[12] 宋艳红. 晋徽商委托代理制再比较 [J]. 山西经济管理干部学院学报，2008（3）.

[13] 孔祥毅. 晋商的企业制度 [J]. 山西财政税务专科学校学报，2007（3）.

[14] 魏晓燕. 晋商的用人制度对现代企业管理的借鉴 [J]. 中国民营科技与经济，2005（3）.

[15] 傅衣凌. 明清时代商人及商业资本 [M]. 人民出版社，1956.

[16] 张晓东. 古徽商经营理念对现代企业经营管理的启示 [J]. 沈阳工业大学学报（社会科学版），2009（2）.

[17] 姜素贤. 晋商常家的家训及其启示 [J]. 晋中学院学报，2010（1）.

[18] 李少华. 晋商家庭教育 [J]. 太原理工大学学报，2008（4）.

[19] 张增强. 儒商文化与现代企业制度——晋商昌盛500余年探析及启示 [J]. 河北省社会主义学院学报，2003（1）.

[20] 白明东. 浅述晋商常家的家庭伦理 [J]. 沧桑，2009（3）.

[21] 余龙生. 浅析明清江西商人商业伦理精神的基本内容 [J]. 江苏商论，2008（3）.

[22] 郑雅君. 义利矛盾问题的理论指正 [J]. 毛泽东邓小平理论研究，1995（4）.

[23] 余龙生. 论明清江西商人商业伦理精神的特点 [J]. 湖北教育学院学报，2007（10）.

[24] 方志远. 明清湘鄂赣地区的人口流动与城乡商品经济 [M]. 人民出版社，2001.

[25] 陶成等纂，谢曼等修. 雍正江西通志 [M]. 台湾商务印书馆，1983.

[26] 施由民. 明清江西社会经济 [M]. 江西人民出版社，2005.

[27] 许怀林. 江西史稿 [M]. 江西高校出版社，1993.

[28] 陈文华，陈荣华等. 江西通史 [M]. 江西人民出版社，1999.

[29] 余龙生，赖明谷. 简论明代江西商人的行商特色 [J]. 江西社会科学，2003（5）.

［30］傅衣凌．明代江西的工商业人口及其移动［M］．人民出版社，1982．

［31］张明富．明清商人投资文化教育述论［J］．西南师范大学学报（哲学社会科学版），1997（4）．

［32］方志远．明清江右商的经营观念与投资方向［J］．中国经济史研究，1991（4）．

［33］方志远．明清江右商的社会构成及经营方式［J］．中国经济史研究，1992（6）．

［34］方志远．明清时期西南地区的江右商［J］．中国经济史研究，1993（4）．

［35］方志远．江右商帮［M］．中华书局，1995．

［36］傅衣凌．明代江西的工商业人口及其移动［A］//明清社会经济史论文集［C］．人民出版社，1982．

［37］肖文胜，蔡玉文．江右商帮兴衰史带给新赣商的启示［J］．南昌高专学报，2011（1）．

［38］方志远，孙莉莉．地域文化与江西传统商业盛衰论［J］．江西师范大学学报（哲学社会科学版），2007（2）．

［39］方志远．江右商帮［A］//张海瀛．中国十大商帮［C］．黄山书社，1993．

第二篇

江右商帮流派与
老字号研究

关于江右商帮老字号品牌文化研究的思考

林 芸 严 琦

内容摘要 通过界定江右商帮老字号品牌文化的相关概念，总结江右商帮老字号的特色，探讨江右商帮老字号品牌文化特点，以期提炼赣商文化精神，保护本土历史文化资源，传承民族优秀文化，完善赣商文化研究，促进江西商业经济发展。

一、老字号研究的时代背景

1986 年，联合国《世界文化发展十年》白皮书指出："文化的尺度"正在成为衡量世界发展的新尺度。2008 年，国务院下发《国务院办公厅关于搞活流通扩大消费的意见》，提出"推动特色商业街建设、扶持'老字号'的创新发展"的总体思路。2009 年，《国务院关于进一步促进中小企业发展的若干意见》中明确支持中华老字号等传统优势中小企业申请商标注册，保护传统商标专用权，鼓励挖掘、保护和改造民间特色传统工艺，全面提升特色产业。2011 年，商务部出台《商务部关于进一步做好中华老字号保护与促进工作的通知》，为保护与促进老字号创新发展奠定了良好基础。同时各地纷纷采取措施，出台政策，着力保护及促进老字号的发展。

本课题组正是在这一背景下以江右商帮老字号品牌为切入点展开研究。老字号是国家的宝贵财富，是中华民族的优秀文化遗产。它既是不可再生的历史文化资源，也是非物质文化遗产的载体，具有很强的历史文化价值和经济价值。

作为一种商业景观和文化现象，老字号已成为中华民族上百年来的骄傲。

在某种程度上，闻名遐迩的老字号不仅代表了产品的品牌、企业的名称和商帮形象，更代表了社会的认可，传承了中华民族悠久的文化。作为中国商业和文化发展史上的耀眼奇葩，新中国成立以来，却由于国家政策、城市改造、消费习惯的改变和老字号企业本身存在的问题，老字号衰落比较明显。目前国内外理论界对它的研究不多，尤其是对江右商帮老字号品牌文化的研究更少。

二、江右商帮老字号

（一）中华老字号

"中华老字号"一词多应用于政府部门和行业协会的相关文件中。1990年，原商业部制定了中华老字号的评定标准，组织了第一次中华老字号的评定工作。2005年，中国商业联合会中华老字号工作委员会成立，制定了新的《"中华老字号"认定规范（试行）》，把老字号定义为："历史悠久，拥有世代传承的产品、技艺或服务，具有鲜明的中华民族传统文化背景和深厚的文化底蕴，取得社会广泛认同，形成良好信誉的品牌。"

（二）江右商帮

曾在中国历史上辉煌500年的江右商帮得名于明末清初散文家魏僖，据其所著《日录杂说》记载："江东称江左，江西称江右，盖自江北视之，江东在左，江西在右。"江右商帮主要由江西庐陵商人组成，兴于北宋，是中国最早出现的商帮之一，早于晚清享誉中国的晋商，与晋帮、徽帮等同居中国十大商帮之列。

江右商帮的特点之一是经营行业广，且以贩卖本地土特产为主。江西物产丰富，其出产的粮食、茶叶、陶瓷、纸张、布匹、木材等因质量上乘而享有极高声誉。得益于明朝当时的海禁政策，江西商人利用其运河通畅、陆道便利的良好地理环境，将本地产物源源不断地运往外地，甚至出口至东南亚及一些欧洲国家。

（三）江右商帮老字号

在庞大的货物流通背后，是商人们忙碌的身影。本地商人活跃，外地商贾云集，皆携重金贩货，使得江西市场异常繁荣。明朝中期，江西的赋税在全国居于首位，它是全国重要的粮食中心、茶叶中心及纸张、瓷器的生产中心，也是全国主要的药材集散地。江西商人外出至全国各地售卖本土货物，其人数之多，覆盖面之广，形成了江右商帮的显赫地位。在湖广，有"无江西商人不成市"的说法；在云贵川"非江右商贾侨居之，则不成其地"。他们开设的各种老字号商铺、制造的老字号产品，对当时经济的发展起到了重大影响。

然而历经时间的洗礼，这些老字号都已所剩无几。目前经商务部审核认定的江西省中华老字号仅有 22 家，行业主要涉及食品、茶叶、酒业和药业，如江西永叔府食品有限公司、九江市清真梁义隆饼店、江西洪门养殖有限公司、江西省高安市大观楼腐竹有限公司、江西省遂川县狗牯脑茶厂、江西临川酒业有限公司等。本课题组在此基础上，适度扩大其范围，从茶叶、酒类、纸业、瓷器、医药、食杂及商业等方面对江右商帮老字号品牌进行了调查研究，通过查找各地县志、网络资源和其他相关书籍，并进行实地考察探访，最终分门别类地对它们作出了归纳总结。

三、江右商帮老字号的特色

在对各类老字号进行收集、整理和归纳的过程中，本课题组发现江右商帮老字号具有如下特点，这在一定程度上也折射出赣鄱大地和人民的特色。

（一）老字号类别以对自然资源加工、销售为主

食杂自不必说，酒、茶皆可入口，纸业的发达也与铅山地区竹林繁茂密不可分。由此可以反映出江西的农业大省地位，有着适宜的温度与湿度，草木旺盛，物产丰饶。在以自然经济为主导的封建社会里，农业收入是国家财政的主要来源，这也决定了江西省在那个年代具有举足轻重的经济地位与政治地位。明朝时期，江西省的税收居全国之首，粮食、酒、茶、瓷器、布匹、纸张源源不断地运往全国各地，满足人们的物质需求，使江西成为国人向往的富庶之地。

（二）老字号的分布以交通便利之地为主

从空间分布来看，老字号大多集中在地理位置比较优越的地方，这些地方

或是有特异的物产，或是有便利的交通。以纸业老字号为例，铅山的连史纸生产设在靠近武夷山的村落中，如湖坊、英将等。而从事销售的老字号却设在信江旁被誉为"八省码头"的河口镇上，这里水陆交通便利，货物周转方便，带动老字号的生意蒸蒸日上。

（三）老字号多独立发展

在同一个行业中往往聚集着许多老字号企业、家庭作坊，也正因为自然经济的局限，人们自给自足的观念浓厚，生产和销售主要以家庭为单位进行，尤其是一些手工艺技术、配方被视为秘密，"传内不传外，传男不传女"的封建保守思想使技术的传播变得更为艰辛。为了做成同类产品，人们都得重新摸索，这就制约了生产的规模，不能优化组合资源，造成人力、物力与时间的浪费。也因为狭隘的故步自封，商人间很难做到强强联手。错过行业整合发展、做强做大的时机，也就没有几家江右老字号能够形成足够雄厚的实力，达到晋商般一呼天下应的气势。

（四）老字号重视商业信用和担当社会责任

虽说江右商人小富即安，容易满足现状，可是他们有很深的乡土情结，与邻里为善，在外经商者则相互扶持。江右商帮茶叶类老字号的经营者俞仰清济困扶贫、乐善好施的善行一直为乡人景仰。乡人有急难即慷慨解囊，有灾祸即赴汤蹈火奋不顾身，对于孤寡老人，他每年都要派人送钱、送粮上门。他的善行至今村中仍有老辈人常常提起。

四、江右商帮老字号地域品牌与商号品牌交相辉映的品牌文化

品牌文化指通过赋予品牌深刻而丰富的文化内涵，建立鲜明的品牌定位，并充分利用各种强有效的内外部传播途径形成消费者对品牌在精神上的高度认同，创造品牌信仰，最终形成强烈的品牌忠诚。

江右商帮老字号形成了丰富的品牌，这些品牌凝聚了市场号召力，促进了江右商帮在全国影响力的形成。江右商帮老字号品牌主要有两种类型，一是商号品牌，二是地域品牌，这两种品牌交相辉映，是江右商帮的精神符号，是江右商帮市场地位的象征，开拓市场的利器，传承江右商业文化的载体。

江右商帮各主要行业都形成了具有鲜明个性和强大市场号召力的商号品牌，如酒业中的"四特"、纸业中的"连史纸"、茶业中的"协和昌"、商业中的"亨得利"等。地域品牌则主要体现在陶瓷业和药业中，景德镇的陶瓷形成了一个全国甚至全世界知名的地域品牌，成了整个景德镇陶瓷业发展的共同文化载体；文港成了笔业中的地域品牌，长盛不衰；更为神奇的是樟树的药业地域品牌，使樟树这个并不出产特殊中药材的地方，成了药都，产生出了"药不过樟树不灵、药不到樟树不齐"的品牌效应。

地域品牌与商号品牌交相辉映，商号品牌成就了地域品牌，没有商号品牌在区域上的集聚、相互竞争，不可能产生强势的地域品牌；同时，地域品牌不是商号品牌的简单叠加，而是有机组合，它为商号品牌提供的不是地理平台，而是商业环境、人才保障和技术支撑等关键因素。更重要的是，地域品牌是商号品牌得以延续和发展的基础。人们所能看到的存续时间最长的江右商帮商号品牌只有100多年，而地域品牌则往往有几百年的历史。最重要的是，地域品牌也使得江右商帮本身成了中华十大商帮之一，促进了商业文化的发展和商业本身的发展。

五、江右商帮老字号品牌文化研究的意义

研究江右商帮老字号品牌，是了解赣商历史、发掘赣商文化价值的捷径。江右商帮老字号是具有江西特色的品牌，是赣商文化中较具代表性的内容。虽然一些曾经辉煌的老字号企业的经济开始下滑，有些濒临破产，有些甚至早已湮没在滚滚历史长河中，但在新的历史条件下，对江右商帮老字号品牌文化的研究具有鲜明的时代意义与深远的文化意义。

（一）提炼赣商文化精神

进行老字号品牌研究，绝不仅仅是对曾经活跃在经济领域的老商号进行简单的整理和罗列，更重要的是把老字号精神、理念与人类精神文明联系起来，通过调查老字号的商业思想和经商实践，经营历程与研究老赣商的经商理念，萃取赣商的经营管理特质，提炼出赣商的文化精神。本课题研究有利于提炼江右商帮的吃苦耐劳、艰苦创业、讲究贾德、注重诚信等精神，激励新赣商发扬光大其精神。

（二） 保护本土历史文化资源

老字号蕴含着传统的文化气息，是民族精神的物化与民族历史的载体。江右老字号是江西古老文化在经济中的延伸，是凝聚了江西本土特色的独特资源，具有巨大的无形资产价值。人们之所以对这些老字号感情深厚，不仅仅因其物美，更主要的是老字号具有独特的地方历史文化风情，能够激起人们的地域自豪感。如果没有老字号，江西就将失去其异于他省的独特性，也会带来其本土历史厚重感的缺失。

（三） 传承民族优秀文化

老字号品牌蕴含着丰富的传统文化内涵，如商业文化、饮食文化、工艺文化、民俗文化等，是先进文化的重要组成部分。老字号满足了人们的精神寄托和文化享受。保护和促进老字号品牌的发展，就是传承和弘扬优秀中华民族文化。

江右商帮老字号品牌作为江西风貌的一部分，有着重要的文化价值。它们不仅承载了睿智精明的江西商业文化，而且展现了源远流长的江西宗教文化和丰富多彩的江西民俗文化。江右老字号品牌是赣文化的载体。一个省市要得到真正的长足发展，其背后的支撑力量应是它所特有的文化底蕴和历史积淀。江右老字号品牌便是这"支撑力量"的重要组成部分之一。

（四） 完善赣商文化研究

由于明清时期的重文轻商与近代的赣商不振，对赣商文化的研究一直未得到充分重视，乏善可陈，无法满足新时代人们对赣商文化的求知欲。本课题研究以江右商帮老字号品牌为切入点，通过对老字号品牌的整理、归类和分析，尝试在历史长河中追寻赣商先辈创立的丰功伟业，重展活跃在老字号背后的赣商身影，挖掘其经济内涵与文化内涵，进而完善国内外赣商研究。

（五） 发展江西商业经济

老字号代表着传统商业发展史和近代民族工业，是城市建设走向现代化的文化基石与历史支撑。在新形势下，消费者不但注重品牌的适用性，而且追求商品内含的情感与文化因素，以体现其文化欣赏品位，满足其心理需求和审美情趣。

　　对江右商帮老字号的研究有助于探讨文化因素在经济发展中发挥的重要作用，有利于当代企业发展企业文化，提高商品的文化含量与文化附加值，促进商业发展。

六、结语

　　今日之赣商非昔日之赣商，是为新赣商；今日之江西非过去之江西，乃崛起之江西。对江右商帮老字号品牌的研究，有利于熔铸新赣商精神，做大赣商品牌，展示赣商风采，激励赣商再谱新华章，促进江西经济又好又快发展。

参考文献

　　［1］商务部．首批"中华老字号"，2006.
　　［2］商务部．第二批"中华老字号"，2011.
　　［3］严琦，林芸．关于江右商帮纸业的调查研究——以铅山纸业为例［J］.老区建设，2011（6）.
　　［4］林芸，严琦．江右商帮茶叶老字号的品牌调查［J］.天津市经理学院学报，2011（5）.

江右商帮茶叶老字号的品牌调查

林 芸 严 琦

内容摘要 通过对江右商帮经营茶叶的老字号商铺的现状调查，分析了江右商帮茶叶类老字号商铺的总体发展状况，并对其今后的发展提出了相关建议。

江西省茶叶品种繁多，有庐山云雾茶、婺源绿茶、遂川狗牯脑等十几种，素有"唐载《茶经》、宋称绝品、明清入贡、中外驰名"的美誉。距今1800多年前的东汉末年，在九江的东林寺内便有茶树种植。至唐朝，茶圣陆羽在《茶经》里提到了婺源绿，白居易在《琵琶行》中写道："商人重利轻离别，前月浮梁买茶去。"浮梁即今日之景德镇，当时已有较大规模的茶叶市场。明朝中期至清朝前期，江西省一直是全国三大茶叶集散地之一。

作为茶叶的主要产销地，随处可见江右商帮人（古代对江西商人的称呼）的活跃身影，各类茶号、茶行、茶庄遍布于江西省内各个主要城镇。"茶号"从茶农手中收购毛茶后进行精加工；"茶行"代茶号买卖，"茶庄"以提佣为生；主要经营内销茶。另外，在外销口岸还设有"茶栈"，它主要是向茶号贷放茶银，介绍茶叶买卖，从中收取手续费。

江右商帮茶叶类老字号数量众多，调查分析茶叶类老字号品牌及其文化特点很有必要。

一、江右商帮茶叶类老字号品牌调查

（一）修水茶叶类老字号

据《修水县志》记载，民国二十四年（1935 年），修水县有茶庄 73 家，多集中于西摆与漫江两地。它们或专营箱红茶，或专营篓红茶，或兼种红茶，或经营绿茶。经营红茶的庄号主要有广兴隆、万文记、吉昌、恒顺丰等 24 家。经营篓红茶的庄号主要有裕泰恒、聚顺隆、祥记等 32 家。清朝较有名的茶商有罗坤化、郭敏生叔侄和莫雪岷四兄弟等。罗坤化是修水著名的大茶商，得五品同知衔，诰授奉政大夫。30 岁学做茶，10 年后自筹资金设"厚生隆"茶行。他以"大启茶市，扩利源而富地方，积德以遗子孙，造福乡里"为宗旨，精心研制茶叶。他亲手制作的宁红茶色、香、味俱美，极为人们称道。1891 年他的宁红茶在汉口销售时得到俄太子亚历山大·彼得的赞赏，从此宁红茶便有"太子茶"之称，被列为贡品。最盛年制茶 9997 箱，获利以万计。郭敏生叔侄为漫江茶乡的著名茶商，他们经营"义泰祥"茶行，所制"宁红贡茗"先后于 1910 年和 1915 年在南洋劝业赛会上两次获得"最优等"文凭，并于 1915 年在美国旧金山举办的巴拿马太平洋博览会上荣获最高奖。此后，他们的生意越来越大，还开设了"生和祥"杂货铺。

（二）婺源茶叶类老字号

婺源的绿茶种植历史悠久，迄今已有 1200 年。明清时期婺源人开设了大量的茶铺店面，积累了惊人的财富。至今，婺源县内仍留有不少三进三出的高墙大院，大抵出于茶叶的商贾之家，见证了当年的繁华与辉煌。据《婺源县志》记载：民国二十三年（1934 年），县内绿茶精制茶号、茶庄有 178 家；民国三十年（1941 年）发展到 243 家。较有名的外埠茶号有设于广州西关外的万孚、上海的益芳、屯溪的林茂昌等 15 家，以及开设于汉口的隆泰茶号等。婺源本地也孕育了不少知名商贾。据初步统计，清代茶商有名可考的就有 147 人。著名的有汪序昭（"陆香森"茶号）和俞杰然、俞仰清父子（"协和昌"茶庄）等。他们经营的茶庄影响巨大，不仅内销，且大量外销。俞杰然为婺北龙腾村人，他继承祖业，在饶州（今波阳）经营"协和昌"茶庄，销售绿茶。他在龙腾村开辟祥馨永实业花园，种植黄白珠兰花，成为婺源第一家加工花茶的茶商。他所开设的"祥馨永"茶号精制的"珠兰龙井"曾于清宣统二年荣获当时清政府的农工商部金牌奖，后于民国四年获在美国旧金山举行的国际"巴拿马万国博览会"一等奖。

（三）九江茶叶类老字号

九江有一片大的产茶基地，庐山云雾茶享誉古今。明代时，九江与福州、汉口并称为我国三大茶市，是我国重要的茶叶贸易集散地。《九江县志》记载，光绪七年（1881年）九江有茶行252家，次年增至344家。由于九江的地理位置优越，在这里生产的茶叶经海运销往苏俄及南洋等地。清同治末年至民国初年的50年间是九江茶叶贸易的鼎盛时期。在九江茶商中，以婺源人居多，最有名的是来自德化县的张正荣。张正荣于1906年创建九江裕泰恒茶庄，是当时九江最大、经营状况最好的茶庄之一。裕泰恒茶庄主要做转口贸易，从武宁等产地收购产品，销往上海等发达地区或直接出口。张正荣不懂"茶业"，他高薪聘请了专业人士打理茶庄生意，工资最高者是同行的4倍，年底员工们还能拿到丰厚的年终奖。高薪留住了大量的优秀人才，因此，裕泰恒茶庄生产的产品质量上乘，很快成为九江茶商中的佼佼者。

（四）景德镇茶叶类老字号

据《浮梁县志》记载，清宣统三年（1911年），境内茶叶商号约有200户，最有名的茶商是江资甫与仳的天祥茶号。江资甫为浮梁县人，家中世代经营茶叶。13岁他跟随父亲常年往返于上海，20岁时因父亲去世而独掌"天祥号"。他人脉很广，头脑灵活，不但种植茶山，还想方设法扩展产销业务。他所经营的"天祥号"茶庄重质量、重信誉，在业内地位高，"天祥号"在顾客中口碑好。1915年，所产功夫红茶（商标为祁红）参加在美国旧金山召开的太平洋地区第一届巴拿马万国博览会，获金质奖章和奖状，这使得"天祥号"茶庄生意更加兴隆。获利颇丰的江资甫慷慨大方，为家乡做出不少贡献。光绪十年（1884年），他捐巨款建立北斗书院，发展地方教育，造福当地子民；中洲大桥年久失修，常被冲塌，仳捐款制造铁链条，加固桥板和桥墩，方便当地人出行，是一位名副其实、德才兼备的好商人。

（五）南昌茶叶类老字号

南昌经营茶业的商家以茶楼居多，主要集中在西湖区的船山路、羊子巷、进贤门、高桥等一带。作为江西的首府，南昌人口众多，各类官商云集，大家在茶楼中聊天、会友、谈生意等，茶铺的生意非常兴隆，从早到晚高朋满座。南昌市茶楼最具特色的当属中档消费的"四季春"。该茶楼位于中正路"集贤楼"、"信茂南货茶庄"、"四季春"（今胜利路）上。店堂摆设有简便木桌和长条板凳，每桌可容客 8 人，备有带盖瓷碗、托碟及竹筷，以备茶客品茗吃点心之用。无论坐多久，只收钱 1 次。店里还供应多种点心，既当零食，又可充饥，大受欢迎。"集贤楼"茶庄位于西湖区广润门内，规模虽不大，却长于经营，总有民间艺人说书、唱南昌采茶戏或京剧清唱。桌上备有"麻花"，很受欢迎。茶客多固定，风雨无阻。"信茂南货茶庄"是南昌"老字号"中最老的一家。

安徽人胡茂卿在清代雍正七年创办，距今 270 余年。该茶庄坐落在戊子牌路磨子巷，店铺为前店后坊。"信茂"所制花茶颇负盛名，光绪三十四年（1908 年）南昌知府许嘉禾将花茶进献给光绪皇帝，一时传为美谈。

二、江右商帮茶叶类老字号品牌分析

（一）现存问题

江西有名牌茶却缺少品牌茶及茶庄，而且假冒名茶或傍名茶的现象非常严重，这种现象扰乱了市场，影响了品牌产品的发展。到目前为止，江西多数茶业经营者仍以家庭为主，小打小闹的生产模式制约了产业的规模化。由于茶农分散，技术难以普及，生产出来的茶叶也良莠不齐。另外，茶叶的炒制工艺几十年没有变化，茶产品的结构也相对单一。江西缺少茶叶集散地和茶叶市场，茶叶等级模糊，这些同样对茶商的发展形成了障碍。

（二）相关建议

一是规范老字号品牌，加强法律保护的力度。相关主管部门应尽快明晰老字号品牌的产权归属，加强品牌商标的保护；企业应设立知识产权部，设专职人员管理商标；要做好商标监测工作，多途径解决商标争议，打击假冒伪劣商品和假冒商标的侵权行为。二是采取切实有效的方法加强品牌的宣传与建设。品牌传播既要有深度又要有广度，运用多种广告媒体，如电视、广告、网络等对老字号进行宣传，让人们了解其优良品质及文化内涵。三是建立健全企业经营者收入分配的激励机制。不少老字号企业缺乏人才激励机制，导致人才外流，部分企业管理人才匮乏。因此，企业要建立能够激励积极性和创造性的管理体系，有效利用企业内部的人力资源，增强员工的创新欲望和企业归属感。四是品牌文化及产品创新。老字号传统企业必须能与当下的消费者进行沟通，与当下消费者产生心理共鸣。产品上不断创新，要保持老字号形象。五是探索现代业态，走产业化的道路。通过资产重组组建企业集团或采用特许加盟及连锁经营等现代业态扩展业务，产生规模效益，扩大品牌影响力。

参考文献

［1］罗时万. 中国宁红茶文化［M］. 中国文联出版公司，1997.

［2］陈爱中. 婺源古茶号名录［J］. 农业考古，2005（4）.

［3］武宁文史资料（第4辑）［R］. 1988.

［4］《浮梁县志》编纂委员会. 浮梁县志（1994~2005）［M］. 方志出版社，2009.

关于江右商帮纸业的调查研究

——以铅山纸业为例

严 琦 林 芸

内容摘要 本文从铅山纸业的光辉历史入手，分析了铅山纸业的困顿现状及其成因，并对如何恢复铅山纸业提出了若干建议。

纸张承载了人类悠悠几千年的历史，传承了厚重的传统文化，推动了世界文明的发展。中国造纸术始于西汉，东汉蔡伦加以改进。改进后的纤维薄片更适合书写，原材料也较易获得，取代了之前笨重的竹简和昂贵的丝帛。传统的造纸业制作工期长，对工艺要求高，所以各地零散的造纸作坊并不多见，而是形成地区性产业，如益州的黄白麻纸、宣州的宣纸、杭州的藤纸等。江西的造纸业以铅山纸业名满天下。高安、上饶、玉山诸地也有土纸生产，但生产规模小，产品销量少，品牌名气低。1988 年《高安县志》记载："清代以前华林柏树就有小规模表芯草纸生产。有 100 余户从事土纸生产，年生产土纸五万担左右。"清同治《高安县志》写道："纸靛皆出他处，惟染色稍工皆地所应有，不足云产。"因此，本文着重研究铅山的纸业发展。

一、铅山纸业的光辉历史

铅山纸的历史可追溯到唐朝。《江西造纸史》里记载，在唐宪宗元和元年铅山南部山区就出现了连四纸。到元代，铅山纸业已名满天下。到明朝，铅山的造纸业与松江的棉纺织业、苏杭的丝织业、芜湖的浆染业和景德镇的制瓷业并称为江南五大手工业区。《明史·铅书》称："铅山惟纸利天下。"

到清朝，图书事业迅猛发展，铅山纸业达到空前繁荣。在其鼎盛时期，全县生产连四纸的纸槽在 1400 张以上，县里 40% 的人口从事纸业，仅河口一地的纸行、纸号就多达百家以上。鸦片战争后，中国被迫开关通商，大量西洋廉价机制纸涌入，再加上河口河运优势的丧失，铅山纸业开始萎缩。至民国初期，欧战爆发，洋纸进口锐减，铅山的造纸业有所恢复，当时每年外销的连四纸约有 20 万件，石塘一地仅关山纸一项的贸易额就达银圆 100 万块以上。民国十九年至二十四年，革命武装战争连绵不断，当地造纸业受战事牵连而受重创，停业者大半，纸槽剧减至 100 张左右。

抗日战争后，江苏、浙江、安徽、上海、南昌、九江等地的不少纸商迁往铅山，当地的纸张贸易出现畸形繁荣，1937 年，河口镇输出的各项纸张达 18550 吨。抗战胜利后，铅山的造纸业又渐萎缩。新中国成立初期，铅山纸业再度复兴，其连四纸在南京、上海、北京等地举行的纸张交流会上获得金奖。"文革"时期，造纸业再度低迷，并最终走向衰败。

历史上铅山纸业的主产地有石塘、陈坊、湖坊、英将、车盘、长港等村镇，生产的纸张品种繁多。清同治《铅山县志》记载："其料皆以米叶、嫩竹渍之、捣之、蒸之、曝之而成，粗细不同，名色各异。细洁而白者，有连四、毛边、贡川、京川、上关；白之次者有毛六、毛八、大则、中则、黑关；细洁而黄者有厂黄、南宫；黄之次者有黄尖、黄表；粗而适用则有大筐、小筐、放西、放帘、九连、帽壳，统谓之毛纸，邑各乡皆出。"品种达 26 种之多，其中以连四纸最为著名。

连四纸，亦称为"连史纸"，敦厚而无筋膜，质地洁白柔软，防虫耐热，久不变色，因其"妍妙辉光"被誉为千年寿纸，是毛笔书写纸中的上品。旧时，凡贵重书籍、碑帖、契文、书画、扇面多用之。明代的《十七史》、商务印书馆出版的《四库全书珍本初集》即用此纸印刷。百官所用奏本纸、名刺，文人墨客间相互馈赠，甚至皇帝御赐用纸，皆以此纸为上品。它留存了诸多鸿篇巨制、名贵典籍，在无数文人笔下流转徜徉，见证了许多重大历史事件，无愧为"连史"之称。

造纸业在铅山的繁荣得益于它的自然环境与地理优势。铅山南部山区产毛竹、水竹、苦竹等各种竹，为造纸提供了取之不尽的原料。山泉溪水终年不断，保证了充足的水源。而毛冬瓜、鸭屎柴、南脑等手工造纸所需的植物纸药，以及石灰等漂白用的原料到处都有。另外，铅山被称为"八省码头"，是江南丝绸之路。

二、铅山纸业的困顿现状

"文革"后，铅山造纸业走向低迷，并最终衰败。现在，上等毛边纸找不到市场，村民所做的纸只剩下民间用于收谱、祭祀、丧葬、上坟等的一般毛边纸。而铅山纸业的精品连四纸，则于1992年随着最后一张连四纸槽在天柱乡浆源村歇业而彻底停产。如今，连四纸的生产技艺濒临失传，掌握此工艺的民间艺人从鼎盛时期的2万余人锐减至不足10人。2006年5月，连四纸制作工艺入选国务院"首批国家非物质文化遗产"名单，亟须人们的传承与光大。

铅山纸业的衰败，有深刻的社会原因，也与其自身的特性密切相关。本文归纳如下：

（一）洋纸抢占中国市场

鸦片战争后，大量洋纸随之涌入，冲击着中国的纸业市场。洋纸不仅价格低廉，而且纸张光洁有韧性，不易破损，这些优点使得洋纸非常迅速地占领了中国市场。

（二）战争频繁，导致纸张需求减少

鸦片战争后，中国本土战事不断，历经外国殖民侵略、中国革命、封建复辟、军阀割据纷争、抗日战争及解放战争等，中国人民挣扎在死亡线上，唯求生存。纸张市场需求急剧减少，生产必然遭受重挫。

（三）铅山交通优势的丧失

近现代交通业迅猛发展，打破了以往运输主要依靠河运的运输格局。铅山的河口镇失去了其"八省码头"的地位，往日繁忙的河道码头现在寂寥空旷，曾经人声鼎沸的河口九街十三弄如今破败不堪。失去交通优势的铅山纸业也随之衰败。

（四）铅山纸的生产制约

铅山纸业生产技术落后，周期长，产量低，成本大，售价高。在文化普及的当代，即便是铅山最鼎盛时期的纸张产量也远远达不到印刷量的需求。在机

械化生产的现代社会，这无疑会使竞争力下降。

（五）铅山纸的本身特性

铅山纸业适应中国传统毛笔书写的要求，纤维柔软，吸墨性能好。可是它却不能适应近现代科学技术和文化事业的发展，原来的优点现在成了缺点，书写滞笔，容易划破。

值得庆幸的是，铅山纸业的精粹——连四纸濒临失传的严峻事实已引起相关部门和有关学者的重视，并得到了一些企业的支持。复旦大学手工造纸科学研究课题组到铅山县考察手工造纸，认为铅山的手工造纸作坊是原始造纸工艺的活化石。在2010年上海世博会上，江西省政府选派手工艺人现场演示连四纸的制作，引起了人们的广泛关注。铅山县何米记连史纸业有限公司依托百年老字号"何米记"，按照最原始的生产技艺，在民间老师傅的指导下，生产出了连史纸，抢救了濒临失传的手工艺。江西含珠实业有限公司筹建了"千寿纸坊"，投入数百万元，致力于传承连史纸这一活化石。

虽然得到如此多的关注与支持，但迄今为止，铅山纸业并未形成一个健全的产业链，没有取得广泛的社会效益与良好的企业收益，总体发展状态不容乐观。

三、振兴铅山纸业的若干建议

本课题组认为，作为江西省传统手工艺的精粹，连史纸应该也必须传承下去，不能让古老的技艺在这一代人手中销声匿迹。要恢复连史纸的生产，再现铅山造纸行业的兴盛，需要排除万难，找准方向，我们可尝试从以下几方面入手：

（一）引进机器生产，缩短生产周期

传统优良纸张的生产周期过长，而且制作工艺繁杂。在新的历史条件下，引进机器生产是必然趋势。

（二）参考宣纸的经营理念，把铅山纸业做大做强

经济发达的社会自然会产生对高质量、高价位产品的需求，安徽的宣纸是

很好的例证。可借鉴宣纸制作公司的经营理念，对铅山纸业作出正确的市场定位，发展以连史纸为拳头产品的纸业产销链，力争把铅山纸业做大做强。

（三）开发新品种

铅山纸业原有的 26 个品种并非一蹴而就，而是前人根据当时社会的需要，逐步研制而出的。因此，在注重保护传统优质纸张生产的同时，也要根据现代社会的要求，开发制作出新品种，以适应机器印刷和硬笔书写的要求。

（四）减少环境污染，保持可持续发展

为减少生产周期，会用到工业漂白剂等化工原料。因此在处理废水的过程中，要注意保护环境。只有保证了原材料的供应，水源的干净与充足，才能够把造纸这一行业持续发展下去。

在机制纸占统治地位的市场中，要真正恢复铅山纸业，把连史纸推向市场，与宣纸抢占市场份额，是一条漫长而艰巨的道路。当地政府要与相关企业达成共识，认真地把造纸视为一个产业，共同努力，结合本地优势，借鉴传统工艺，生产出适应新时代需求的新式纸张，才能实现双赢。

参考文献

［1］《江西省商业志》编纂委员会 . 江西省商业志［M］. 方志出版社，1998.

［2］王安春 . 明代江西广信的造纸业［J］. 上饶师范学院学报，2001（10）.

赣商老字号商标释义探析

衷 欣

内容摘要 江西是一个有着悠久历史的省份，千百年的社会经济发展，孕育了众多带有浓郁地方特色、匠心独具、享誉国内外的老字号品牌。在百姓眼中，老字号是质量与信誉的保证，具有独特的人文魅力，让人醉心其中，仰慕神往，潜移默化地影响着所在区域的消费理念。江西省内拥有大大小小各类老字号几百家，尤其是亨得利、黄庆仁等老字号企业享誉国内外。

赣商老字号商标名在表层表现为一种语言现象，但从更深的层面来看，它不但传递着有关老字号的经济信息，还负载着社会心理特点和丰富的社会历史文化。文化因素在商标命名中占据着十分重要的地位，它直接关系着产品的知名度和竞争力。中华民族历史悠久，文化遗产极其丰富又极具特色，这为老字号商标的命名提供了极大的可能。

一、赣商老字号商标的形成过程

（一）佳酿祭祖，四特得名

炎黄时代，图腾文化十分浓厚，是一个部落或者酋邦的标志。《述异记》云："蚩尤氏人身牛蹄，四目六手，耳鬓如剑戟，头有角，与轩辕斗，以角抵人，人不能向。"因为自己的先祖和牛有着千丝万缕的联系，三苗吴人便以牛为图腾，不敢忘祖。

在夏王朝存在的时候，吴人先祖时刻保守"仪狄献酒"的秘密，从此贵族不再造酒，造酒只在民间进行。后夏为商灭，压抑多年的三苗吴王要立即祭祖，告慰先祖蚩尤、民族英雄仪狄和世代保守秘密的先王神灵，夏朝已经灭亡。当时的吴王下令所有吴城民间的酿酒师傅，一定要酿造出上等美酒祭祖，但是上等的好酒哪里来啊？

此时的吴王想起了老吴王临终前的遗言，夏灭可掘先祖封存遗迹。吴王于是在这个遗迹上得到了吴部落贵族先祖的"酿酒图谱"。吴王令酿酒师傅依据"酿酒图谱"的古法取阁皂山的九龙泉水和当地的优质稻米，经过九九八十一天方才酿出了一斝甘醇美酒。

然后吴王携吴民杀四特（特指健壮的公牛）敬美酒祭祀先祖神灵，祈祷先祖保佑吴人崛起。时有酿酒官询问酒为何名？吴王答曰：此酒和四特同等珍贵，即名"四特"。四特酒因此得名。

好一个四特！四为东、西、南、北四方，乃扩张之意，有王者之气；特为公牛，乃三苗吴人图腾，有霸主之势。

时至今日，在樟树市还有一尊酒价值四头牛的民间传说，或许这个传说正是源自吴王"四特酒贵"的文化符号；同时，在四特酒的故乡樟树市还流传着有关"酿酒秘籍"的传说。说是先祖积德遇仙，得到为玉帝酿酒的酿酒秘籍。或许这个流传了几千年的民间传说正是吴部落酿酒祭祖悲壮故事的神话延续。

（二）百年老店种德堂

种德堂是一家驰名赣东北、誉满景德镇的大字号，始建于1910年，店址在中山路程家巷口。种德堂从前叫做"叶开泰"药店，创建于清朝末年，由于经营不善，信誉不佳，行将倒闭，店主谋求脱身，愿以廉价出盘。休宁人唐丹书闻之，有意承顶。便在屯溪和家乡隆阜集资，额定鹰洋万元，分为10股，每股1000元，并决定聘请邵运仁为经理。邵原为屯溪永昌春的药店经理，富有经营管理经验。为谋得其忠心服务，除礼聘以外，还吸收其入股，股金不必立即交纳，而等日后营业分红，以其红利抵交。邵运仁受聘以后，在屯溪找了几个帮手，如洪永祥、戴咸元、汪清泉、许魏卿等兼程来到景德镇，顶盘叶开泰，开设种德堂。

种德堂为大力树立名牌，避开因叶开泰的声誉带来的不利影响。火烧陈药。还不惜工本，扩大宣传，种德堂本着"修合虽无人见，存心自有天知"一类格言，精心炮制各种地道药材。为了保持名牌，树立店誉，员工们都把炮制与服务质量当作经营的生命线。新中国成立后该店公私合营，成为九江市医药公司的下属药店。2001 年，江西黄庆仁栈华氏大药房景德镇种德堂连锁总店成为该市惟一的国营连锁药店。

二、赣商老字号商标的取名方法

（一）取自传统哲学观念

在老字号商标的命名中体现了汉文化的传统观念和汉民族的心理，中国传统的贵和尚中、和而不同思想，主要体现了一种中正、中和、均衡、和合、协调的特征，表现在中国政治文化的各个方面、各个领域。"过犹不及"的中庸意识是中国人的一个显著思维特征，这种哲学观念在中华老字号的商标名中得到了体现，如始于清朝咸丰年间的百年历史的茶叶老字号"协和昌"以及南昌老字号餐馆"清真万花楼菜馆"的前身"万和楼"等正是利用了这种观念。

（二）取自名人

每个历史名人背后都蕴藏着一段佳话。使用人名作为商标名的老字号的人文氛围更加浓烈，影响更大。如长达 433 年历史的丰城"子龙冻米糖"即取名自民族英雄邓子龙；"堆花"是酒类商品的商标名，具有千年的酿造历史，堆花品牌饮誉江西南北，而这个商标名所代表的古代名人与酒有关，酒名出自南宋丞相文天祥之口，文天祥早年于白鹭洲书院求学时偶至县前街小酌，但见当地谷烧甫入杯中，酒花迭起、酒香阵阵，脱口道："层层堆花真乃好酒！"从此堆花酒名渐渐传遍大江南北，成为当地的传统佳酿。可见，用名人的名字或名句作商标名具有一种强大的号召力，可为商品增色不少，更显老字号的文化底蕴。

（三）取自自然风景、人文景观

有的老字号利用地名的文化、人文历史景观等特色，它们多是风景秀美的自然景区，或是当地有代表性的胜地。正是这些著名的景观，使人们产生了浓厚的兴趣和美好的联想，从而给产品的商标增添了几分诱人的魅力。如"临川贡酒"：富庶的临川号称"赣抚粮仓"，有着举世公认的灿烂古代文化，自古就有"才子之乡"、"文化之邦"的美誉。临川有着悠久的酿酒历史，酒文化源远流长，临川贡酒可以上溯到北宋时期以前，距今已有900多年的历史，1075年，当时北宋宰相王安石以此酒敬献宋神宗皇帝，深得皇上喜爱，被列为皇宫贡酒而名扬天下；"章贡"：章水和贡水的并称，亦泛指赣江及其流域。苏轼《郁孤台》诗："日丽崆峒晓，风酣章贡秋"；"李渡高粱"，取名自江西省进贤县李渡镇，李渡镇是历史悠久古镇，是江西的名酒之乡。

三、赣商老字号商标的文化分析

"文化是人类社会历史实践过程中所创造的物质财富和精神财富的总和。从比较狭隘的意义上讲，文化就是在历史上一定的物质资料生产方式的基础上发生和发展的社会精神生活形式的总和。"可见，文化是一个内涵极其丰富、复杂的概念。一个民族的文化往往体现在这个民族的生活中，在生活中渗透出来，并与生活进行融合。汉民族在生活方面向往幸福平安、富裕美满、健康长寿，在道德方面崇尚坚毅、纯洁、高雅的高尚情操和宁死不屈的民族气节，这些在赣商老字号商标名中都有渗透。

（一）赣商老字号商标反映了民族文化的个性

赣商老字号的品牌商标在一定程度上反映了我国几千年传统文化的积淀。在商人眼里，品牌名称是招徕之牌，能招揽顾客就是好招牌、好名称。老字号商标名称像一面多棱镜，清晰地折射出哲学思想、价值观念、社会习俗等社会生活的各个方面。

赣商老字号文化特征在一个具有几千年传统文化滋养和熏陶的环境中，商家在追求利益的同时，也牢牢遵守传统文化为人处世的原则和中国传统文化所提倡的一些思想。中国自古以来就有趋吉避凶的心态。对于商标取名更是如此，古人认为多说吉祥语，能给人带来好运，便运用这种方式表达相互间的祝福和问候。汉族人特别容易耽于语言幻想。语言可以反映现实，也可以构造幻境。所谓"语言幻想"是指把愿望寄托在语言构造的幻境中。语言幻想是每个民族都可能有的，这是语言魔力造成的语词迷信效果。今天我们已大多不再相信这种"语言幻想"，然而在社会交往中，我们仍然喜欢用带有美好象征的词语，表达祝愿，送出祝福。汉人特别重视命名中的含义。无论什么名称，如非自然形成而需特定的话，汉族人都喜爱煞费苦心，把所能想得出的"好"的意思，都包含在那小小的名称上，使之成为一种价值和愿望的寄托形式。老字号商标名称中便融合了人们的求福趋吉的美好愿望，折射出了深层次的民族文化心理。其中多选用表达兴旺发达、富贵安康、繁荣富强、幸福美满意义的词语。

在中国的传统文化中，仁、和、德、信等一直是人们追求、倡导的处世原则和商业精神，老字号名称中频繁使用仁、和、德、信等字，不仅体现出商家的经营思想，也寄托了对消费者人格精神的美好期望。晚清学者朱彭寿曾将自己所见商号中的吉祥字连成一首七律：

顺裕兴隆瑞永昌，元亨万利高丰祥。

泰和茂盛同乾德，谦吉公仁协鼎昌。

聚信中通全信义，久恒大美庄安康。

新春正合生产广，润发洪源厚福长。

将这 56 个字归类，则发现这些含义吉祥的用字意义上各有不同，数量众多：万、广、丰；规模巨大：元、泰、洪；发展顺利：亨、和、协；生意兴隆：隆、昌、茂；事业持久：长、恒、义；万事顺利：瑞、祥、福；公平守信：信、永、仁等。由此，许多商家在开始经商的时候，就使用了一些具有吉利含义的字作为老字号的名称，如亨得利、李祥泰等，还有一些是采用了代表吉利的动植物来命名，如鹤记。在使用褒义词的 200 多个老字号名称中，使用吉利字的比例最高。

（二）赣商老字号商标体现了消费者的心理特点

美国心理学家马斯洛将人类的需要按照从低级到高级，分为生理需要、安全需要、归属和爱的需要、自尊的需要、自我实现几个层次。消费者可以通过多种途径满足需要，而选择哪种方式要看消费动机。通常来说，动机可以认为是"引起个体活动，维持已引起的活动，并促使活动朝向某一目标进行的内在作用"。消费者的购买动机有着复杂性，它们互相交织，促进消费者消费行为发生。在消费时，人们多注重商品的质量、功效，这就是求实动机在起作用。还有如模仿动机、求便动机等。消费群体的复杂化使得消费动机也多种多样。在多重心理因素和外在刺激的作用下，由消费动机促使消费者产生消费行为。赣商老字号的商标名称这个"无形"的宣传员，把信息传递给消费者，对消费行为的产生起到了促进作用。

从心理学的观点来说，赣商老字号商标名称不仅是消费者借以识别产品的主要标志之一，而且是引起消费者心理活动的一种特殊刺激物。商标名称符合消费心理，便会得到消费者的喜爱，刺激消费者的消费行为。商标名称的好坏，在很大程度上影响着消费者的心理。好的商标名容易激发消费心理，让消费者产生购买欲望。在普通消费者眼里，好听的品牌、产品名称可以给自己带来愉悦的感觉，尤其是充满着吉祥、富贵含义的名称更会给人带来好运，这是我国社会中存在的一种普遍心理，也反映出求吉求利、趋福避祸是我国传统文化中的重要民俗取向，这在今天仍然是中文品牌命名中一个不可忽视的重要因素。

消费者在选择产品或服务的时候，能够享受到文化的"盛宴"，那将是十分惬意的事情。对老字号而言，其商品本身的质量固然重要，而对于商标名称的选择也是一个重要环节。蕴含丰富、带有情感因素的商标，更容易受到消费者的欢迎，从而有助于树立产品品牌，在竞争中占有有利地位。如面对诸多的食品，消费者要在很短的时间内做出购买决定，食品商标就要第一时间抓住消费者的眼球。赣商中流传久远的老字号食品"德福斋"，表达了传递幸福和重德思想，传递了一种愉悦的快感。像这类商标，令消费者有种自得其乐的感受，便会产生社会认同感。这样也就能提升商标名称的知名度和影响力。

江右商帮茶叶类老字号品牌文化的传承与创新

——以林恩茶业有限公司为例

林　芸　严琦

内容摘要　江西产茶历史悠久，江右商帮的茶叶老字号为数众多。本文以林恩茶业有限公司为例，从老字号品牌文化的形象、品牌文化的内容、品牌文化的营销三方面进行探讨，分析江右商帮茶叶类老字号在新的历史条件下如何进行突破与创新，从而让老字号焕发出新光彩。

无论是从前还是现在，老字号都以其独特的文化魅力影响着人们的生活。但当步入现代化经济发展浪潮，老字号的影响力却慢慢淡出人们的视线。作为民族的品牌象征，老字号如何延续其珍贵的形象，保留其无形的价值，重现其昔日的辉煌，既是一项紧迫任务，也是责无旁贷的历史责任。为弘扬老字号品牌价值、挖掘老字号的经济和社会价值、促进老字号的健康发展、积极发挥老字号在经济和社会发展中的作用，商务部实施了"振兴老字号工程"，2006年和2010年分别公布了两批中华老字号名录。江西省商务厅2013年开展了第一批"江西老字号"推荐认定工作，公布了第一批"江西老字号"。

茶叶是世界性三大消费饮料之一。中华民族有着源远流长的茶文化。自古以来，上达君臣，下至布衣，皆饮茶润心或品茗怡情。江右有着久远的茶文化历史、深厚的茶文化底蕴、丰富的茶叶类老字号，随着时代的变迁，有的老字号逐渐销声匿迹，有的老字号却百年风采依旧。如江西省遂川县狗牯脑茶厂、江西宁红集团公司被商务部认定为"中华老字号"企业；江西林恩茶业有限公司（以下简称林恩）、江西井冈山茶厂、江西含珠实业有限公司及浮梁县浮瑶仙芝茶业有限公司荣获"江西老字号"称号。这些老字号历史悠久，拥有世代传承的产品、技艺或服务，具有鲜明的中华民族传统文化背景和深厚的文化底蕴，取得了社会广泛认同，形成了良好信誉的品牌。

　　本文拟从品牌文化传承与创新的角度，以林恩为例，从老字号品牌文化的形象、品牌文化的内容、品牌文化的营销三方面进行探讨，以充分发挥现有江右优秀茶叶类老字号对行业发展的榜样示范和引领带动作用，促进其他老字号在创新发展中创造更多社会、经济和文化价值。

一、茶叶类老字号品牌文化现存的突出问题

　　茶叶类老字号品牌作为传统品牌，面临着与国产新品牌和国外品牌的激烈竞争。江西境内生态环境优越，种茶条件得天独厚，是全国茶叶的重要产区。老字号茶叶多而杂，但能与碧螺春、龙井、大红袍、金骏眉等齐名的茶叶品牌寥寥无几，市场竞争力难以显现。竞争，最终是品牌文化的竞争。与国产品牌和国外品牌相比，江右茶叶类老字号在品牌文化建设上相对滞后，主要表现在以下几个方面：

（一）品牌形象个性模糊

　　品牌形象是指企业或其某个品牌在市场上、在社会公众心中所表现出的个性特征，它体现了公众对品牌的评价与认知。品牌形象与品牌不可分割，主要包括品名、包装、图案广告设计等。

　　品名方面，在中国五千年文化的熏陶和浸润下，江右茶叶类老字号品名体现出两大特色。一是体现了商家对利益追求的美好愿望，品名中"兴"、"隆"、"祥"、"顺"、"恒"等比比皆是。二是体现了传统文化中的为人处世原则，品名中"仁"、"德"、"信"、"和"等也随处可见。这些品名固然能够反映出老字号"老"的特色，但是与现代消费者的使用语境相去较远，不太容易产生亲近感，容易产生混淆，不利于记忆。

　　包装方面，江右茶叶类老字号的包装在色调上较为保守，基本为绿、红、黄、金等有限的民族性色彩；在包装的结构造型上较为保守；在印刷工艺上较为落后、包装设计上缺乏新意。

图案设计方面，江右茶叶类老字号也较多体现的是民族性和传统性，如龙、凤、祥云或者仕女的图案等，这与食品、酒类等一些传统产品的包装相仿，不易辨别。

总体而言，品牌形象个性不够鲜明，比较模糊，难以较快吸引眼球。

（二）品牌文化内容单薄

品牌文化内容建设是一个系统工程，包括品牌的准确定位，品牌的核心价值的挖掘、品牌个性的选择、品牌文化的整合传播等很多方面。江右茶叶类老字号很多源于 20 世纪三四十年代，由于受到人力、财力等多种因素的影响，品牌文化内容建设大多停留在某一方面，不像天津泥人张、北京六必居、成都夫妻肺片那样有着丰富的品牌文化内容。同时，人才传承和技术创新方面等方面面临的难题在一定程度上影响了茶叶类老字号品牌文化的竞争力和吸引力。

（三）品牌文化传播滞后

江右茶叶类老字号的传播途径基本上固定在人际传播方面，靠的是口碑，靠的是声誉。究其原因，主要有三：首先，部分老字号的品牌传播意识不强，依然以老自居；其次，受资金的影响，不少老字号的传播渠道有限；最后，老字号品牌传播的技巧有待提高。在当今信息时代和大众传播时代，老字号品牌的传播途径如不加以改进，则很可能使品牌陷入困境。

二、老字号品牌文化问题的解决

本课题组认为，江右茶叶类老字号要想真正拥有自己的一片蓝天，应在传承自身优秀文化的基础上，创新品牌文化，实现品牌形象个性鲜明化、品牌文化内容系统化、品牌文化传播多元化，才能提升自身市场竞争力，不断适应和满足广大居民对老字号产品和服务的需求。本文以林恩茶业有限公司为例。

林恩是江西省农业产业化重点龙头企业和重点农产品出口企业，自创业以来，一直从事传统绿茶、红茶、特种茶的种植、收购加工、拼配、分装、研发和国内外市场营销业务，现经营着林恩茶业（林恩是江西著名商标），林恩春蕾茶庄（春蕾是南昌最老的老字号茶庄）、林恩·茶研园。曾荣获"江西省农业产业化重点龙头企业"、"江西十佳茶企"、"江西著名商标"，"2011 年中国质量诚信企业"首批"2013 年江西老字号","2013 南昌市科技进步三等奖"等荣誉称号。

春蕾茶庄前身为徽商清雍正七年（1729 年）在昌创办的"信贸南货茶号"。清光绪三十四年（1908 年），南昌知府徐嘉禾将茶号自制的茉莉花茶进贡给光绪皇帝品尝，获得御赐金牌，一时传为美谈。1952 年公私合营，在以"信贸南贸茶号"为代表的多家茶庄的基础上，成立了国营南昌茶厂。从此，"春蕾"品牌孕育而生。经历几个世纪的发展，林恩茶业·春蕾茶庄一如既往地秉承老字号"诚信守则、品质恒一"的经营理念，为消费者们提供超值的服务。

（一）品牌形象个性鲜明化

1. 品名

春蕾，其寓意不言自明，单看名字便能让人眼前浮现出初春枝头上那生机盎然的翠绿与漂浮于杯中那梨花带雨似的娇嫩，对好茶人而言，这是难以抵抗的诱惑。

2. 包装

林恩品牌各款茶叶包装简洁、时尚。中档价位的茶叶为单层包装；中高档价位的茶叶为两层包装，独立包装；即使是较高档次的礼品茶包装也绝不超过三层包装。包装材料皆为可回收的纸质包装，去金属，去胶水，可循环和降解，林恩包装去"奢侈化"既体现了环保理念，又降低了包装成本，为茶叶的"百姓化"、"价值化"创造了良好的条件。

3. 图案广告

五片舒展的茶叶围绕着"林恩"的艺术字体，美丽的茶叶相互缠绕，像是一个花环，让人联想到春日踏青时游人头上用柳条与鲜花编织的花环，是美丽的追求与自然的享受。清新的创意设计给人以亲和、高雅的品位感，体现林恩企业以恩·礼文化为核心，致力于把悠久的中华茶文化传播到世界各地。

（二）品牌文化内容系统化

1. 品牌的准确定位

林恩的定位是"百姓茶"、"民生茶"、"方便茶"、"安全茶"。也是让富有悠久茶文化传统的江西茶产业做强做大，质优价廉，走进千家万户，名扬世界。林恩的故事也充分说明了这一点。据说，有一早已移居美国的老太太，多次托本地亲属购买林恩茶叶，却一直买不到正宗产品。一次这位老太太回到老家南昌，亲自带着小辈来到春蕾茶庄，告诉他们："这就是我在南昌一直喝的'南昌茉莉银毫'，以后记住啊，就在这儿买！"

2. 品牌的核心价值的挖掘

林恩倡导"简单、责任、创新、和美"的核心价值观。"简单"是指专心做一件事，那就是敬茶、乐茶、制茶、爱茶。"责任"是指林恩人要肩负起应该肩负的社会责任，生产出标准、美味、安全的好茶。"创新"是企业发展的动力，林恩茶业不断开发新型茶产品并推向市场。"和美"则是指公司始终致力于促进公司与客户、员工、消费者的共赢，促进和谐美好社会的建设。

3. 品牌个性的选择：时尚、简洁、便利、健康

（1）时尚。林恩于 2006 年率先单独设立新产品研发部，并与国内知名院校专家教授合作，引进专门人才从事茶产品的科技研发和持续创新，并引入国际大企业参与投资和全球合作，通过对茶产品的深入研究和海外市场的流行趋势摸索，围绕中国茶的多品种做文章，每年定期向市场推出一批国际流行的新类别、新口味、新款式，树立起中国茶在国际市场时尚的新形象，走在了产业链的最前端，实现了科技创新的最佳价值。

（2）简洁。林恩茶产品的外包装以黑、红、白为主，一扫繁褥之风，以简单、清爽的图案对应现代的简约风，给人耳目一新的感觉。

（3）便利。林恩的百姓茶"春蕾"品种 40 多个，商礼茶"林恩"系列 30 多个，英伦红茶"亚曼"30 多个品种，可满足社会各阶层对茶品的需求，2013 年新开发的慢享、随享系列专门针对商旅人士和白领办公阶层，在沿海城市广受欢迎。

（4）健康。林恩历来遵循最严格的欧盟农残标准。林恩在省内首家引进全程清洁化、不落地、中央除尘和集中收集、激光刻录、自动称量分装、全程质量监控的流水化生产体系；加之 ISO22000 和 ISO9001-2000 和 QS 以及质量安全可追溯体系的高效运行，确保了产品的标准化、清洁化。

2013 年，林恩在南昌城郊梅岭国家级风景名胜区投资建造了集茶研发、茶休闲、茶体验、茶交流、茶食品于一体的国际化"林恩·茶研园"，力求通过科技、人文、国际合作，借助江西独特的茶产业生态资源优势，把时尚、简

洁、便利、健康的林恩茶推向世界。茶研园首创江西茶主题休闲客栈、互联网青年茶沙龙、林恩·茶书吧、林恩·周末茶沙龙等，通过一系列体验活动，拉近茶与消费者之间的距离，增加品牌的体验性、互动性。并由此吸引青年人，尤其是在校大学生热爱茶、接近茶、消费茶。

4. 品牌文化的整体传播：林间茶语，恩礼世界

林恩以"感恩简朴之心、敬畏专注之行、谦礼回报之情"做好茶品。

《说文》中对恩的解释为：恩，惠也。《礼记·丧服四制》对恩的解释为：恩者，仁也。小篆的"恩"字，由心、口、大组成，其含义深远。"口"是象形文字，表示基址，"心的基址"就是心地，其本质是人善良的本性，其量如同大地般能承载一切万物。含藏在心地中的"大"，意味着本善的心性能无限延展。

礼在中国古代用于定亲疏，决嫌疑，别同异，明是非。《释名》曰："礼，体也。言得事之体也。"《礼器》曰："忠信，礼之本也；义理，礼之文也。无本不立，无文不行。"礼是一个人为人处世的根本，也是人之所以为人的一个标准。

林恩以"恩"、"礼"为品牌文化的整体传播，符合中华民族的传统文化，体现了礼仪之邦的传统，容易引起顾客的好感，也能更好地表达顾客的心意。

（三）品牌文化传播多元化

林恩充分利用网络和传统媒介开展了各种推广活动，进一步提升了大众对林恩的品牌认知，扩大了林恩在省内外的推广、交流与合作。

1. 茶言茶语诗词大赛

为了推进中国茶诗文化的传承和发展，宣传和扩大林恩品牌的知名度和美誉度，2013 年和 2014 年，林恩与江西省作家协会成功举办了江西"林恩"杯茶言茶语诗词大赛，此项活动已成为企业文化的一部分。

2. 谷雨茶诗会

自 2013 年起，林恩联合江西省文联，湾里区委、区政府，江西省广播电视台绿色之声频率，首创茶与诗的结合之林恩谷雨·茶诗会每年在梅岭国家级风景名胜区的林恩·茶研园举办。2013 年茶诗会的主题为：传承茶文化，回归大众茶；诗画梅岭，林恩茶语，恩礼世界；2014 年的主题为：悦梅岭，品

林恩。

3. 茶叶包装设计大赛

林恩开展了"创意以茶之名"的茶叶包装设计大赛。它们面向包装设计企业、专业设计机构、国内外具有包装设计意愿的人才征集优秀作品。它们通过在各大设计比赛网站、微博、微信等平台发布消息、投票、公示获奖信息并兑奖等，以茶为媒体，宣传了生态江西、诗画瓷江西及人文江西，使茶成为未来江西的另一张亮丽名片。

4. 公益活动

林恩响应中国茶叶学会倡议，深入宣传、推广茶知识，传播茶文化，传递"茶为国饮、喝茶有益健康"理念，在南昌举办了全民饮茶日活动。借助这一活动，林恩茶业在消费者心目中形成了"为民、为公"的形象，在一定程度上打动了消费者的心。

5. 提供赞助

林恩通过对元宵节灯谜大赛的赞助，推广企业品牌，提升企业形象。灯谜大都围绕茶文化设置，活动时，先由江西林恩茶业有限公司的"茶博士"为大家介绍茶文化知识，及林恩·春蕾茉莉花茶老字号的悠久历史及独特的加工工艺。活动结束后，所有参赛人员都可领到林恩茶业提供的礼品。

6. 现代网络推广

林恩通过现代网络手段，用官网、微博、手机短信、天猫等综合自媒体对品牌进行宣传推广。借助林恩·茶研园的官网平台，持续宣传林恩茶人只为一件事、专心做好茶的创业理念、产品定位与服务。

三、总结

江右茶叶类老字号历经百年沧桑，具有深厚的文化底蕴、可靠的产品信誉和扎实的市场基础。目前，江西茶业发展已进入了转型升级的关键时期，江西正用工业化的理念谋划茶产业发展，着力"扩规模、提品质、创品牌、拓市场、增效益"，努力把江西省打造成全国茶叶生产、加工、出口重要基地和茶叶交易、茶文化交流中心，实现由产茶大省向产茶强省转变。

《系辞》所述"不可为典要，唯变所适"，对老字号品牌而言，只有改变才能迎来真正的发展。江右茶叶类老字号更应抓住这一难得的历史机遇，从品牌文化方面下功夫，紧跟时代步伐、在传承的基础上，不断创新、开拓进取，真正把老字号做成家喻户晓、适应现代环境、具有强大经济竞争力与文化影响力的知名品牌。

参考文献

［1］潘月杰，田耕耘，张筝. 中华老字号品牌文化继承与创新发展研究［J］. 生产力研究，2013（10）.

［2］林芸，严琦. 江右商帮茶叶老字号的品牌调查［J］. 天津市经理学院学报，2011（10）.

［3］吴水龙，卢泰宏，苏雯. 老字号品牌命名研究——基于商务部首批老字号名单的分析［J］. 管理学报，2010（12）.

江右商帮酒业老字号品牌重塑策略分析

徐 蕾

内容摘要 江右商帮老字号作为江西特色的品牌之一，近年来备受学者的关注。本文以其中三家江右商帮酒业老字号企业为研究对象，从其品牌共性与品牌个性入手，探究其发展历史以及发展现状，并总结江右商帮酒业老字号品牌文化建设中存在的问题，从而有针对性地提出江右商帮酒业老字号品牌的重塑策略，有利于提炼赣商文化精神和发展江西商业经济。

一、引言

老字号作为国家不可或缺的宝贵财富，既是中华民族的优秀文化遗产，又是非物质文化遗产的载体。在某种程度上，它不仅代表了产品的品牌、企业的名称和商帮的形象，更反映了社会的认可和中华民族悠久的历史文化。江右商帮老字号极具江西特色，是赣商文化的代表性产品之一。老字号企业曾经的辉煌历史虽然不可磨灭，但是在激烈的市场竞争环境下，国产新品牌与国外品牌的强势涌入严重威胁了老字号的地位，大部分老字号企业的经济实力开始迅速下滑，有些濒临破产，有些甚至早已消失在人们的视线中。白酒行业自古以来就是中国经济的支柱产业，江右商帮酒业老字号企业也成为江右商帮老字号的重要组成部分，因此，研究江右商帮酒业老字号品牌的重塑策略对赣文化、中国酒业的发展都有重要的意义。

二、江右商帮酒业老字号的品牌文化介绍

中国是世界上酿酒最早的国家之一，有着几千年的酒文化，而江西又是中国酒文化的发源地。2002 年中国考古学家在江西进贤县李渡酒厂内发现了距今 800 年的特大元代烧酒作坊遗址，它富有鲜明的地方特色，跨度时间最长而且是我国目前发现年代最早的烧酒作坊遗址。在此深厚的酒文化发展长河中，江西涌现出了许多令人称赞的酒业老字号品牌，如四特、临川、李渡、章贡、堆花等。

品牌文化是品牌的核心价值，品牌与文化相辅相成。品牌是文化的载体，而文化反映了丰富的品牌内涵。江右商帮酒业老字号相对于其他酒业老字号而言，有其独特的优势。第一，得天独厚的酿酒基础。江西乃稻米之乡，山灵水秀，有利于保障白酒的原材料，酿造甘甜醇正的酒中珍品。第二，悠久的历史文化传统。老字号酒业将博大精深的文化融入到酒中，酝酿出独具一格的酒味。第三，根据不同的目标市场制定不同的白酒价格。赣酒囊括高低两种不同档次的白酒，消费者的选择性比较多。同时，消费者不仅得到了物质上的满足，也得到了精神上的寄托。高档次的白酒体现了一种品位，其需求具有相对稳定性；而低档次的白酒明显具有消费集中性，目标市场比较广。

三、江右商帮酒业老字号品牌建设中存在的问题

虽然江西有着悠久历史的酒文化，但是并没有一家江右商帮酒业名列中国十大白酒品牌榜，赣酒多以农家小酒为主，上规模的酒厂与其他产酒大省相比相对较少。随着外部环境压力的扩大化，市场竞争的实质逐渐演变为企业品牌之间的较量，但江右商帮老字号酒业明显在品牌建设方面存在滞后发展的现象。

（一）品牌创新渗透乏力，思想观念与经济发展不匹配

产品品牌是文化传统、产品个性、产品形象以及利益认知等价值观念的最好反映。虽然江右商帮酒业老字号是一种珍贵的文化遗产，但也要与时俱进，努力适应现代市场经济的发展。然而，大多赣酒企业领导者的思想观念落后于

现代品牌建设的发展要求，他们缺乏对品牌建设的重视，既不自主学习现代营销的相关理论知识，又不从长期利益出发，合理规划品牌建设的战略方针。此外，江右商帮酒业老字号在产品形式上只强调传统特色及祖传秘方的传承，很少考虑消费者的真正需求。

（二）经营管理模式单一化，缺乏品牌保护

首先，江右商帮老字号酒业的经营管理模式非常单一，不健全的品牌管理组织机构及高技术管理人才的缺乏等阻碍了白酒企业的持续发展。其次，酒业老字号品牌管理和保护意识非常薄弱，再加上政府打击力度不够强大，导致假冒伪劣产品逐年增多，消费者对产品质量的质疑声越来越多。最后，老字号企业为了优胜劣汰，不惜降价来获得恶性竞争的胜利，反而损坏了企业在消费者心中的良好形象。

（三）品牌定位不清晰，个性形象缺失

品牌建设必须对产品的功能、价值、文化及情感等方面有清晰明了的定位。与国外品牌相比，江右商帮酒业老字号的品牌个性明显不够突出。一方面，缺乏鲜明的品牌理念。许多赣酒企业主要对外宣传公司的诚信，很少会涉及顾客的需求，它们只注重"产"，大多忽视了"销"的重要性。其实，顾客更青睐于性价比相对较高的商品，产销不平衡发展只会降低消费者对该产品的兴趣。另一方面，缺乏醒目的品牌标识。受到传统历史文化的影响，江右商帮老字号酒业大多使用汉字或繁体字标识，这完全违反了简洁大方、抽象感强的现代商标设计理念，同时也很难给消费者带来亲近感。能让顾客记住的品牌才是好品牌，能让消费者了解酒品特性的才是真品牌。

（四）品牌文化内容单一，缺乏与现代元素的结合

文化是酒的灵魂，酿酒文化必须融入以及突破当地的历史文化中，但在实际销售过程中，江右商帮老字号酒业在市场竞争中依旧停留在产品竞争方面，绝大多数老字号并没有系统地开发其品牌文化，而是一味地继承传统文化思想，缺乏与现代元素的有效结合，从而与其他品牌同质化现象严重。当然，人才、资金以及政府体制等限制因素也在一定程度上阻碍了江右商帮建设完善的酒业老字号品牌文化体系。

（五）品牌传播严重滞后，缺乏多维化发展

江右商帮酒业老字号品牌的传播与沟通是品牌文化建设中的突出问题。首先，品牌传播意识不强。许多老字号倚老卖老，认为只要自己的产品质量好，顾客就会购买自己的商品，因此即使有新品种上市，它们也不会向老百姓推广。其次，品牌传播渠道单一化。由于资金的限制，很多老字号一般只通过口头宣传，少量企业选择通过电视、网络等大众媒体宣传，以公益活动或大型公关的形式来推广产品或者提升品牌形象就更少了。最后，品牌传播技巧缺乏技术含量。其实，推广一个产品需要很强的专业技术基础，许多老字号企业缺乏相关的专业人才，也没有能力聘请专业人才提供咨询服务，因而品牌的传播效果会大打折扣。

四、江右商帮酒业老字号品牌的重塑策略

为了适应市场经济的发展以及顾客多元化的需求，重塑江右商帮酒业老字号品牌刻不容缓。尽管白酒在中国有着悠久的历史文化，但"酒香不怕巷子深"的时代早已过去。因此，在经济全球化背景下，江右商帮酒业老字号只有跟着时代的步伐，不断改革和创新，才能保住原有的酒业老字号品牌并将其发扬光大。

（一）创新老字号品牌，转变思想观念

虽然江右商帮酒业老字号有其别具一格的特色，但是随着消费者习惯的变化，老字号产品的单一性反而会制约该品牌的延伸与发展，因此企业领导人必须转变和创新思想，加强员工内部的培训力度，具体可从白酒营销战略、白酒本身、酿酒技术以及售后服务等方面进行改革和创新，提升自身的竞争实力。老字号企业必须改进酿酒的生产技术，不断引进国内外先进技术与新型工艺，加大先进设备和现代管理技术的投入力度，酿造出以核心产品为中心的，既适应时代发展，又满足顾客需求的多样化白酒成品。

（二）严把质量关，加强品牌管理与维护

江右商帮酒业老字号品牌的发展离不开江西省政府的支持。一方面，政府

要严把白酒质量关，奖惩分明，确保扶持地方酒业发展的各项措施落到实处，或者政府牵线广大消费者参观老字号酒窖，实地了解企业生产情况，提高消费者对酿酒企业的信任度。另一方面，政府和白酒企业都要强化对老字号品牌的管理与维护，如通过自我维护、法律维护和经营维护等途径保证白酒的质量，提升酒业老字号品牌的形象与美誉度。有了政府的扶持与帮助以及企业自身的监督和维权，江右商帮酒业老字号品牌才能更好地传承下去，并在新一代人的手上散发出新时代的光彩。

（三）强强联手，明确市场定位

赣酒品种丰富，但缺乏能独当一面的白酒企业。所以，明确各类江右商帮酒业老字号品牌的市场定位是提高赣酒知名度的关键。针对不同的品牌特色，制定不同的市场定位模式，如四特酒专注香型和差异化的工艺，临川贡酒以窖藏储存年限的保障性为优势。通过细分市场，针对不同的客户需求，将不同档次、不同特色的白酒推销出去，既有利于提高白酒的市场占有率，又能提高江右商帮酒业老字号的知名度，并且尽可能地挖掘出一部分潜在消费者。或者将所有的江右商帮酒业老字号品牌特色相结合，强强联合共同发展。四特酒业与临川贡酒就是江右商帮酒业老字号互助合作的典例，这次战略性合作方式既揭开了赣酒发展的新篇章，又将进一步扩大赣酒的市场影响力和行业感召力，有利于老字号品牌的保护和发展。

（四）挖掘品牌文化内涵，将历史文化融入现代元素

每个老字号的独特文化内涵是中华民族宝贵的精神财富，但大多老字号品牌都消失于历史长河之中。因此，江右商帮酒业老字号应该不断挖掘老字号的品牌市场，利用历史文化与现代经济相结合，在保护传统文化的前提下，促进老字号品牌的发展。现实生活中早有消费者采用白酒加冰镇红牛饮料的例子，独特的口感，创新的饮用方式，受到了年轻人的追捧。赣酒也可采取相似手段进行宣传，这种年轻化、商务化的潮流必将成为一种新的时尚。

（五）走国际化道路，多渠道推广品牌

成功的品牌宣传手段是品牌成功的基础，江右商帮酒业老字号可考虑从以下三个途径多元化地宣传老字号品牌：其一，故事化宣传手段。老字号品牌在

经过几千年的锤炼中必定形成了不少的品牌文化故事，赣商可选取一些精致易懂的古老故事，通过现代网络平台向消费者推广。其二，广告效应。鲜有江右商帮酒业老字号以立体化的媒体宣传形式向消费者展示赣酒文化，引进专业机构策划品牌营销策略也不失为参与市场价值的有效法宝。其三，国际化眼光。作为传统的名酒企业，江右商帮酒业老字号应该肩负起维护民族产品的责任，要有国际化的眼光，要有敢于走出去的勇气，勇于从地方品牌走向全国，走向国际。当然参与国际竞争的前提是稳住自身在国内市场的脚跟，然后不断借鉴其他老字号走出国门的经验，学习国外成熟的市场营销技术，如简化白酒商标的标识是江右商帮酒业老字号亟须改善的地方，否则其品牌形象很难在国际市场上得到消费者的认可。

五、江右商帮酒业老字号品牌的重塑实证——以四特、临川、堆花为例

（一）江右商帮酒业老字号的品牌个性

1. "四特"老字号品牌

四特酒是赣酒中唯一一个走出省际并获得良好效果的品牌，其历经几十年的发展，香醇了几代赣都人民。四特酒是中国白酒行业不可或缺的一面旗帜，如果不强势推广四特酒，赣酒将可能随时面临全军覆没的后果。四特酒的快速发展主要得益于它的四大特色，即产区独特、原料独特、工艺独特以及香型独特。一方面，酿酒产区的地理生态环境质量直接影响了酿酒质量的好坏程度，四特酒业所处的樟树环境使得四特酒的品质得到了深层次的提升，再加上四特酒依靠精选的江西大米为酿酒原材料，更有利于酿造清香醇口的白酒。另一方面，四特酒传承了千年的酿造方法与红石古窖，其差异化的工艺和香型为四特酒的崛起提供了一道品牌保障。四特酒的一大卖点是特香型的"清、香、醇、纯"，这种特香型也于1997年正式得到了国家的认可，从而奠定了四特酒在中国白酒行业中独特而重要的地位。

2. "临川"老字号品牌

富庶的临川号称"赣抚粮仓"，自古就有"才子之乡"与"文化之邦"

的美称。临川贡酒有着悠久的酿酒历史，早在距今 2500 年前的战国时期，酿酒工艺就在临川孕育而生，其深厚的文化底蕴也在一定程度上促使临川贡酒名扬天下，如今临川贡酒是江西省乃至全中国的知名品牌。临川贡酒与临川文化息息相关，"喝临川贡酒，扬才子豪情"，言简意赅的临川酒业广告语充分表明了临川贡酒非常注重品牌文化的建设，临川人不断挖掘品牌文化内涵，提升贡酒的品位。历代传人都赴川黔拜师，入晋鲁学艺，娴熟的酿酒技艺、优质的曲品质量以及较长的窖藏储存年限，无不体现了临川人不断推陈出新的奋斗精神。

3. "堆花"老字号品牌

堆花酒素以清亮透明、醇香浓郁、入口绵甜和回味悠长而著称，是江西省技术监督局的重点保护产品。最早开创的"口杯型堆花酒"以其便利性闻名天下，随后逐渐发展成为四种杯型产品。事实上，堆花酒产品线一共有堆花贡酒、堆花特曲以及堆花配制酒三种系列，口杯型产品仅仅是堆花特曲系列的一种。堆花老字号企业非常注重先进科技设备的引进与消费者权益的维护，牢固树立"质量第一"与"为客户服务"的思想，依靠口杯型产品的推广，以及品牌传播效应的保持来拉动其他类型产品的销售量。

（二）江右商帮酒业老字号的品牌共性

综观江右商帮的众多酒业老字号企业，其品牌文化的共同点主要有五个方面：第一，精湛的酿酒技艺。赣商在传承前辈的酿酒工艺基础上，不断向外学习汲取精良的酿酒技术，努力开拓创新。第二，较长的珍藏年份。多数赣酒收藏的年份都比较长，价值非常高。第三，销售地区主要针对江西省及附近省份。赣酒的口味偏于浓香型，非常适合江西、湖南人的口味，而且赣酒在这一地区也极具品牌效应。第四，严格保证白酒的质量。江西人对于赣酒酿造的所有程序都严格把关，力争每个步骤都能达到标准。第五，采取同一种销售模式。赣酒销售方式多以铺市为主。

六、总结

品牌建设是一项长期而系统的工程，要想再续江右商帮酒业老字号的辉煌，老字号酒业就要树立全局的品牌经营理念，在传承传统的酿酒技艺基础上，不断开拓创新，利用品牌优势提高江右商帮老字号酒业的核心竞争力，为其他老字号的重塑战略提供参考，以更好地促进中国白酒行业的良性竞争和发展。

参考文献

［1］张红霞，马桦，李佳嘉. 有关品牌文化内涵及影响因素的探索性研究［J］. 南开管理评论，2009（4）.

［2］冷志明. "中华老字号"品牌发展滞后原因及其对策研究［J］. 北京工商大学学报（社会科学版），2004（1）.

［3］潘月杰，田耕耘，张筝. 中华老字号品牌文化继承与创新发展研究［J］. 生产力研究，2013（10）.

［4］李德明，周详胜. 中小白酒企业品牌战略规划解析［J］. 华东经济管理，2007（7）.

［5］谭凌波. 品牌文化内涵国际化的思考［J］. 中外企业家，2005（2）.

江右商帮医药老字号解读

吴泓颖　金　闻

内容摘要　本文对江右商帮经营医药的老字号进行了调查，分析了其总体发展现状，并对其困境进行了分析，给其发展提出了相关建议。

古代江西商人习称江右商帮，因魏僖著《日录杂说》记载："盖自江北视之，江东在左，江西在右。"江右商帮有着500年的辉煌历史，药业是江右商帮的主业之一。古代医药不分家，诊所多备有药材，药店通常也要聘请医生坐诊看病，医药的一个核心问题是药材的流通和经营。江西医药历史悠久，早在东汉永寿二年（156年），樟树就有采药行医业。唐代樟树形成"药圩"，宋代成为"药市"，是全国著名的药材集散地，素有"药不过樟树不灵"之说。明末清初，樟树为南北药材之总汇，得誉药都。江西自古有云"樟树的路道，建昌的制炒"，即樟树为药材的集散中心、建昌为药材的炮制中心，借助这些得天独厚的优势，江西产生了不少药店老字号，并且有的项目既是非物质文化遗产，又是老字号。

"老字号"一般是指历史悠久的商标品牌或商店招牌，由于其具有历史性、文化性、民族性、地方性的特点，而成为一个地区商贸资源的重要组成部分。品牌文化是文化特质在品牌中的沉积和品牌经营活动中的一切文化现象，以及它们所代表的利益认知、情感属性、文化传统和个性形象等价值观念的总和。本文将从老字号品牌文化的角度，对江右商帮医药老字号进行解读。

一、江西道地药材

江西中药生产历史悠久，产量较大。据《婺源县志》记载："草木虫石皆可为药，出于草者为多。土产未必为佳，然已不可胜载。"江西有多种全国公认质量好，在市场上有竞争能力的道地药材品种，如枳壳（实）、江香薷、乌骨鸡、江栀子、凤眼前仁、荆芥、薄荷、信前胡、广昌白莲、夏天无、肿节风等。江西枳壳栽培历史悠久，已有千余年的历史。明朝著名的医学家李时珍记载：枳壳又商州（今新干县三湖镇）为佳。据同治九年（1870年），岁次庚午重修《新淦》记载：枳壳盛产全国闻名的商州。江西所产枳壳有"皮青、肉厚、色白、香气醇正"的特点，历来畅销全国各地，在国际上也享有很高声誉，历年都有大量出口。据专家全国范围内的研究调查，江西枳壳产量最大，质量最优，其含活性成分总黄酮、辛弗林、N-甲基酪胺、挥发油均高于其他品种。据《分宜县县志》记载：明末清初，分宜县昌田乡，种植香薷已有几百年的历史，且质量好，具有茎细多分枝、花穗紧密、香气醇正的特点，享有"江香薷"的美名，闻名全国，畅销全国各地。泰和、吉安县种植车前仁历史悠久。据清康熙年间编印的《泰和县志》记载，顺治年间高行乡（现万合乡）就有车前子。又据《庐陵县志》第四卷记载：在清朝光绪年间，吉安县永和乡就有种植车前子的习惯。乌骨鸡发源于泰和县武山西岩武庙，距今数百年，药用首载于明代的《本草纲目》，后被乾隆皇帝命名为武山鸡。

二、江右商帮医药老字号介绍

（一）万古千秋业　和平济世心——王万和百年药店

九江王万和在老桥头就像北京同仁堂在前门，已形成地标性商铺。万和药店位于城西的龙开河畔，150多年来王万和药店在九江大中路铁桥头行医卖药，深得广大群众信任。王万和药店是王亮炎、王芝田叔侄于1853年创立的。此后五代行医卖药，名声远传，疗效显著，深得病人赞誉。该店自行配方烘制的"疳疾饼"，对儿童脾虚积食诸症颇有奇效，所配制的"烫伤药膏"、"梨膏"、"吹喉散"、"定风珠茶"等亦均疗效显著，深得病员赞誉。

崇高的民族气节是王万和中药店的特质。1939 年，日军两次邀请第三代传人王东甫回九江复业，遭到王先生的严厉斥责和谩骂。日军一怒之下将龙开河西老药店洗劫一空。民国年间，长江洪水连续泛滥，淹没农田万亩。王东甫亲自租木船为灾民送米送药看病，灾民感激王先生真正是"万古千秋业，和平济世心"的观音再世。

《九江医药志》记载："王万和中医药店为传播中华金陵中医文化，培养了九江地方的一代名医：新港乡周月泉，永安乡代忠全、代云和，沙河乡蔡金回；彭泽县周汉涛、周汉章，九江庆余堂张仁山、张仁海。"现在第五代传人王定杨先生、第六代传人王犀先生每天坐诊，求医者络绎不绝。

2008 年，王万和中医药成为九江开发区第一个非物质文化遗产保护单位，目前正申报省级非物质文化遗产（中医药）保护单位。2013 年，浔阳区王万和传统中医药品店被认定为第一批"江西老字号"。

（二）行善积德，以仁为本——百年老店种德堂

种德堂是一家驰名赣东北、誉满景德镇的大字号，始建于 1910 年，店址在中山路程家巷口。种德堂的前身是"叶开泰"药店，创建于清朝末年，由于经营不善，行将倒闭，休宁人唐丹书闻之，集资承顶，开设种德堂。

种德堂为大力树立名牌，火烧陈药，并且不惜工本，大力宣传，例如宰鹿之日大张旗鼓，并大摆筵席，邀请镇上士绅和名医吃酒庆贺。种德堂本着"修合虽无人见，存心自有天知"一类格言，精心炮制各种地道药材，员工们都把炮制与服务质量当作经营的生命线，认为做坏了牌子，就意味着经营失败。因此，士绅们都替它捧场，名医开的处方都指定到"种德堂"检药。

新中国成立后该店公私合营，成为九江市医药公司的下属药店。2001 年，江西黄庆仁栈华氏大药房景德镇种德堂连锁总店成为该市惟一的国营连锁药店。

（三）庆为善始积，仁者寿之征——百年老店黄庆仁栈

南昌黄庆仁栈为江西著名的老字号药店，创立于 1833 年，创始人黄金槐，江西省清江县人（现樟树市），初为行医郎中，兼经营中草药，后于 1833 年在南昌市开办了沿袭至今的"黄庆仁栈"药店，店址为当时南昌市府学前

（今南昌市中山路 181 号，现南昌黄庆仁栈药店）。由于用人得当、经营得法，黄庆仁栈生意兴隆，成为首屈一指、远近闻名的大药店，至新中国成立时，经营额占南昌市中药业的 70%，为江西省药店之冠。

新中国成立后，该店作为南昌市第一批公私合营试点企业实行公私合营，成为南昌市医药公司的下属药店。1995 年，中华人民共和国国内贸易部授予其"中华老字号"称号。

2002 年，以黄庆仁栈为主体，与上海华氏大药房联合组建"江西黄庆仁栈华氏大药房有限公司"。黄庆仁栈药店成为该公司最大的旗舰店，也是全国最大的连锁药店。2010 年，黄庆仁栈药店被国家商务部再次认定并授予"中华老字号"殊荣。

（四）药不过樟树不灵——樟树帮药业

樟树药业源远流长，素为江南药材集散地和药材炮制中心。有"药不过樟树不灵"之说。樟树人为了拓展药业生意，纷纷外出经营，在互帮互助中逐渐形成了地区性家族型的樟树药帮，控制着湖南、湖北、江西的药材市场，与京帮、川帮并列为三大药帮。樟树药帮的成员不限于樟树人，主要包括清代江西临江府的清江、新淦、新喻、峡江县和南昌府丰城县的药商。所以，在外省也称作"临江帮"、"临丰帮"或"江西帮"，省内则统称"樟树帮"。

药都樟树的药店大多是"前堂卖药，后堂加工"。樟树帮中药饮片切制工艺，独具一格，对不同形态和质地的药材，可以切成众多花样，如"白芍飞上天"、"槟榔不见边"、"半夏鱼鳞片"、"桂枝瓜子片"、"肉桂薄肚片"、"黄柏排骨片"、"甘草柳叶片"等。"樟树帮"的中药炮制是在中医理论指导下遵照"酒制升提，盐制润下，姜汁发散，醋取收敛，蜜炙润其燥，壁土取其归中，麦麸咨其谷气，酥制者易脆，去瓤以宽中，抽心者去烦"等方法进行炮制的。由于樟树选购道地药材加工炮制精良，医用疗效较高，声誉越来越大，樟树中药被视为珍品。

2002 年，由"樟树帮"第七代传人袁小平投资，在樟树天齐堂的基础上创办天齐堂中药饮片有限公司，不仅有着传统的樟帮药工一代又一代苦练的加工炮制技艺，还兴建了符合 GMP 标准的一流现代化厂房设施及最先进的现代化检测设备，是集科、工、贸于一体的大型中药饮片生产企业。

长春药店地处樟树市共和西路，是樟树规模最大、营业额最高的药店。该店 1913 年由高安南门首户胡秉泉、胡惠国父子和清江经楼危海珍、杜季良、谢子瑾等人集资，在樟树创建。经营咀片，兼营批发，信誉卓著，并以咀片、成药质优见称，而招商四方。该店罗致大批具有专长的制药技工，如陈祥可、何财瑞、余寿祥等，成为加工炮制人才荟萃之地，至今樟树稍有名气的老药工，多是长春号出身。

长春自制膏、丹、丸、散、酒五六十种，咀片七八百种，营销远近。这些名药名酒，配方制法，只有手抄本，向来秘不外传，新中国成立后多数为樟树制药厂继承。1955 年改名为公私合营长春国药店。

百年老字号樟树长春药店分化后成立江西药都樟树医药实业发展有限公司。药都樟树医药集团 2004 年完成改制，拥有"药都"、"樟帮"、"药都樟树"等 5 个省著名商标，是集科、工、贸于一体的企业集团。2008 年 8 月，新成立的"药都药业公司"，拥有一支全国销售网络的营销队伍。

2013 年，樟树的天齐堂药业公司和药都药业公司一起被认定为第一批"江西医药老字号"。

（五）药不过建昌不行——建昌帮药业

"建昌帮"药业发祥地南城镇在抚州地区境内，南城古称"建昌"，自古以擅长传统饮片加工炮制、药材集散交易著称。中药业建昌帮，为中国 13 个大药帮之一，是著名的古药帮，药界至今还有"药不过建昌不行"之说。

建昌医药源于晋朝，兴于宋元，盛于明清，它依托建昌医药 1500 余年的深厚的历史传承，又融合了各朝代医学、经济、文化等各种社会要素，积历代经验，博采众长，形成了自己一套独特的传统炮制技术。其传统炮制风格是：工具辅料独特，工艺取法烹饪，讲究形色气味，毒性低，疗效高。在工具方面，刀刨齐全，特色工具多，其创制的"雷公刨"沿用至今，不仅效力高并且所炮制的药片以纵片为多，片薄而大，均匀美观。在炮制工艺方面讲究"炮制虽繁，必不得省工夫；辅料虽贵，必不得短斤两"，"谨伺水火不失其度，炮炙精细逞其巧妙"。

因"药食同源"，炮制工艺取法烹饪技术，严守净选、切制、炮炙三关质量。善于区分四季水性，洗润药材看水头，有"冬水善，夏水熬"，"久洗无药性，久泡无药气，少浸多润莫伤水，无气无味卖药渣"及"切药的徒弟，润药的师傅"等水制法的行话俗话。火制和水火共制的药，文武火候的运用，武火急速快炒，文火煨焖炙熬，使饮片色艳气香，醇真味厚，创出了建昌帮的名优饮片煨附片、姜半夏、明天麻、贺茯苓、焖熟地、山药片等产品。其中仅附子一味就有四种不同的炮制品（煨附片、阴附片、阳附片、淡附片），成为建昌帮的饮片炮制特色。

1966 年，建昌帮中药饮片厂获"中华老字号"称号、铜牌、证书，是第一批中华老字号中唯一的中药饮片厂；2008 年 6 月，"建昌帮"药业被列入江西省第二批省级非物质文化遗产名录。

（六）协记大药房

赣州市协记大药房有限公司原名为协记药店，创始人何莘耕先生于 1924 年在赣州杂衣街（今建国路）始创开设"协记药店"，后于 1934 年又在棉布街（今解放路）增设分部，均为前药店后制药作坊式开展生产加工及批零兼营。创店之初，何莘耕先生就亲自拟定了堂名"协记"，意为"团结协力"，体现协作文化，同心协力光大民族药业。同时，还确立了"重商德、遵厚道、乐奉献、济世养生"的经营理念。由于协记对药材精选道地，严格炮制，货品齐全，批价廉宜，重商德，讲信誉，名扬赣南及闽粤邻近各县。协记药店发展至今，历经了几代传承人，始终遵循这条经营理念。

新中国成立后，协记药房作为赣州市著名私营民族工商业代表之一，被第一批纳入到公私合营体系，改名为赣州市协记国药店。2003 年 9 月，经国家药品监督管理部门和工商行政管理部门批准，"赣州市协记药店"名称变更为"赣州市协记大药房有限公司"，企业性质为有限责任公司，由创始人何莘耕先生之子何继孙先生担任总经理。正由于"协记"具有悠久的发展历史及深厚的企业文化，2007 年被江西省推荐为第二批申报认定"中华老字号"的企业之一，2013 年被认定为第一批"江西老字号"的企业之一。

令人可喜的是，依托老字号技术、资源及传承，新的老字号企业如雨后春笋般蓬勃发展，并且在各自的专长领域成为现代医药的"领头羊"。江西青春康源中药饮片有限公司、江西天施康中药股份有限公司是成功典范，这两家公司均在 2013 年被认定为第一批"江西老字号"。

三、江右商帮医药老字号的困境及对策

（一）老字号品牌的保护

许多老字号企业对品牌宣传的力度不够或侧重点不准确，宣传的途径过少。许多企业或者重在宣传其"古老文化"，不愿融入现代文化，因此难以吸引当今消费者的关注；或者以"老"自居，忽视对品牌进行主动宣传，依赖一些老消费者的口碑相传，阻碍了品牌传播的速度和广度，降低了品牌在新兴消费群体中的知名度。如中药店的招牌王万和，曾经在九江无论妇孺老幼，问起王万和来，无人不晓。但如今，知道王万和的年轻人很少了，它已随着那段历史渐渐远去。

老字号的保护，需要全社会的配合。江西应该有一个全省性的保护老字号的组织，具体负责老字号的发展保护工作。还要有专项资金，专门用来支持老字号进行技术创新、改进设备、扩大规模。选择一批优势明显、具有发展潜力的老字号列为重点培育对象，组织有关咨询机构、业内专家指导企业进行产权制度改革和所有制结构调整，确立科学合格的发展战略。

（二）产品以及技术创新

对于中华老字号企业来讲，应以传承特色产品为宗旨，不断推出特色产品的新品种、新花色、新样式，以变应变，最大限度地满足消费者的需要，以保持品牌的持久生命力。在保证产品特色的前提下，引入先进的技术与设备，使加工过程定量化、标准化、自动化、连续化，以此提高产品质量和标准化程度。

（三）更新管理理念，探索现代业态

现代社会机械化、自动化、信息化生产方式的普及，使部分靠手工技艺取胜的老字号失去了优势。虽然建昌帮药业经过1000多年的积淀，形成了一套独特的中药炮制风格。但与众多的国有企业一样，机制、资金和观念三大"瓶颈"制约了企业的快速发展，原有的产权结构落后，原来饮片炮制未得到应有重视，加上老药工基本退休，专业人才青黄不接，中药饮片质量明显下降，特别是随着中药检测的进一步升级，准入门槛的提高及资金因素的影响，建昌帮药业面临着严峻的考验。

通过资产重组组建企业集团或采用特许加盟及连锁经营等现代业态都具有能够扩展业务、产生规模效益、扩大品牌影响力的效果。有专家建议，将传统工艺与现代科技相结合，资源优势与制药工业和饮片生产相结合，使科研、生产、贸易一体化，才是今后老字号药业的发展方向。或寻求合作，旨在依托外来资金、技术、人才、管理等方面的优势，把老字号做大做强，把中药传统炮制技术转化为生产力，创造出更大经济效益和社会效益。如樟树天齐堂药业公司兴建了完全符合 GMP 标准的一流现代化厂房设施及最先进的现代化检测设备，2006 年 12 月 18 日，"樟帮中药炮制技术研究室"在公司授牌成立。该研究室是"中药固体制剂制造技术国家工程研究中心"授牌的，是国内唯一的国家授牌，类似传统樟树帮的中药炮制技术研究室在江西也是仅此一家。

总之，老字号企业应该认识到，企业之间的竞争就是品牌的竞争，更是品牌文化之间的竞争。历经百年磨砺的老字号是一笔巨大的财富，是现代企业竞争必不可少的要素，只要大胆发扬自主创新精神，用现代商业手段充实、丰富老字号金字招牌的内涵，维护和提升品牌竞争力，老字号完全可以再次发扬光大。

参考文献

［1］江西省医药志［M］. 方志出版社，1998.

［2］王文媛，敖静海. 中华老字号品牌文化创新探析［J］. 商场现代化，2009（1）.

［3］孔微巍，谭奎静，秦伟新. 中华老字号的品牌传承和创新［J］. 经济研究导刊，2007（11）.

［4］窦晓彤. 广州医药老字号申报非物质文化遗产现状分析［J］. 文化遗产，2009（4）.

［5］王文丽. 老字号企业品牌要素解析［J］. 现代商贸工业，2010（1）.

［6］林国建，宋伟. 中华老字号企业品牌文化的创新发展［J］. 管理科学观察，2006（12）.

江右商帮纸业老字号调查研究

严 琦 林 芸

内容摘要 本文从追溯江右商帮纸业的发展历程入手，探寻曾经辉煌的纸业生产经营老字号，结合当代的老字号，认为当代人应该重振江右商帮纸业，将前人的宝贵技艺传承下去。

中国的造纸术始于西汉，在东汉时经蔡伦改进，从而得以更广泛的生产。传统的造纸制作多以毛竹为原料，因其生产周期长、工艺要求高，各地零散的造纸作坊并不多见，而是形成地区性产业，如益州的黄白麻纸、宣州的宣纸、杭州的藤纸等。明清时期江西是全国的造纸中心，各地均有土纸生产，据清光绪《吉安府志》记载："竹纸出泰和"，清同治《九江府志》载："楮纸与漆皆出于瑞昌彭泽"，婺源有"稿草为之"的草纸，抚州有清江纸、火纸和牛舌纸，萍乡产贡纸，遂川所产土纸品种较多，主要有毛边纸、表芯纸、绵纸和草纸等。但总体生产规模小，产品销量少，品牌名气低，主要用来满足当地居民祭祀、收谱之用。清同治《高安县志》这样描述其物产青纸："纸靛皆出他处，惟染色稍工皆地所应有，不足云产。"江西造纸名满天下，主要是由铅山纸业支撑，因此本文着重研究铅山的纸业老字号。

一、铅山纸业老字号的光辉历史

（一）铅山纸业的发展历程

铅山的造纸业起源于唐朝，发展于元代，在明清前期达到顶峰。据《江西造纸史》记载，早在唐宪宗元和元年（806 年），铅山南部山区就出现了连四纸。到元朝，铅山纸业初具规模，并且声名远播。在明朝，江右商帮的纸业贸易繁荣，是江南五大工业之一，曾在全国市场占有举足轻重的地位。清前期，各类通俗小说蓬勃兴起，图书事业得以迅猛发展，铅山纸业也因此达到空前繁荣。

但是鸦片战争后，大量西洋廉价机制纸涌入，国内造纸市场受到了巨大冲击，铅山纸业开始逐渐萎缩。之后，由于战争频仍、政局动荡，民众生活普遍极其贫苦，无力追求精神享受，铅山的纸槽也就随之锐减。至新中国成立初期，铅山纸业虽然再度短暂复兴，但历经"文革"动荡，造纸业再度低迷，并最终走向衰败。

（二）铅山纸业的主要品种

铅山生产的纸张品种繁多，据清同治《铅山县志》记载："其料皆以米叶、嫩竹渍之、捣之、蒸之、曝之而成，粗细不同，名色各异。细洁而白者，有连四、毛边、贡川、京川、上关；白之次者有毛六、毛八、大则、中则、黑关；细洁而黄者有厂黄、南宫；黄之次者有黄尖、黄表；粗而适用则有大筐、小筐、放西、放帘、九连、帽壳，统谓之毛纸，邑各乡皆出。"

连四纸因其"妍妙辉光"与"千年寿纸"的美名而独领江西纸业市场风骚，它常用于贵重书籍、碑帖、契文、书画和扇面等，不仅商贾书局、文人墨客对它青睐有加，更登庙堂成为百官奏本纸和皇帝的御用纸。巨大的市场需求使铅山县生产连史纸的纸槽一度达 1400 多张，县里 40％的人口从事纸业，也因此催生出大小数百家老字号，遍布河口、石塘、湖坊等地。

（三）铅山纸业的老字号

历史上铅山纸的主产地有石塘、陈坊、湖坊、英将、车盘、长港、篁碧、浆源、紫溪、永平、杨村、和港东等村镇，纸商们则大多云集河口古镇，依托河口这个"八省码头"，将铅山纸销往全国甚至海外。

纸商并非都是铅山本土人，制作精良的纸张与便利的交通吸引全国商贾携巨资前来，在明清时以安徽、福建人为主，民国初期则以安徽人、南城人和临川人为主。各地商贾纷纷建立商会，至今河口镇明清古街上还留有福建会馆、陕西会馆等 18 座会馆遗址。九弄十三街里大小纸铺多达数百家，老字号比比皆是。

有名的纸店老字号有河口的"裕兴隆"、"益裕"、"光裕",陈坊的"鸿泰昌"等,他们长年雇用员工多达十六七人,进行零售批发。专营批发的纸号中,"吴志记"、"祝荣记"、"宝兴盛"、"郭同义"、"信大"、"志成"、"罗盛春"、"赖家纸号"、"查声泉"、"复源生"、"鸿昌"、"天和"、"兴发号"、"鸿兴号"等,它们的资本雄厚,多在银圆二三十万块以上。另外,还有代办纸张转手贸易的纸行,主要设在陈坊、湖坊、石塘、紫溪等地,"卢益大"、"松泰行"、"罗济行"是河口、石塘、陈坊街上最有名的纸行。这些老字号依托铅山的便利交通,以其诚实、守信的经营理念将铅山本土的优质纸张销往全国各地,甚至远至南洋。

二、铅山纸业老字号的濒危近状

新中国成立后,丧失了水陆交通优势且受机制纸严重冲击的铅山纸业迅速衰败。据 1949 年县工商科资料记载,当时河口的大小纸店只剩下 33 家,永平、石塘、紫溪、陈坊、湖坊等地也只有少量纸店和纸号。1950 年,铅山县人民政府批准祝荣记、信大庄、建和、诚有、益良五家纸号组成"河口联成造纸厂"。同年,又批准陈坊的公成、润记、德丰、仁记、丰记、文舫等 13 家纸庄组成"陈坊纸业联营大成造纸厂"。1951 年,吕庭辉等 23 家纸店组成"河口镇纸业联营商店"。新时代公私合营的工厂与店铺取代了传统的生产与经营模式,而它们在新的历史条件下并没有生存多久,人们对老字号的记忆也慢慢地随之褪色。

如今,这些老字号几乎都已销声匿迹,河口明清古街上的木板店铺大都呈现出颓废的气息,昏暗破败得首尾莫辨,令人难以想象当年灯火通明、人声鼎沸的繁华与喧嚣。只有那被无数车轮碾过、被无数人踩踏过的光滑的青石路面,默默地诉说着曾经的辉煌。相隔近百年,与这些老字号有关的一些口耳相传的故事也都随着老一辈人的去世而湮灭,让现在的我们难以述其传奇。

老字号的消逝是铅山纸业衰败的必然结果。如今,用于印书、作画、书写等上等的毛边纸找不到市场,村民所做的纸只剩下民间用于收谱、祭祀、丧葬、上坟等的一般毛边纸。而铅山纸业的精品连史纸,则于 1992 年随着最后一张连四纸槽在天柱乡浆源村歇业而彻底停产。连史纸的生产技艺濒临失传,掌握此工艺的民间艺人从鼎盛时期的 2 万余人锐减至不足 10 人。2006 年 5

月，连史纸制作工艺入选国务院"首批国家非物质文化遗产"名单，亟须人们的传承与光大。

皮之不存，毛将焉附？没有地区性的大规模生产，没有本土特色产品，要想重建老字号，只是空谈。

三、铅山纸业老字号的蓬勃未来

是否有必要重振铅山纸业的辉煌？如何在新的历史条件下继承造纸的传统工艺？今后怎样在激烈的市场竞争中赢得一席之地？如何重建老字号？又如何依托老字号打造品牌效应？这些都是值得引起当代人，特别是赣人，深思的问题。

值得庆幸的是，铅山纸业的精粹——连史纸濒临失传的严峻事实已引起相关部门和有关学者的重视，并得到了一些企业的支持。

（一）造纸技艺的顺利传承

2006 年 7 月，复旦大学文化遗产研究中心的汪自强副研究员与复旦大学文物与博物馆学系副主任陈刚等一行 5 人，组成复旦大学手工造纸科学研究课题组到铅山县考察手工造纸，认为铅山的手工造纸作坊是原始造纸工艺的活化石。他们表示如果铅山政府想要恢复连史纸的生产，他们乐意提供技术上的帮助。

2007 年，铅山县成立了"恢复传统特色产业委员会"，并投资 15 万元建立了"连史纸制作技艺陈列馆"。民间仅存的几位老艺人，如何晓春、翁仕兴等，被当地政府与企业聘为连史纸造纸师。他们慷慨地拿出家里的纸药祖传秘方，结合自己多年的造纸经验，经过一年多的努力，成功地恢复研制出连史纸。

之后，铅山连四纸制作技艺先后参展上海世博会、文博会、中博会、印博会、中国首届国家级非遗博览会、世界非遗博览会等会展，并获文化部颁发的首届国家级非遗博览会展品奖铜奖和非遗技艺展演集体一等奖。2011 年，江西省文化厅将铅山连四纸制作技艺作为全省唯一申报世界级非物质文化遗产项目向联合国申报。

（二）新造纸企业的兴起

1. 何米记连史纸业有限公司

2010 年，经过一年的筹备，依托百年老字号"何米记"，铅山县何米记连史纸业有限公司成立。它用原始的手工作坊，按照最原始的生产技艺，在民间老师傅何晓春的指导下，生产出了精美的连史纸。同年 5 月，何米记参加了第六届中国（深圳）国际文化产业博览交易会，向络绎不绝的参展游客演示了连史纸的制作技艺，获得了不少出版社的青睐。

2. 含珠实业有限公司

将连史纸恢复生产与经营做得更早，也做得更好的是江西含珠实业有限公司。

2008 年，江西含珠实业有限公司在浆源村建立千寿纸坊，聘请 85 岁的徐堂贵和翁仕兴两位制作技艺传承人带徒授艺。他们与另一位铅山连史纸制作技艺的国家级传承人章仕康一起，将连史纸成功地恢复生产。

他们致力于挽救造纸技术活化石的举措得到了铅山县委、县政府的大力支持，2008 年，铅山县人民政府授权含珠实业有限公司恢复连四纸生产并打造连四纸生产性保护示范基地，制定了项目保护总体规划、详细具体的分年度保护计划和实施方案，同意江西含珠实业有限公司投资建设连四纸生产性保护示范基地——铅山连四纸制作技艺传习所。2009 年，连四纸纸品质量得到了杭州西泠印社认可，被列为杭州西泠印社连四纸定点生产基地，投入批量生产。该公司还与中国图书馆古籍保护中心建立了古籍修复用纸合作关系。次年，根据《中华人民共和国标准化法》，含珠实业有限公司申请了企业标准 Q/HZSY001－2010 赣饶企标备案注册 Y169-2010，并获质检部门通过，从而使纸品质量首次有了明确的检测标准。2011 年，文化部非遗司将之列入国家级非物质文化遗产生产性保护示范基地公示名录。2013 年 9 月，由江西含珠公司和中外首工美术馆联合举办的新品发布会中，著名国学大师、北大教授楼宇烈以"纸香茶韵，铅山双绝"为题举办讲座，进一步提高了铅山纸业的知名度。

为扩大供不应求的连四纸生产规模，在铅山县政府与含珠实业齐心努力下，占地 2 万多平方米的园林式园区——铅山纸茶竹文化创意产业园已落成，抄纸、焙纸、整纸等工序被迁入，现在全公司有纸槽 30 张，2013 年产连四纸

5万刀（每刀100张），并与中国国家图书馆、浙江图书馆、杭州西泠社等达成了长期的合作关系，保证了连史纸的高端文化市场。2013年底，江西含珠实业有限公司被江西省商业厅正式认定为首批"江西老字号"。

四、总结

由此可见，连史纸的生产现已恢复，并逐步走向规模化生产的道路。这是铅山纸业复兴最基础也是最重要的一步。质量上乘的产品可以获得有高需求的消费者与出版社的青睐，高利润的回报会吸引更多的纸品厂进行生产，也进而催生出大大小小的店铺进行销售，老字号借助这一产业链重新复苏，并不是不可能。

当然，在机制纸占统治地位的市场中，要把连史纸推向市场，与宣纸抢占市场份额，最终再现甚至超越铅山纸业曾有的辉煌，这是一条漫长而艰巨的道路。当地政府要与相关企业达成共识，认真地把造纸看成一个产业，共同努力，在保护自然环境坚持可持续发展的前提下，结合本地优势，借鉴传统工艺，生产出优质的纸品，并根据新时代需求制造出新式纸张，运用现代营销手段推广产品，最终实现双赢。也许在不久的将来，曾经叱咤风云的老字号又可以再度引领中国纸业的发展，成为当地政府乃至江西地区的一个重要的GDP增长点。

参考文献

［1］江西省商业志［M］.方志出版社，1998.

［2］广东、文本、湖南、河南辞源修订组，商务印书馆编辑部.辞源［M］.商务印书馆，2009.

［3］单飞.河口纸市［EB/OL］.上饶市政协网，2007-03-04.

［4］王安春.明代江西广信的造纸业［J］.上饶师范学院学报，2001（9）.

［5］王立斌.江西铅山连史纸调查报告［J］.南方文物，2008（3）.

［6］严琦，林芸.关于江右商帮纸业的调查研究［J］.老区建设，2010（6）.

［7］左美容.江西传统手工造纸调查研究［J］.江西师范大学学报，2012（5）.

［8］廖媛雨.史话江西纸张文化［J］.美术大观，2013（4）.

［9］查威.铅山连四古纸穿越千年焕发新生命［J］.江西晨报，2014（3）.

浅析江右商帮商业类老字号的品牌竞争力

金　阗　吴泓颖

内容摘要　江右商帮商业类老字号品牌积淀了深厚的文化底蕴，但如今许多老字号企业的经营发展却陷入了困境。本文通过对商业类老字号品牌竞争力的优劣势分析，以南昌亨得利为例，说明其品牌竞争力提升之路，供其他老字号企业借鉴。

一、品牌竞争力概述

品牌指的是一个名字、术语、标志或者设计，或是上述的集合，从而使自己的产品或服务与竞争对手区别开来，是社会公众对其组织和产品或服务认知的总和。从某种程度上而言，一个品牌的生存、发展与其品牌竞争力有着密切的关联。企业品牌拥有的区别或领先于其他竞争对手的独特能力为品牌竞争力，通过市场竞争显示其品牌内在的品质、技术、性能和完善服务，从而引起消费者对品牌的联想并促使其购买该品牌商品。

二、江右商帮商业类老字号企业的品牌竞争力

老字号是指历史悠久，拥有世代传承的产品、技艺或服务，具有鲜明的中华民族传统文化背景和深厚的文化底蕴，得到社会广泛认同，有着良好信誉的品牌。老字号是我国商业文明的辉煌成果，是中华民族传统文化的瑰宝。

（一）老字号企业现状

江西在近百年来相继出现了许多信誉良好、生意兴隆的名店名号，这些"老字号"名店不仅凝聚了一代又一代江右商人的经商智慧，而且获得了消费者的信任，所谓"三泰扯布，鹤记照相，黄庆仁栈买药，亨德利修表"，充分表明了这些老字号与江西人的日常生活紧密相关，成为江西"物华天宝，人杰地灵"的重要见证。然而，随着经济的快速发展，潮流时尚的变迁，老字号品牌的步伐越显沉重。如今走在江西各大城市的街头，会发现印象中的老字号已越来越少。2001年百年老字号"鹤记影楼"因经营不善而关门歇业，而光益昌百货商场、李怡昌绸布百货商号、万花楼酒家、积古斋古玩珠宝店等曾在江西响当当的老字号已杳如黄鹤，而在江西已成功申报的22家企业中，品种单一的尴尬也十分明显。

老字号企业"品牌老，信誉好"的光环加之生生不息的文化情结，维系了百年的辉煌；但也正因为一"老"字，在市场竞争日益激烈的今天略显老态龙钟。

（二）老字号企业品牌竞争力优势

1. "老字号"品牌具有增值优势

在多数老字号企业长期的经营过程中，形成、创造并积累了一些特有的技术，如秘方、特殊工艺、设备、独特的业务流程和服务技巧等，这些都是老字号的自有知识产权，是老字号宝贵财富的重要组成部分。此外，在年复一年的发展过程中，这些企业沉淀、积累了丰富的商业文化，成为我国宝贵的精神财富和文化遗产，是享有百年美誉的金字招牌，很多人都对老字号产品有一种特殊的情结，这是任何一种新品牌在短时间内都无法获得的。因此，老字号产品在同质产品中更具有竞争优势，究其原因，不难发现一家企业在创建初期，影响范围是有限的，即使是制作含金量高、质量过硬的产品，短期内无法形成品牌，而"老字号"这块重匾则为其提供了系统工程，开拓了横向、纵向的优势。百年的经营提升了无形资产，在品牌的提升过程中创造了增值效应。

2. "老字号"品牌具有延伸优势

极高的品牌知名度和美誉度还是企业品牌延伸与特许经营的基础，已有百年以上历史的老字号企业，其商业文化在长期的发展过程中继承、发扬，成为我国宝贵的精神文化财富，占据着老百姓心目中独一无二的位置。成功的品牌延伸可以增强品牌的整体竞争力，使老字号的品牌资产得到增值。在现代营销中老字号企业具备了延伸的优势，为其发展带来了机遇。

（三）老字号企业品牌竞争力劣势

1. 对品牌的定位脱离时代

悠久的传统和独特的品牌文化是老字号企业的主要优势之一，但部分老字号的创新精神和开放意识却往往受困于此，未能与时俱进，主要体现在经营管理方式、制度等的滞后，这些主要原因导致了老字号企业经营困难。

2. 品牌核心理念不能引起消费者强烈共鸣

老字号多以货真价实、诚信无欺等为品牌核心理念，这些理念实际上是消费者对所有品牌的基本要求，不能引起消费者心理的共鸣，而且品牌个性也无法显现出来。

3. 对品牌的保护缺乏力度

商标注册和保护意识淡薄现象在老字号企业中较为突出。申请商标权的保护在这些企业中并不多见，即使申请了商标注册的企业，但是它们在商标续展、商标许可使用等过程中却出现了断层。

此外，老字号企业的劣势还体现在：忠诚顾客群体规模太小；年轻消费者对老字号缺乏新鲜、直接的品牌联想和体验，品牌在年轻消费者中影响力较低，这阻碍了老字号的使用消费，不利于在新形势下从深度和广度上进一步深化老字号的知名度。

三、老字号品牌竞争力提升之路——以南昌亨得利为例

在改革开放的大潮中，同为历经百年的老字号企业，南昌亨得利钟表眼镜公司却依然魅力不减当年，并焕发出新的光彩。公司先后获得省级先进企业、省优秀企业、省级文明单位和全国五一劳动奖状、全国职业道德建设先进集体等数十项殊荣。对于这家在江西家喻户晓的商业类老字号企业，品牌竞争力的不断提升无疑是使其屹立于商界不倒的法宝之一。

亨得利创办于清朝光绪末年（1908 年），寓万事亨通得利。1918 年，上海总部派人来南昌选址于商业繁华地段中大街路，即现在的胜利路洗马池开设了南昌亨得利钟表眼镜公司。作为中国知名度最高的老字号之一，它秉承传统却不拘泥于传统，勇于冲破传统商业的桎梏，重视对品牌资产的培育，开创了中华老字号焕发新生命的篇章。

（一）企业改制：老字号焕发新生机

在"新"字上图发展是老字号要再创辉煌的必要条件之一。正视现实的南昌亨得利，认为老字号的金字招牌只能说明过去，不是万世的"聚宝盆"。

商业竞争日趋激烈，拥有金字招牌的老字号也遇到了前所未有的挑战和压力。1997 年，南昌亨得利在商贸系统中率先进行改革，实行股份合作制，公司国有经营性资产由全体员工买断。改制后员工成了股东，由"铁饭碗"变成了"金饭碗"。时隔 5 年，亨得利再次对公司进行了改革即置换职工全民身份，设立有限责任公司，变全民固定工为合同工，变企业人为社会人，并调整股本结构，使经营层相对控股，使南昌亨得利这个老字号再次焕发生机。

据了解，截至 2009 年 12 月，南昌亨得利总资产已逾 2.27 亿元，遍布全市的连锁商店有 12 家，经营面积共 4000 平方米，从业人员达 400 余人，主营钟表、眼镜、黄金、珠宝四大类商品，年营业收入达 3 亿元。据南昌市统计部门的调查显示，公司经营的钟表、眼镜、黄金、珠宝在南昌市场上的占有率均达 60%；连续多年人均创税利列全省商业系列榜首，被誉为江西商界"小巨人"。

（二）诚信服务：助推企业整体发展

将诚信作为树立自身形象的一面大旗是千百年来很多企业与品牌所信奉的，但是常常雷声大，雨点小，致使品牌的消费者信誉度和忠诚度居低不上。真正的诚信是贯穿于品质、服务、品位之中的长久坚持和不懈努力，纵观亨得利的发展过程，这一点得到了很好的诠释。

南昌亨得利以"服务质量是亨得利的生命"为办店方针，在全省首创营业员服务质量等级制，建立、完善、实施了一套售前、售中、售后环环相扣的服务规范。售前严格商品质量，让消费者放心；售中坚持优质服务，让消费者舒心；售后履行社会承诺，让消费者放心。亨得利向社会公开作出"一家买表，全国保修"等多项承诺。还按年销售额的万分之二设立了商品质量先行负责基金，以负责处理一些无法向生产者追偿的经济损失。

这些举措大大提高了亨得利的声誉，其优质服务得到了社会各界的一致好评，曾先后获得全国"五一劳动奖状"、中国商业名牌企业、全国职业道德建设先进集体、全国百城万店无假货先进单位、全国商业诚信单位、全国"重合同、守信用"企业、中国珠宝首饰业驰名品牌、中国珠宝玉石首饰行业放心示范店、省优秀企业、省特级诚信企业、江西省著名商标、江西黄金饰品第一家、全省质量管理先进企业等多项殊荣，2010 年南昌亨得利又被中国商业联合会评为"企业信用评价 AAA 级信用企业"。

所有商家们一致追求的目标无外乎"利"，然而对于那些拥有信誉与道德的商家而言，"义"要远远高于"利"。在"义"和"利"的问题上，老字号以其独特的理解和行为规范给出了自己的答案，那就是"君子爱财，取之有道"。南昌亨得利始终把诚信视为企业的生命，看作企业在激烈市场竞争中走向世界的一张王牌通行证，经过近百年的经营管理，提炼出的"生意与信誉同领、商品与人品共存"的企业精神和"诚信经营，打造百年品牌；真诚服务，撑起中华名店"的经营理念，沉淀和培养出富有独特魅力的南昌亨得利的企业文化。正是这种企业文化撑起了这个百年老店，铸造了这块金字招牌，打造成南昌英雄城市的名片。

（三）名优战略：增强企业核心竞争力

在竞争激烈的市场经济中，企业经营决策的正确、及时与否，往往决定一个企业的兴衰存亡。公司的决策者审时度势，在潜心研究市场后，根据亨得利在经营贵重、高档商品上有着其他商店难以匹敌的优势，提出了"名店售名品、名店聚名品"的经营理念，采取以"南昌亨得利"品牌为主导的多品牌经营策略，使二级品牌借助"亨得利"品牌的巨大无形资产提升自己在省内的影响力，而且可以反哺"亨得利"品牌，形成其强大的价值支撑，使其得以有效的延伸，避免因某一单项经营失误而对整个"亨得利"品牌造成影响。几年来，不断派人走向全国，开发货源基地，与 50 多家国内外名优厂商建立了供货联系，20 多家著名厂商在公司设立了专柜、特约经销点和特约维修站，除了原有的钟表、眼镜外，经营范围扩大至黄金珠宝等，形成了名店售名品的社会效应。

（四）顺应市场，用品牌延伸开拓市场

依靠钟表发家的南昌亨得利走的是传统经营之路。众所周知，老字号市场狭窄，市场占有率低，且有日渐萎缩的倾向多是传统经营模式的束缚所致。老字号企业普遍都只立足于本地，很少有品牌经营的思路。过去亨得利只是单一经营钟表，年销售额始终徘徊在 150 万元。随着生产的发展和市场的变化，钟表已不再成为热销商品，手表从 20 世纪 70 年代的三大件之一变成了小商品。以经营单一的商品来维系整个企业发展，将使企业在整体上缺乏活力。意识到这一点的南昌亨得利人在巩固钟表主业的同时，不断围绕市场适时开发适合公司特点的经营项目，实施品牌战略。他们一方面巩固亨得利的传统经营项目，另一方面围绕市场适时开拓了适合公司特点的经营项目。从 1985 年起先后开辟了照相器材、眼镜、珠宝等业务，使公司经营商品种类达 4000 余种，业绩不断翻番，人均创税利连续 5 年列全省商业系统首位。

（五）提升形象，引导消费

老字号功成名就缘起于"老"，"老"使得老字号以一种独特的品牌现象跻身于品牌之林。老字号享誉百年而历久不衰，其背后蕴含了深厚的地域特色的人文积淀。老字号的生命力在于创新，营造新的商机就是要在传承老字号品牌文化的基础上赋予其新的内容，使老字号的历史品牌在现代市场的优胜劣汰中实现持续发展。正是基于这一点认识，南昌亨得利坚持在市场上积极寻求品牌推广载体，借助老字号打品牌战，不断增加老字号的含金量来提高市场占有率。多年来，一方面，企业根据市场需求，推进企业发展；另一方面，企业结合重要时机适时地开展商业文化活动，大力地提升了企业品牌形象，不断创新营销观念、营销方式和营销手段，营造了商机，创造了消费热点和卖点，引导了消费和市场潮流。公司还成功举办了有全国知名厂家老总、专家参加的全省首家行业市场论坛、钟文化、江西市场论坛，承办了全国"两亨"钟表大会等系列活动，2007 年公司被南昌市委宣传部作为创新企业典型在全市重点报道，作为全市商业唯一入选"南昌市 20 张城市名片"，使企业品牌又跃上了一个新的平台。

亨得利是一个全国共享的品牌，南昌亨得利的经营理念和经营战略，经营方式与品牌形象，严格管理与优质服务，企业凝聚力与团队精神等经验，在

省、市新闻界称为"亨得利现象"。不仅如此,南昌亨得利在全国亨得利店中也凸显出其独有的魅力,这与其不断提升自身品牌竞争力是分不开的。

四、结论

南昌亨得利钟表眼镜公司的发展说明,老字号企业要想成为商界的常青树,必须紧抓品牌优势,坚守品牌文化内核,大胆创新,找到提升自己品牌竞争力的最佳方式。

(一) 坚守品牌文化内核,传承品牌核心价值

老字号的价值和魅力正在于它的"老"。岁月的积淀已在其品牌自身上打下了深深的文化烙印,已在其目标市场中形成了生生不灭的文化情结,也许正是这个烙印、这种情结,才维系了老字号的百年辉煌。"老"的核心是经久不变的品牌核心价值。

老字号品牌通常在消费者心目中占有较高的位置,并已经形成了比较固定的、难以改变的印象。"货真价实,童叟无欺"几乎是每一家老字号品牌的核心价值观。对于这种品牌定位,不应受外部因素影响,轻易变更原来的定位,而应该加以保护和强化,在坚持核心定位不动摇的基础上,进行品牌拓展,注重区域特色与国际流行元素的结合,同时,要善用新媒体营销产品、宣传品牌,拉近与消费者之间的距离,以开放的心态去迎接变幻无穷的市场,从而进一步提升其竞争力。

(二) 强化自身技术开发能力,提供令消费群体满意的产品或服务

老字号在长期的经营过程中,形成了自己一整套完备的制作生产工艺流程。然而,随着科技日新月异的进步,很多新的产品或服务正不断被开发出来,受到广大消费者的喜爱。依托传统工艺制造产品的老字号企业遭受严峻挑战,在当今社会,老字号品牌的持续发展需要有优质的产品质量作为保障,因此,必须对一些较原始的生产操作方法进行改进,既要保留传统的制造工艺又要结合现代技术对生产工艺进行改革,以达到推陈出新,提高产品品质。我国的老字号企业还需要走出制作工艺主要以一带一、师傅传徒弟的模式,实施生产的工业化、规范化和标准化。

在保持原有产品特色的基础上，要不断开发新产品。产品创新不仅局限于某个产品本身，而且包括产品标准创新、产品品种创新、产品包装创新及产品服务创新等。

（三）强化法律意识，用法律保护无形资产

相比同类企业，老字号的品牌优势贵在一个"老"字上，企业视品牌为企业的生命，投入巨大的财力、精力去维系这块金字招牌，绝不希望被别人抢占或窃取。因此，老字号必然采取一切措施来保护自己的品牌，尤其是要积极寻求法律保护，为自己的品牌加一把锁。首先，老字号企业应及时注册，否则难免为他人作嫁衣。其次，企业可以采取防御性注册以保护正在使用的商标。此外，企业还应在注册商标有效期前及时续展，同时大力开展防伪和打假工作，依法保护自己的品牌。

总之，江西商业类老字号企业应该走适合自身发展特点和经济全球化发展趋势的道路，革新经营战略和管理理念，在继承传统优势的基础上，努力发挥后发优势，争取用独特的方式取得快速的进步，提升企业竞争力。

参考文献

［1］李光斗．品牌竞争力［M］．中国人民大学出版社，2003．

［2］《江西省商业志》编纂委员会．江西省商业志［M］．方志出版社，1998．

［3］黄石．长盛不衰——南昌亨得利［J］．企业经济，2000（5）．

［4］南昌亨得利有限责任公司．商品与人品共存［J］．中外企业文化，2010（10）．

［5］万贤敬，古月．老字号的风采——南昌亨得利企业文化探秘［N］．经济晚报，1998-06-10．

［6］南昌亨得利创新创业发展纪实［EB/OL］．http：//www.ncnews.com.cn/ncxw/jjxw/t20071210_236800.htm.

［7］杨海军，袁建．品牌学案例教程［M］．复旦大学出版社，2009．

［8］陶云彪．老字号品牌激活策略——基于Aaker理论［J］．企业活力，2011（1）．

［9］郭浩．南昌老字号厂店［M］．江西人民出版社，1992．

［10］高大林．老字号品牌的传承路径［J］．知识经济，2011（3）．

［11］黄桂红，谢军．老字号品牌激活的策略研究［J］．赣南师范学院学报，2008（6）．

［12］杨占强．品牌再造——中国老字号企业的复兴［J］．企业研究，2008（3）．

［13］刘雪曼．中国企业品牌的变革与创新战略［J］．当代经济研究，2006（2）．

［14］潘月杰等．中华老字号品牌文化继承与创新发展研究［J］．生产力研究，2013（5）．

［15］高广佳．重塑老字号品牌形象的路径［J］．企业改革与管理，2013（1）．

［16］李盛林等．基于消费者的老字号品牌价值提升问题实证研究［J］．商业时代，2014（4）．

［17］王唯一．振兴中华老字号的实施策略［J］．经营管理，2014（3）．

［18］王工一．欠发达地区"老字号"品牌振兴策略［J］．新余学院学报，2014（2）．

江右商帮瓷业品牌文化研究

宋艳萍　黄　河　徐　蕾

内容摘要　本文首先阐述了江右商帮瓷业文化的内涵及其在新形势下的变化要求，接着重点分析了现代瓷业品牌营销创新存在的问题，即其品牌的打造和创新活动缺乏从自身发展战略方面的关注和定位；其品牌文化中缺乏基于瓷业产业链整体范围的考虑和审视；其在瓷业营销渠道的塑造上显得过于单一和渠道过长以及瓷业品牌文化中对于相关营销手段的整合力度不强等问题。这些问题是江右商帮瓷业品牌文化中所缺乏的，也是困扰现代瓷业营销创新的主要问题。最后，提出了基于江右商帮瓷业品牌文化的瓷业品牌营销创新的建议和对策。

一、江右商帮瓷业品牌文化的基本内涵

江右商帮是在自然经济体制下成长和壮大起来的地方经济体，随着商品经济的发展，其在诸多物质生产领域打造出了在当时和以后都有一定影响力的品牌及其文化。其中陶瓷业是江右商帮的主要经济支柱也是其品牌文化比较显著和辉煌的领域，体现出了较高的科学技术水平和文化艺术水平。江右商帮将中国经济文化和哲学以及地方特色巧妙地融入陶瓷商品之中，开创了独具特色的商业文化和经营模式，打造了诸多具有鲜明特色并在瓷业发展史上占有重要地位的知名品牌，同时孕育了博大精深的瓷业品牌文化。

随着经济的发展和社会的进步及陶瓷产业的发展在新的经济形势下面临着

诸多问题，江右商帮瓷业品牌文化在保持自己传统精粹的同时也面临着吸纳新的内容、开创新的品牌文化营销创新新局面的挑战。借鉴江右商帮瓷业品牌文化精髓结合现代瓷业市场新情况，在瓷业品牌营销创新中需要做到和解决以下几个方面的问题：将品牌文化打造品牌营销确立为瓷业企业发展战略的一部分，从产业链视角审视和关注其品牌文化，创新瓷业品牌渠道建设以及加强对于品牌文化营销中多种手段的融合和整合力度。这些内容和方面构成了新时期下瓷业品牌文化塑造及品牌营销创新的重点和关键。

二、江右商帮瓷业品牌文化存在的主要问题

从江右商帮瓷业品牌文化的内涵及其对于当今瓷业品牌文化的塑造作用和影响的阐述上看，当今瓷业品牌营销可以在以下几个方面参考和借鉴江右商帮的先进品牌文化经营之道：将科学文化和审美艺术完美地融入陶瓷产品的开发之中，对于产品质量的精益求精；对于渠道建设中的经销商资质和行为的约束，主要通过一些大的商号和店铺营销；其在产品制作工艺上的精益求精的态度和理念以及其在获取生产经营中的资金融通方面的做法及商业模式等。这些江右商帮所积累的品牌文化打造和积累的经验和成功做法存在着不足，在现今的瓷业市场环境中依然适用，但囿于自然经济占主导地位的经济环境和文化氛围，江右商帮在瓷业品牌文化上的做法从今天瓷业市场营销创新的观点来看其所存在的主要问题及其原因主要有以下几个方面：

第一，缺乏对品牌文化的战略意义和重要性的充分认识。这就使得其品牌文化并未自觉地上升到自身发展战略的高度去认识，也没有将其确立为自身发展战略的一个组成部分，以此为基础的对于相关环节和业务流程的重新定义和再调整工作也并未充分开展起来。江右商帮对于瓷器品牌文化的打造从其过程看实际上长期处于无意识状态，后来虽然得到了重视但离从自身发展战略的高度和层次去认识和规划还相去甚远。从其资源资金投入和相应的组织设置上来看仍然未将其作为自身发展战略的一个组成部分，以此为中心的对于相关业务和关键环节的重新定义调整工作也没有得到有效的开展。

第二，缺乏对于陶瓷产品生产过程中上下游产业链成员在价值创造和品牌文化塑造中具体作用和效能的有效分析和完全了解，使得其上下游产业链成员在品牌文化塑造中的投入和协作程度不够，产业链成员之间的在瓷业品牌文

培育中的整体优势没有得到发挥和表现出来。江右商帮的品牌文化打造其资金资源投入主要集中在瓷器生产商身上，瓷器生产经营的上下游环节特别是经销商对于品牌文化的投入力度和其在渠道中的获益状况不相匹配，瓷器经销商从生产商品牌文化投入中获得了更多的销售数量而却缺少相应的付出这本来就是一个不公平的现象，长久下去必然挫伤生产商的积极性和助长经销商的博弈行为。

第三，江右商帮瓷业品牌文化塑造及其培育，由于缺乏对于营销渠道和营销终端在瓷业品牌文化中的作用和意义的认识，使得其瓷业品牌文化的传播渠道和途径相对单一，因而也使得其品牌文化的传播成本较高，效果也没有得到应有的提高，特别是对于营销终端的建设更是缺少重视和认识使得其形式过于单一，使得其对于市场需求的变化反应能力和反应速度都相对滞后。江右商帮瓷业品牌文化的传播途径主要是在产品的销售环节完成的，并且主要是由瓷器产品的生产商来直接完成的，渠道中的经销商和上游的原材料供应商以及最终目标客户在品牌文化的打造、宣传和统一标识方面的参与程度和贡献程度都表现得相对缺乏，另外，渠道建设及销售终端建设的落后使得其对于市场需求的反应相对滞后，新产品开发周期过长。

第四，江右商帮瓷业品牌文化塑造及其培育由于缺乏对品牌文化营销中多种营销手段及其综合利用的有效方法和模式的了解，使得对于品牌文化内涵的诠释和表达在某种程度上存在混乱现象，与此形成鲜明对比的是江右商帮对于这些手段与整体运用和整合缺乏有效的技术作为支持和辅助，使得这些方法和策略之间的整体配合和协调效应较低。江右商帮对于瓷业文化的塑造和培育中所使用的手段及营销方略多数是出于无意识和非自觉的行为，其主要是通过产品在消费领域的使用状况引起的较高客户满意度所带来的市场口碑而完成的，并没有主动地去寻求其他营销手段来积极地帮助市场主体解读和认识产品品牌中的文化内涵及其内容。

三、现代瓷业品牌营销创新的建议和对策

根据对江右商帮瓷业品牌文化内涵及其在新的市场环境下所面临的挑战和相应要求的阐述，在分析了江右商帮瓷业品牌文化在现代瓷业市场品牌文化塑造中存在的主要问题及其原因的基础上，参考品牌文化塑造和品牌营销创新的

相关知识和理论，特别是对我国陶瓷产业市场深刻的调查研究和分析，从下面几个方面提出基于江右商帮瓷业品牌文化的现代瓷业市场品牌营销创新策略的建议和对策：

第一，基于江右商帮瓷业品牌文化的现代瓷业品牌文化营销创新中，应该从瓷业企业自身的发展战略和长远规划的角度和层次来审视和看待品牌文化及品牌价值。将其建设成为自身发展战略的有机组成部分，并展开相关环节和流程的优化调整，以机制和组织建设保证瓷业品牌文化战略的执行力。瓷业品牌文化对于营销主体的市场竞争能力、经济效益水平和经营管理水平提高的作用和意义，客观上要求营销主体需要从自身发展战略的高度给予考虑，从而实现依靠体制保证其获得持续有效的资源资金投入而不受自身短期经营状况的影响，同时需要以此战略确认，进行相关业务环节和流程的优化调整和重新定义以提升其支撑能力和配套力度。

第二，基于江右商帮瓷业品牌文化的现代瓷业品牌文化营销创新中，应该从瓷业产业链的视角来看待和细分瓷业品牌文化营销创新的功能和业务细则。根据细分的结果按照效率优先的原则在产业链主体范围内进行社会分工的构建，根据风险承担和资源投入情况决定利益分享以进而培育战略合作伙伴关系，在此基础上提升瓷业品牌文化塑造中的产业链协同。从产业链的角度来审视瓷业品牌文化营销的问题，要求将瓷业品牌文化营销的功能分配给产业链上的相关利益主体，依靠战略合作机制和共赢关系协调它们之间的行动和决策，在职能分配上按照各瓷业主体的资源效率优势为原则进行，最终目标是朝着资源资金投入共同分担、风险共同承担以及利益共同分享机制的建立，获得瓷业品牌文化营销创新中的主体协同。

第三，基于江右商帮瓷业品牌文化的现代瓷业品牌文化营销创新中，应该加强提高和拓展品牌文化渠道的建设和营销终端的构建。根据瓷业品牌文化传播的途径及特点评估和决定其渠道的相关关键属性和参数取值，提高和加强其对于市场需求的快捷响应速度。在现代瓷业品牌文化营销中，营销渠道和销售终端担负着传播文化内涵产品形象，并实现与目标客户群体积极互动的重要职能，因此营销渠道的属性和参数是否与瓷业产品的特点和市场需求相吻合，就显得格外关键和突出，这是因为营销渠道和销售终端不仅担负着上述职能，还担负着价值创造、价值增值的重要功能，关乎着消费者需求的满足程度和满足效率。

第四，基于江右商帮瓷业品牌文化的现代瓷业品牌文化营销创新中，应该根据瓷业品牌文化的现代内涵综合使用现代品牌文化营销及其创新的手段和策略，并注意这些营销方法和手段之间的协同及其整体导向协同的一致性和关联性，同时积极地探索融多种手段为一体而又贴合现代瓷业市场特征的系统解决方案和模式。现代瓷业市场中出现的新的需求状况、市场竞争状况以及市场瓷业产品定位和产品组合状况要求瓷业营销者必须运用包括体验营销、情感营销以及怀旧营销等多种手段在内的整体营销方式和模式，依靠其整体功能和优势的发挥取得品牌文化传播和品牌价值创造的高效率，但各种营销手段之间有着客观上的矛盾和冲突，这就需要进行综合利弊的权衡和分析。

四、结语

江右商帮的瓷业品牌文化是我国陶瓷产业品牌文化及其营销创新发展中的一个重要里程碑，对于其内涵及精髓的挖掘和重新定义有助于新时期下瓷业品牌营销创新的开展和推进。本文在分析了江右商帮瓷业品牌文化内涵及新形势下瓷业品牌营销创新要求的基础上，从几个方面提出了基于江右商帮瓷业品牌文化的现代瓷业品牌营销创新的建议和对策：从瓷业企业自身发展战略和规划的角度来积极自觉地关注和看待品牌文化营销创新问题，从陶瓷产业的产业链视角将相关主体进行统筹从整体上打造统一的品牌文化。积极拓展现代瓷业营销渠道和瓷业营销终端建设以建立对于市场需求的快速响应机制，同时对瓷业品牌营销中的众多手段和方法进行统一整合和部署以获取其整体协同优势。

参考文献

［1］赵万杰. 中国陶瓷品牌运作八大致命弱点［J］. 中国建材，2003（1）.

［2］戴启文，许剑雄，叶志强. 论陶瓷行业的品牌营销［J］. 中国陶瓷，2007（12）.

［3］张纯，吴芹，万幸. 基于竞争能力提升的我国陶瓷行业的品牌建设［J］. 中国陶瓷，2006（5）.

［4］蔡付斌，王丽龙，解敦亮. 中国日用陶瓷品牌建设研究［J］. 中国陶瓷工业，2003（6）.

江右商帮食品老字号品牌文化研究

张　彬　李康美

内容摘要　江右商帮中的食品老字号企业是江西老字号企业中的一朵奇葩，大多以经营本地土特产为主，如闻名全国的德福斋辣椒酱、龙兴铺灯芯糕等。经过长期的发展，形成了特殊的工艺、严格的质量控制方法及良好的诚信传统。但是，随着市场竞争日趋激烈，也有一部分江西老字号食品企业淡出了人们的视野。因此，江右商帮老字号企业应注重自主创新，加强企业文化建设，实施品牌战略，以推动江右商帮食品老字号进入良性的发展轨道。

一、引言

江右商帮，又称赣商，其财力和影响力，仅次于晋商和徽商，位居全国第三。其最早兴于北宋时期，当时江西地区人口居全国之首，所以很多人看中了这一商机并开始经商。当时，江右商帮以其人数多、渗透力强为世人瞩目，由此也涌现出了诸多食品老字号。但随着市场经济的发展，老字号企业的经营受到了国内新品牌和不断涌入国内的"洋品牌"的强烈冲击，再加上老字号企业的产品科技含量不高，缺乏创新和时代气息，许多老字号品牌已经渐渐淡出人们的视野，甚至不少老字号企业陷入经营困境。老字号企业是我国优秀传统和独特产品工艺的积淀，其品牌价值具有巨大的市场潜力，运用现代品牌管理方法对其进行独特的品牌定位，仍可激发出老字号的品牌活力。

二、江右商帮著名食品老字号的成功之道

食品老字号是中国饮食文化的载体，它世代传承着优良的产品、技艺和服务，凝聚着民族精神和我国优良的历史文化。江右商帮食品老字号名目繁多，如品香斋的麻花、大观楼的腐竹、丰城子龙冻米糖和南安板鸭等。本文重点介绍德福斋辣椒酱和龙兴铺灯芯糕这两个较具代表性的食品老字号。

（一）德福斋辣椒酱

德福斋辣椒酱至今已有 300 多年的历史，但依旧活力四射，光彩夺目。它是由王鸿禄于 1914 年开设的德福斋酱园商店发展而来。南康人家家种辣椒，且肉质肥厚，辣味纯，余味带甜。可是辣椒的生长期在农历四至九月，鲜红的辣椒摘下后保存时间短，只能晒成辣椒干保存。南康人为了全年能吃上鲜红的辣椒，开始制作辣椒酱。王鸿禄在传统辣椒酱制作工艺的基础上，聘请师傅，招收徒弟，进行流水线生产，产品受到广泛好评。1915 年，王鸿禄把德福斋辣椒酱送往巴拿马万国国际博览会参展，一举获得金奖，令德福斋辣椒酱声名远播。

德福斋品牌的创立，倾注了王鸿禄的大量心血，他注重产品工艺的改进、质量的提高和广告的宣传德福斋越做越大、越做越火，逐渐形成系列产品，如鲜辣椒酱、花生椒酱、芝麻椒酱、蜜饯、多味花生等。1995 年，德福斋辣椒酱被人民大会堂指定为"选送"产品。从此，该品牌声誉广为传播，成为赣州人的骄傲，德福斋作为传统的辣椒酱品牌，不断向前发展。2004 年成立了江西友家食品有限公司，对该品牌"万事德为先"的传统理念进行了新的诠释，并传承开发德福斋系列产品独特的晒制、腌制、酵制三制合一工艺，使产业向健康、绿色方向发展。2006 年，德福斋荣获中国商务部首批"中华老字号"称号，2007 年 3 月再次荣获首批"全国重点保护品牌"殊荣。

德福斋之所以能够纵横数百年，在于其有以下特色：

1. 优异的产品质量

产品质量是老字号品牌的立足之本。德福斋特色鲜明，味道独特，深受广大消费者的青睐。它以鲜红辣椒、大米等作为原料，经过传统手工工艺及现代机器设备精制而成，可用于烹饪、烩面、蘸酱等，是厨房中上好的调味佳品。

2. 诚信的优良传统

诚信是企业的一种生产力，也是企业提升自身价值的重要途径，德福斋以品牌为依托，以产业化经营为链条，继承诚信为本、艰苦创业的精神，不断扩大生产销售市场，使自身品牌文化建设获得长足发展。

3. 优化的核心技术

老字号独有的技术是其品质的核心竞争力。德福斋不断创新、研发新的产品，以满足人们多样化的需要。创始人王鸿禄吸取"三元斋"歇业的教训，注重产品工艺的改进、产品质量的提高和产品的广告宣传，改变经营模式和经营范围，同时注重产品文化的定位与传播，其命名为"德福斋"就充分体现出"厚德"才能"载福"的深刻内涵。

4. 创新的加工工艺

现代社会高新技术运用很广泛，作为一家老字号食品企业，必须善于更新产品的技术，借鉴发达国家的食品加工经验，努力使自身产品走向国际化、标准化。在保证特色风味的前提下，德福斋辣椒酱在此环节上引入先进的技术与设备，将加工过程定量化、标准化、自动化，以此提高产品的供应速度和品质。

（二）龙兴铺灯芯糕

以生产江西四大传统名点之一灯芯糕为主的"龙兴铺"商号，自明朝末年抚州人薛应龙创建以来，已走过300余年的风雨历程。相传薛应龙以销售糕点为生，他为打开销路，独出心裁地将当时市场畅销的云片糕添加白糖和优质麻油，切成四条，形似灯芯，取名"灯芯糕"。同时他为谋生意兴旺，把自己的生产作坊改为"龙兴铺"。后清朝乾隆帝游江南时，偶然品尝龙兴铺的灯芯糕，称赞"京省驰名，独此一家"，于是灯芯糕被列为皇室贡品。300多年来，龙兴铺始终不渝地以"诚"、"信"、"德"的优良传统，不断努力地开创老字号的崭新大地。

龙兴铺灯芯糕外观洁白晶莹，香味扑鼻，其色泽润白，糕条柔软，甜而不腻。并分别于1982年、1985年、1986年被省、地、市评为"优质产品"和"优等产品"。龙兴铺一直关注企业的长远发展，从不牺牲长远利益而追求眼前利益，故而能使其产品在激烈的市场竞争中处于不败之地。2010年4月，龙兴铺"铁拐李"灯芯糕制作工艺被列入江西省第三批非物质文化遗产名录。2011年，龙兴铺灯芯糕有限责任公司被国家商务部认定为"中华老字号"企业。

龙兴铺的发展值得江右商帮老字号企业学习的地方主要有：

1. 全方位创新

全方位创新是龙兴铺可持续发展的法宝。虽然老字号意味着继承，但是要继承的是传统中优秀的部分，更需要发展，要迎合时代的潮流、市场的需求。基于此，创新是龙兴铺发展的动力，也是龙兴铺品牌永葆青春的法宝。龙兴铺首先鼓励企业人员创新观念，派遣员工定期出国学习先进技术，针对自身企业的产品特点，研究出新的经营理念。其次，加强体制创新、产品创新。当今世界是一个多元化的世界，只有生产出更具有市场潜力的产品才能在激烈的竞争中处于优势地位，龙兴铺不断满足消费者的需求，同时，企业体制也逐渐走向国际化发展道路。

2. 产品潜在价值发掘

调整口味，不断推陈出新，发掘产品的潜在价值。龙兴铺采用不含蔗糖的低聚异麦芽糖为主要原料，开发出低糖系列的新型糕点，并将现代包装理念引入传统产品包装，使产品更加符合当今人们崇尚营养、美容、食疗、休闲的需求。

3. 品牌优势完善

龙兴铺不断完善和发挥品牌优势。龙兴铺努力树"心碑"于客户，将诚信转化为全方位、全过程的客户满意服务。公司在省内外多个城市设有经销处，并与十几趟旅客列车签订长年供销合同，销往全国各地。特别是近年来与东方航空公司合作，有力地促进了产品的销售。

三、结语

企业的全面发展需要品牌文化作为依托，品牌文化对于企业的发展起到了极大的推动作用。我国的企业要做百年老字号，要基业长青，就要走品牌化道路。只有认真审视自身的发展需要，清楚地分析问题根源，在前进中不断完善自己，企业才会逐步走向成功。"德馥斋辣椒酱"和"龙兴铺灯芯糕"老字号企业秉承这一原则，不断在市场经济的激烈竞争中创造适合自身发展的品牌文化效应，坚持产品创新、模式创新和优质服务，努力建立顾客忠诚度，提高品牌声誉度，与顾客之间架起沟通信任的桥梁。

成为世界 500 强企业是众多企业的梦想。在经济全球化的今天，江西老字号企业凭借自身的品牌实力，正朝着国际化的道路迈进，并在世界 500 强企业的排行榜中不断寻求自己的位置。相信在不久的将来，会有更多的江西老字号企业品牌在世界的各个角落亮相，从而使中国经济强国的战略由梦想变为现实。

参考文献

［1］蔡正时．农家腌腊熏食品技术［M］．江西科学技术出版社，2006.

［2］桂楠．中国品牌离世界品牌有多远［J］．营销中国，2006（10）.

［3］王英．传统文化成就高端品牌［J］．营销中国，2006（4）.

［4］李晓明．品牌创造价值，资本追逐品牌［J］．中国投资，2006（10）.

［5］万力．中国名牌方略［M］．中国商业出版社，2004.

［6］王永龙．中国品牌运营问题报告［M］．中国发展出版社，2004.

第三篇

江右商帮家族与
商贾精神研究

"胡慎怡堂"盐业家族的兴盛及其精神价值

宫　毅　曹国平

　　内容摘要　"胡慎怡堂"作为四川富荣盐场著名的"四大家族"之一，对自贡经济和社会文化发展产生了重要影响。本文在分析其发展概况、兴盛原因和经营特色的基础上探求其企业精神，发掘该家族对当今时代的借鉴价值和启示。

　　江西吉安胡氏家族在四川自贡创办"胡慎怡堂"，历经四代苦心经营，使本家族集商、士、宦于一体，蓬勃发展达至极盛。其自身独有的经营特色、商业成就和企业精神不仅对当时四川的盐业经济结构和社会生活影响深远，也有助于丰富当今新赣商企业的运作模式和发展策略，完善相关管理者的思维方式。

一、"胡慎怡堂"的发展概况

（一）从经营布店起家

　　清朝嘉庆中叶，江西省吉安府庐陵县（今吉安市）人胡礼纬自家乡到四川自流井，赤手起家，稍有积蓄。其子胡元海在自流井开设"元和"布店，于道光三十年定居今贡井区筱溪街。由于胡元海重视商品质量，恪守商业信用，勤俭持家，无不良嗜好，故资金日积益多。

（二）经营盐业获利丰厚

　　道光年间，胡元海从"元和"布店分出部分资金，与人合资经营盐业运销，获得大利。以 8000 余串铜钱购买了贡井大山白泥坳寨子岭水田坡地，其中部分水田坡地可收租 80 余石。在其余荒地部分，胡元海开凿出水火盐井，由于经营得法，成为开创胡氏盐业世家的关键人物。

（三）苦心经营走向极盛

胡元海之子胡承钧生于道光十二年，应试不中，遂放弃科举，13 岁即随其父学习经营管理。胡承钧勤奋好学，不仅深得其父生财之道，而且青出于蓝胜于蓝。他除极力淘凿旧井、增加卤源外，还积极开凿新井，扩大瓦斯、卤水来源。在井盐销售过程中，多方打探市场信息，注重行情变化，因此商业决策果断正确，被同业者称为盐场诸葛亮。在为人处世方面，胡承钧忠厚谦和，与人无争。他说："大亏当前，小心设法避开，小亏无伤大体，切莫吵闹急躁，悄悄吃了就是。"胡承钧于 1865 年在贡井修筑寨子岭房屋，1866 年进行扩建，名曰"慎怡堂"。至 1892 年其去世时，胡氏家族已有盐卤火井 11 眼，推卤水牛 500 多头，年收租谷 5000 余石，运盐资金及现银 30 多万两。

胡承钧死后，由其时年 30 岁的次子胡念祖主持家政。面对日益庞大的家族，他首先注重团结，倡议绝不分居；其次以堂弟胡树良为左膀右臂，齐心协力扩大产业。这两人当家均公私分明，勤勉兴业。在胡树良 60 岁寿辰时，胡念祖总结道："无我则百事不张，无弟则家脉不长。"在胡念祖经营时期，独资新办黄、黑卤井及火井 10 眼，连同胡元海、胡承钧经营的 11 眼，达 21 眼之多。

至此，经过四代人的苦心经营，胡氏家族拥有盐业"工人上千人，役牛600 余头，骡马 100 匹，年盈利白银 12 万两。庄佃户 170 余家，年收租谷 7600 余石，成为贡井首富"。光绪、宣统年间，"胡慎怡堂"达到极盛时期。胡念祖与举人赵熙联姻，借此与众多朝廷官员及文人雅士密切交往，进而出资为胡氏兄弟子侄纳款捐官。一时间胡氏家族中 10 余人纷纷捐得品位，"冠盖云集"。胡氏家族集商、士、宦于一体，成为当时富荣盐场的王、李、胡、颜四大家族之一。

二、"胡慎怡堂"的经营特色

"胡慎怡堂"的兴起和繁盛，不是一蹴而就，更不是一夜暴富，而是有着深层次的原因。胡氏家族在创业和发展过程中讲究经营之道，形成了一系列自身独有的经营特色。

（一）以井创井，独资经营

所谓以井创井，就是将甲井所获利润用作乙井的开凿资金。成功则产业规模扩大，失败则等于甲井未获收益，既不蚀老本，又能开创新业。胡元海在自己的土地上所凿的盐井，大多投资小，见效快，产量大，获利甚为丰厚。独资经营也就是不与他人合股，缓急自如，事权统一，既能有效避免股伙之间的经济纠纷，又能确保独享利润。

（二）广置田产，分散风险

经营井盐业存在较高风险，有不少人历经一二十年的钻凿也没有成功一井，以致倾家荡产。"胡慎怡堂"从盐业获利后，一方面扩大再生产，另一方面拿出相当部分利润广置田地，雇农开垦种植。这样不仅可以获得地租收益，还可以降低经营盐业的风险，使发家致富的路子更宽了。

（三）用人得当，同心协力

胡元海深谙用人之道，善于用人之长，对得力亲信委以重任，甚至以女许之。其3个女婿皆为江西祖籍，得力能干。大女婿雷小松因其经营得力而任井灶总经理，有"一雷天下响"之称；二女婿钟春泉因善于周旋应酬、深通三教九流而负责办理对外交涉；三女婿王笔田因熟悉农事而任农庄经理。此3人对胡元海忠心耿耿，故当时同业称其为"胡元和窝子班"。胡承钧秉承其父"用人不疑，疑人不用"的原则，对于新进雇员，必先考察其家庭情况和本人的能力品德，一旦使用，视为一家，任其所长，优其待遇。

（四）抢抓机遇，多种经营

咸丰年间，太平天国定都天京，清政府同太平军在大江南北展开激战，淮盐西运的水陆通道阻塞。清政府允许川盐以自由经营的形式运销楚岸（包括长江流域、江淮平原各省），这就是著名的"川盐济楚"。胡氏家族借助这一难得的历史机遇，在激烈的竞争中全力扩大生产，并调整经营策略，增营运盐业务。初设"聚义长"盐号于自流井八店街天后宫内，后更名为"福临怡"，在重庆、宜昌和沙市设置分号和堆栈，专门营销济楚川盐。胡承钧于嘉定（今乐山）设白蜡行，既可分散现金，借图生息，又能探悉盐业行情，供其决策参考。此外，还承顶成都典当，更名福元典。开设典当，获利巨大又稳妥可靠。

（五）改进技术，完善制度

胡氏家族第四代胡念祖极为重视改进生产技术，在井口设红炉，亲自与工匠制作改良凿井工具。又改进制盐方法，将黑卤 80%、黄卤 20% 混合入煎，敞锅熬干后再配卤水重新下锅煎至成盐，提高了盐品质量，以"怡堂盐"品牌畅销湖南、湖北。同时他又高度重视建立和完善经营管理制度，以"慎怡堂"总摄胡氏全部产业，下设家务管理和生产经营两套机构，各设管事、账房，并设管理企业的总柜房，主事者称总掌柜。规定所属各企业单位，于每日早晨将前一日生产有关情况填单两份，分送"慎怡堂"和总柜房。每月初一、十五两日，由总管事带领各部门司职向"慎怡堂"汇报生产情况，并商议解决急难问题。

三、"胡慎怡堂"的企业精神

（一）勤俭持家，兢兢业业的奋斗精神

胡元海自幼孤苦贫困，长大成人后，立志艰苦创业。他深知创业艰难，同妻子王氏都很注意勤俭持家，并以此勉励后人。胡元海在未购得店铺之前，肩挑担子赶场卖布。每次总是自带一个饭团、一个盐蛋充作午餐，不乱花钱。其子胡承钧也秉承庭训，在家庭内部严于律己，要求家人除过年过节外，不穿着华丽衣饰。他常说："吃饭只要吃得饱，何必要四盘四盏。穿衣只要保得温暖，何必计较新旧。"在胡承钧主持家政时期，形成了"薄己厚人，勤俭持家，不贪为宝"的家训。

（二）革故纳新，探索开拓的进取精神

自贡盐商与专事金融的晋商和专营商贸的徽商不同，他们以盐业生产为主，兼及商贸、金融、田产及各相关产业，从工商业者逐步发展为工业资本

家。激烈的竞争要求他们与时俱进，高度重视技术改进、工艺改善和管理改革，不断学习新的生产方式、科学技术与先进经验。当时自贡盐场多用煤炭制巴盐，因火力不均，盐块坚松不一。胡念祖率先使用火力匀整的瓦斯气煎制巴盐，不但色泽极佳，而且质地坚硬，其他盐商纷纷效仿此法。胡氏家族从开店卖布转向凿井制盐，再拓展至兼营运盐、开设盐号、扩大营销网络、开办典当等，无不显示出力求使企业适应时代要求、不断发展壮大、创造更大价值的积极进取精神。

（三）赈灾筑路，回馈社会的慈善精神

自胡承钧一代起，胡氏家族于每年终岁末，照例以米百余担、铜钱千余串，作赈济贫民之用，持续四五十年。胡承钧还独资修筑由威远县界牌镇至简阳的东大路官道，虽未竣工即逝去，但由其子胡念祖继续兴工完成。光绪末年大旱，饿殍载途，饥民被迫卖儿卖女之事司空见惯。胡承钧又广制薄饼，遍赈饥民。其子胡念祖设痘局多处，免费为幼儿种痘，设内、外、针灸三科医馆，免费为贫苦人治病。

综上所述，"胡慎怡堂"盐业家族在100余年的历史时期内蓬勃发展直至鼎盛，积极促进了当地经济社会的发展，也给我们今天留下很多可资借鉴的价值和经验。

参考文献

胡少权.贡井胡元和的兴起和衰落［A］.自贡文史资料选辑（第12辑）［M］.文史资料出版社，1980.

南昌李祥泰绸布店经营管理探析

童垚力　　曹国平

内容摘要　南昌李祥泰绸布店从创业到公私合营，历经李氏家族三代人的努力，使得其成为南昌乃至江西布匹店的金字招牌，"上李祥泰扯布去"妇幼皆知，老店广招三江顾客，终年门庭若市。其经营管理之道有许多值得新赣商学习和借鉴的地方。

在李氏家族三代人的经营下，南昌李祥泰绸布店成为历史悠久、闻名全省的绸布行业老店。提起李祥泰这个金字招牌，远近妇孺童幼皆知。但凡遇上婚娶喜庆之类的日子，"上李祥泰扯布去"已成为南来北往进城者的共同语言。本文通过收集地方史志和商业史料，试图分析李祥泰的经营管理之道，以及其带给新赣商企业经营和管理方面的启发。

一、李祥泰绸布店的发展始末

李祥泰曾经是南昌老字号中数一数二的大商号，它专营绸缎布匹，批零兼营，在南昌绸布行业占有半壁席位。从其历代继承发展角度看，可分为三个阶段：

（一）第一代艰苦创业阶段

李禹亭和李静山兄弟俩，是南昌县人。他们家境贫穷，兄弟学徒满师之后，都在隆兴福疋头批发栈当店员。由于他们做事认真，得到资方的信赖，李禹亭被派到上海坐庄担任采购；李静山则安在店里掌管批发业务。有了同业的采购和经营经验后，加上兄弟俩积攒的资金，就想自己开店发财致富了。

清光绪十七年（1891年），恰好同乡黄子修在洗马池口的"祥泰疋头号"打算出让，李静山趁机买下店面，至此李祥泰绸布疋头号成立。李祥泰起初经营的项目以疋头批发为主，兼营零售业务，布匹大多是从上海采购的英国和日本货。由于业务需要，营业范围进一步扩大，1899年在洗马池中段文子祠巷内增设李怡泰疋头批发栈，专门经营批发业务。同时，在此地还添造了一个堆货栈。1921年在洗马池中段又增设了李祥泰疋头批发批市号，至此李祥泰已经拥有3家商铺，批发往来户遍及省内几十个县，生意越来越大，名声越传越远。

但李祥泰的命运坎坷，1926年李祥泰正当兴盛时期，北伐军攻占南昌后宣布"复、兴、隆"钞票作废，使李祥泰店蒙受了一些损失。更大的损失则是那年冬季，堆货栈突然失火，价值五六十万块银圆的布疋化为灰烬。

（二）第二代分开经营阶段

从1927年起，李祥泰疋头批发号由李禹亭的儿子李梦赓继承经营，内部招牌加"梦记"标志。李祥泰（梦记）由邓宁之任经理，李梦赓自己担任上海李祥泰申庄的采购业务。当时因遭受火灾后对外界信誉受到影响，业务曾一度不振，批发门市业务量显著下降。后又逢拆让马路，临时迁往地址偏僻的臬司前营业，业务更加清淡。幸而到次年重修店面后，因为修建后洗马池口变得宽敞热闹，李祥泰店面虽然小了一些，但地点突出，批发门市业务日益兴旺起来，大有应接不暇之势。到1933年李梦赓为了扩大营业场所，又出重价买进隔壁"卢德泰"的门面和李祥泰后面隔壁一块地皮，改建新式营业大厅，扩大经营。店员人数增到六七十人。此后的李祥泰，业务繁忙，连年盈利达数十万块银圆。

1939年南昌沦陷前夕，为了保存资金，尽可能地避免损失，李梦赓将大部分资金疏散于上海和吉安两地，剩下的货物则通过水路运至吉安继续经销。在八年抗战时期，在吉安、赣州继续经营，并到湖南衡阳、广西柳州等地做行商。尽管李祥泰店千方百计地苦心经营，但由于业务分散，利润少，开支大，连年入不敷出。

（三）第三代继承经营时期

1946年，李祥泰将赣州、吉安、上海等地经营的业务全部结束，把资金和人员集中到南昌复业,招牌改加"文记"。刚复业时因资金不多,生意不太兴隆,所幸凭借过去李祥泰的老声誉,向银行、钱庄还能借到一些钱,在上海向一些厂商也能赊购到一些布疋,业务也就逐渐活跃起来。不久就在上海增设李文记庄,专为南昌、赣州、吉安等地同业代理采购业务。到 1947 年,物价动荡不定,李祥泰为了避免货币贬值,把业务收入货款及时换成黄金,然后带往上海变换购货,这样就两手不离实物,避免了贬值损失。同时还利用长途电话,时刻与申庄互通市场消息,随时掌握行情涨落,以指导买进卖出。李祥泰在短短两三年中,又大获盈利。

1948 年底至 1949 年初,李祥泰货物一分为二,一半随同李文经一家人运往广西柳州,后变卖成黄金被李文经带往香港。一半留在南昌,而南昌的货物,又在国民党撤退前夕,被抢购了很多,所收入的金圆券贬值,到新中国成立时,李祥泰的资金锐减,但仍为南昌市绸布业的商业大户。1951 年李祥泰资金总额 24.5 万元,占全行业的 55.4%。

1956 年公私合营后,李祥泰更名为李祥泰棉布店。1958 年,李祥泰与鸿泰百货商场、源泰昌文化用品商店合并成新的百货商场,即"三泰商场"。李文经作为资方人员担任了三泰商场副经理职务,后成为工商界颇具代表性的人物,并当选省政协委员、省工商联常委、市工商联副主任委员等。

二、李祥泰经营管理特点分析

综观李祥泰的发展始末,其经营和管理之道都很全面。该店的生意经分对外经营之道与对内管理之术两个方面。

(一)经营特点

1. 经营定位准确

南昌同业的商铺约有 40 家,其中比较大的商铺有 10 多家,主要以经营昂贵的绸缎获取高额利润。而李祥泰另辟捷径,以经营廉价的匹头生意为主,附带经营少量的绸缎,吸引了大多数顾客。

2. 服务热情周到

视顾客为"衣食父母",要求店员尊重顾客,敬烟奉茶,并周到地为他们介绍和选择商品，计算衣服尺寸。对大顾客还请入内厅招待洽谈，外地来昌批发大客商，在下单后还有专人陪同吃喝游玩。

3. 讲信誉重诚信

如有一次某钱庄将一张李祥泰出的定期兑现 1000 银圆的现票，因洗衣时弄丢了，钱庄很担心李祥泰不会认账，向李祥泰声明时，竟得到答复到期如数照兑。

4. 延长营业时间

一般是早 7 点开门营业，晚 9 时关门停业。每天营业时间长达 14 小时，既方便了顾客，又增加了业务。

5. 广告宣传有力

李祥泰在广告上下了功夫，经常撰写一些引人入胜的广告语言，雅俗共赏。对窗柜的陈设极为讲究，经常更换，适合时令，连包装纸上面都印了商品广告。经常在本市和农村以及外县、集镇等地，大肆张贴宣传广告，以招徕顾客。经常印发行情单，寄发给外县同业，招揽业务。为应对同业五花八门有买有送的营销方法，李祥泰独树一帜挂出过街旗，上面写着："老李祥泰绸布疋头批发号，始终诚实廉价，不事虚伪折扣"，此法深受顾客信任。

6. 上海办庄采购

在上海设申庄办理采购业务，经常利用长途电话与申庄互通消息，及时掌握行情，以指导买卖进出。同时，代为南昌、赣州、吉安等地同业代理采购业务，赚取手续费和放贷利息。

7. 利用代销谋利

由于李祥泰门市和批发都有很大的业务量，引起了上海、常州等地厂商的羡慕和信任，这些厂家都先后派人来与李祥泰联系，为的是采取李祥泰代销的方式打开江西的销路。这样一来，厂家寄存在李祥泰的布匹品种多数量大，而且代销业务是售出后再付款，极大地周转了资金，无本生利。

8. 资金运作有方

紧抓资金周转运用为第一要务。在筹店之初，李祥泰认为布匹是百家货，符合民情、销路广、周转快，虽然利润不大，但能薄利多销，资金周转快使用率高。利用代销业务，无本生利。在筹集资金方面，除了向钱庄借款外，还向私人吸收高利资本，增加资本的流动。

（二）管理方法

李祥泰在其发展中历经磨难，之所以能由衰落转为兴盛，除了经营有方之外，独具特色的管理方法是其"发财致富"的法宝。概括起来有：

1. 实行营业额加餐奖励

规定每天门市营业额超过 1500 银圆时，就加餐吃米粉蒸肉；每月门市营业额超过 45000 银圆时，就办酒席一次。这种做法有效地促使店员自动延长营业时间，更加热情地接待顾客。

2. 利用年终"酬劳金"鼓励店员

据原南昌三泰商场职工邓老回忆，邓老的父亲曾说，"李祥泰"的员工月薪不多，但是年终分红多。李祥泰规定每年赚了钱，资本家和资方代理人是按比例分红的，对店员则只给"酬劳金"，除每人公开都有一份外，又采取不公开手法给每人一笔"酬劳金"。

3. 用"重工"和"小货"等物质鼓励

所谓"重工"，即每年规定每人有假期两个月，规定如果归期不超过两个月的，剩余的日期一天按两天增加工资，如超过两个月，不但不能享受"重工"钱，而且要按超过日期扣工资。因有这种规定，店员都不愿多请假，更不愿超过归期。所谓"小货"，因规定了凡是开零和染色的布匹，都要先剪下布头，有的五六寸长，有的一尺长。每到年终每人一份（学徒半份），这份"小货"价值约等于两个月的工资。

4. 照顾店员生活不受物价影响

当国民党政府货币贬值通货膨胀时，立即将工资改为以大米计算，使生活上不致因物价乱涨而无保障。

5. 重视人才，唯才是用

该店重视人才培养，用人得当。在其经营实践过程中培养和重用了一批经营管理人才，如邓宁之、李荣辉、黄祖川、熊鹤举以及李善元等。在第三代经营期间，还将决策权交与代理人，由 7 名代理人组阁决定店内一切经营活动。这些资方代理人都是商业能手，如李善元 1927 年到李祥泰绸布店当学徒，1941 年担任副经理，新中国成立后担任了南昌市副市长、省政协副主席、省工商联名誉主任委员等职。

三、李氏家族的经营理念对新赣商的启示

李祥泰绸布店在其经营活动中历经坎坷，其过程中衰落的原因大多可以说是天灾人祸，没有明显的经营管理拙处。其之所以能延续发展，成为南昌乃至整个江西绸布业的巨头，主要归功于其良好的经营管理方式，同时也带给我们新赣商企业很多启示：

第一，在经营产品定位上不入俗套，另辟捷径。以经营廉价的匹头生意为主，附带经营少量的绸缎，且所售商品大部分为从上海采购来的日本货和英国货。

第二，在经商模式上进行创新。设庄采购、为厂家代销、代为买家采购。设上海李祥泰申庄，专门办理采购业务，还为李祥泰绸布店提供行情动态，指导买卖；在批发门市，吸引了多地的厂商寄存商品、代为销售；在上海设李文记庄，专为南昌、赣州、吉安等地同业代理采购业务，赚取手续费和放贷利息。

第三，在创新营销方面，依靠黄氏"祥泰号"的老招牌借船出海；延长营业时间，朝七晚九；大肆张贴宣传广告，挂出过街旗，印发行情单，以招揽业务。

第四，在管理上，尽量调动员工的积极性，并充分培养和使用人才，唯才是用。

总之，李祥泰绸布店虽坎坷曲折，但越挫越勇，成为江西布匹店的金字招牌。老店广招三江顾客，终年门庭若市，其经营历史值得学习和借鉴。

参考文献

［1］中共江西省委统战部等．中国资本主义工商业的社会主义改造（江西卷）［M］．中共党史出版社，1992.

［2］孔令仁，李德征．中国老字号·商业卷（下）［M］．高等教育出版社，1998.

［3］龚屏．李祥泰六十年——洪都旧闻录之二［J］．企业经济，1985（2）.

［4］中国人民政治协商会议江西省委员会文史资料研究委员会．江西文史资料选辑（总第8辑）［M］．文史资料出版社，1982.

黄庆仁药栈经营管理探究

童垚力　曹国平

内容摘要　黄庆仁药栈从创办历经四代，依靠黄氏家族在生产、营销和管理上下功夫，形成了"总期有济于世，但求无愧我心"的经营特点，使得黄庆仁药栈在江西中药店中独占鳌头，成为江右商的代表。本文通过分析其经营理念、管理制度和营销模式，得出对今天新赣商企业持续发展的启示。

坐落在南昌市中山路与象山北路交叉口享有"豫章药业第一家"之称的黄庆仁药栈总店，始创于清道光初年，从创始人黄金怀起，到黄庆云历经四代，至今近 200 年历史。本文通过收集地方史志和商业史料，以黄庆仁药栈的历史变迁和经营特点为角度，分析黄庆仁药栈经营管理制度和营销模式给当今企业持续发展带来的启发。

一、黄庆仁药栈的历史概况

黄庆仁药栈在江西负有极高声誉，得到了持久发展，成为百年老店、中华老字号，江西中药业的执牛耳者。纵观其发展历程，可分为三个阶段：

（一）艰苦创业阶段

黄金怀是江西省清江县（今樟树市）店下乡院前黄村人，在家务农时与清江阁皂山观欧阳道人要好，学到了一套医药知识，通晓草药药性。后来便干起了走家串户的郎中，自采自制中草药，往返于抚州、南昌、清江等地。

1820 年前后，南昌发大水，过后瘟疫流行，黄金怀凭借"三吊铜钱一把伞"的薄资在南昌德胜门外摆摊设点，自购自销。积攒到一笔资金后便在中大街（今胜利路与叠山路交叉处）开一个小药铺，药店设施简陋，既无药架，也无药柜，仅用土布做成袋子装药挂在壁上，用陶缸装药放在地上，做些门市生意。后又从樟树请来几位药工能手，刨、铡、炒、制，一应齐全。不到 10 年光景，便勃发成店资雄厚的"黄庆昌药店"。

（二）蓬勃发展阶段

道光十三年（1833 年），黄金怀之子黄长生认为要继续扩大业务，嫌黄庆昌药店面所处的码头不理想，于是物色到繁华街道府学前（今中山路）一家砖木结构店面。这个地段，上通广（润）、章（江）、惠（民）三门，下达进（贤）、顺（化）、永（和）三门，可谓车水马龙，行人络绎不绝。黄长生有了这家店面后，取"药业施仁"之意，设立"黄庆仁药栈"。此后，庆昌号由黄金怀负责，黄长生则掌管黄庆仁药栈，还开拓了樟树、吉安的贩运业务。

（三）扩大经营阶段

庆仁号昌盛后，黄长生又在洗马池开设了一家济春堂分店。黄长生死后，第三代继承人黄彭龄年龄尚小，店务由外祖母主持，又在洪恩桥开了一家合善堂药店。至此黄庆仁药栈在南昌拥有 4 个店面，生意越做越大。随着在樟树、吉安等地相继开设分号，药店得到不断扩大。1939 年春南昌沦陷，日机轰炸时只毁了合善堂，而其他店房却安然无恙。由于损失不大，略加整理后便恢复了业务。加上当时南昌霍乱流行，求医买药者蜂拥而至，生意兴隆。至新中国成立时，黄庆仁药栈营业额占全市中药业的 70%。

1955 年，第四代店主黄庆云依据形势主动提出与南昌市药材公司合并，由家族经营转变为公私合营，不再经营批发业务和生产中成药，成为一个单纯的零售药店。

二、黄庆仁药栈的经营特点

黄庆仁药栈谨遵医者仁心、乐善好施的"悬壶济世"理念，并且在生产、营销和管理上下功夫。归纳起来，其经营特点主要有以下几个方面：

（一）讲究信誉，药材地道

黄庆仁药栈的信誉有口皆碑。由于其药材地道，中医开方时常叮嘱病家："去黄庆仁拣药"。20 世纪 50 年代初，南昌城里曾流传"吃了庆仁药，死了没有驳"。

药栈为了确保质量，常将霉烂变质的药材公开焚毁或抛入赣江。有一次误进大批假驴胶，发现后便当众将其运到江心抛掷。其药材求地道，加工更是精益求精，如参茸黑锡丸，所用鹿茸非关茸不用；所用人参非高丽参不用。地道药材加上精工遵古炮制，从而确保了药品质量上乘。

（二）礼貌待客，服务周全

客来茶敬，凡到店的顾客都有宾至如归的感觉。店员接到顾客处方后便先审方后计价，一不准得罪顾客；二必须问清病情与用药是否吻合，避免差错；三必须严格称足分量，绝不可增减丝毫。

该店包扎药物，采取"大包"包"小包"的方法。一味药一个小包，小包的包装纸就是该药的说明书，都按《本草纲目》上的原注标明其药性，使顾客一目了然。

（三）积德行善，乐善好施

积德行善是黄庆仁药栈的一贯作风。修庙宇、施棺材、送米粮，每年捐资扶持"神州国医药学会"与"江西国医专修院"，合善堂药店的盈利也全部用来行善。此外，还在夏日免费给行人供应清凉茶药。诸多善举都博得众人称赞，也为其在业界带来了有利的影响。

（四）广开渠道，自行贩运

为求地道药材广开渠道：一是与行商打交道。每到药材收获季节，便派人与产地药业行商成交，各地的行商也如同候鸟般云集黄庆仁药栈。二是采取坐庄或托庄，采购买办。派出精干的卢禄钦坐庄汉口，另派精干的傅福源驻广州办托庄，又派熊彩光驻重庆，广搜各地珍贵药材，为求真货，不吝千金。

（五）店规严格，赏罚分明

从黄长生开始，药栈便逐渐形成了一套较为完整的店规店风。店章规定员工不准带家眷，不准赌钱，不准嫖妓，不准抽鸦片。每天早上7点开门，晚上10点停业。晚饭后，柜上人员分成两班，一班继续营业，另一班做丸药和破麦冬。如有外出访友或看戏者，须向部门负责人请假。日常伙食也有规定，逢年过节另有慰劳；店中供应黄烟，禁止抽香烟。谁若违反了店规或有偷窃行为，一经查明，视情节轻重给予处分直至开除，绝不徇情。

（六）笼络人才，业精力强

药栈从"药都"樟树搜罗了大量技艺精湛的药工、药师和药商。在人才选拔方式上采用金字塔式：店里的高级店员和经理，一般都得经过学徒—店员—高级店员—经理这样一个发展过程，外行人是不得进店工作的。

该店先后选聘了对中药学有丰富经验，并能熟悉《本草纲目》和《汤头歌诀》，同时又能谨慎经商，诚实勤恳的能人来担任经理。例如徐胡子、杨赓甫、杨福廷以及龚茂轩等人，这些经理具有全权处理店务的权力，发挥了他们的才能，同时也为黄庆仁药栈的发展立下了汗马功劳。

（七）梯级工资，福利优厚

店员的工资根据其工龄和职位实行梯级制度：进店以后，学徒3年，其间无工资，只赚饭吃，但小货福利较为优厚。3年满师后，每月4块钱，福利和假期与其他职工一样，2年后，每月6块，3年后增至8块，提拔为高级店员的每月10块左右。

对待职工也时常略施小恩小惠，如在伙食上时常加点油水，职工休假回家时，也送几包常用药。

（八）巧做宣传，扩大影响

每到万寿宫的开朝吉期，远近几百里的信徒都涌来南昌和西山烧香拜佛，祈求平安。药栈就会抓住时机，慷慨地给万寿宫送来匾幅锦旗，上绣"普天福主座前，信士弟子黄庆仁药栈敬献"。朝香者望见，顿生敬意，在朝拜之余便纷纷赶到黄庆仁药栈买药，使得药店售量大增。

杀鹿揽客是黄庆仁药栈的另一种宣传的手法。每到冬天，他们便举行杀鹿仪式，仪式庄重而又热闹，吸引了大批顾客涌来观看。药栈负有盛名的全鹿丸就是用鹿肉和药材加工而成的。过路人见了，无不称赞其药丸货真价实。

三、黄庆仁药栈的经营管理带给我们的启发

黄庆仁药栈从小本贩运逐渐发展成为久负声誉、生意兴隆、富甲全城的药店，绝非偶然。这与其良好的经营管理方法密切相关，至今对我们仍然有着很大的启示作用。

（一）在管理制度方面

黄庆仁药栈形成了较为规范的管理制度，其店规共 79 条，店务会议制度 11 条，对从业规范、药店经营和管理等方面都做了具体的规定。药店营业早七晚十，延长了服务时间。在工资制度上实行梯级递增，外加小恩小惠稍做奖励，人才晋升上又是金字塔式，对高层管理极度信任和放权，无不体现其先进的管理理念。

（二）在经营模式方面

实行坐庄或托庄，自行贩运、医生坐堂、前堂卖药、后堂加工。这样一来，采购、制药、行医和卖药就连成一体，同时药店又零售批发兼营，俨然是采购、生产、销售的结合体。

（三）在创新营销方面

有一套与众不同的"广告术"，造成有口皆碑的舆论。如送旗招众、杀鹿揽客、免费供应清凉茶药，又如修庙宇、施棺材、施寒衣、送米粮等。在药品包装方面也独具匠心，该店包扎药物的包装纸上都印有黄庆仁药栈的字样和商标。

总之，黄庆仁药栈在其长久的经营历史中，留下了宝贵的经营和管理经验，作为江右商家族企业的代表，其值得当今企业学习和借鉴。

参考文献

［1］陈新谦，张天禄. 中国近代药学史［M］. 人民卫生出版社，1992.

［2］江西省商业厅，江西省省志编辑室. 江西名店［M］. 南海出版公司，1990.

［3］张庶平，张之君．中华老字号（第3册）［M］．中国商业出版社，2004.

［4］马洪．中国经济名都名乡名号［M］．中国发展出版社，1992.

［5］中国人民政治协商会议江西省委员会文史资料研究委员会．江西文史资料选辑（总第14辑）［M］．文史资料出版社，1984.

［6］梅联华．南昌民俗［M］．江西人民出版社，2008.

［7］《江西省商业志》编纂委员会．江西省商业志［M］．方志出版社，1998.

［8］孔令仁，李德征．中国老字号（药业卷）［M］．高等教育出版社，1998.

［9］邱国珍．樟树药俗［M］．江西高校出版社，1996.

［10］吴金，曹静．豫章药业第一家——记黄庆仁药栈［J］．南昌史志，1987（1）.

［11］《江西省民政志》编纂委员会．江西省民政志［M］．黄山书社，1999.

［12］全国政协文史资料委员会．文史资料存稿选编·经济（下）［M］．中国文史出版社，2002.

［13］余明钟．难忘的"一二三"［M］．南昌晚报，1991-07-16.

华氏家族企业经商思想研究

曹国平

内容摘要 华氏祖孙三代创办了"永隆裕"盐号、"成义烧房"、文通书局、永丰抄纸厂等实业,在经商活动中践行着:以崇俭黜奢、仁厚孝道、品牌意识、文化救国为主要内容的经商思想,这些思想不仅影响着华氏家族企业,而且为当今的商业实践提供了历史的借鉴。

"华家的银子,唐家的顶子,高家的谷子",这是一句广为流传的贵阳民谣。民谣中的"华家",就是华联辉、华之鸿、华问渠祖孙三代人所开创的华氏家族,"华家"先祖江右望族,康熙末年来贵州行医经商后定居遵义,先后开设"永隆裕"盐号、"成义烧房"、文通书局、永丰抄纸厂等企业,属于江右商帮家族企业中最有影响力的企业。本文拟从经商思想这一视角出发,在介绍华氏家族企业概况的基础上,提炼出华氏家族企业的经商思想,为新时期家族企业的兴盛繁荣提供可借鉴的经验。

一、华氏家族企业概况

(一)开设"永隆裕"盐号

1862 年,华联辉开设"永隆裕"盐号,主要经营盐业,10 多年就积累了白银数万两,成为贵州首屈一指的大盐商,常赈济乡邻,从而成为华氏家族企业第一代开创者。1877 年,四川总督丁宝桢有感于川盐运销的弊病,锐意改变川盐奸商暴利，特请华联辉改革盐业。华联辉奉命后实行盐巴官运商销新法，不数年"商无私估，官无外取，引无留滞，课无责捕，利归公家，而市无腾踊之患"，四川省库收入岁增百余万两，充分显示出了其治世之才，于是华联辉声名鹊起，为华氏家族的兴起奠定了基础。

（二）开设"成义烧房"

华联辉创办酿造茅台酒的"成义烧房"时，正值 1854 年贵州黄、白号武装起义的农民战争之后，这次战争遍及全省，延时 10 多年，茅台镇成为激烈争夺的战场，基本上被毁掉了，茅台酒的生产也中断了。华联辉为了让祖母彭氏重新喝上茅台酒，便买下已夷为平地的酿酒作坊，找到旧时的酒师，使中断多年的茅台酒重新恢复了生产。最初大约 10 年间华氏的茅台酒仅供家庭饮用和馈赠、款待亲友。谁知亲友们交口称赞，纷纷要求按价退让，求酒者接踵而至，具有敏锐商业头脑、善于捕捉商机的华联辉立即决定将酒房扩建，正式对外营业，并将酒房定为"成义烧房"。后来华之鸿继承父亲华联辉的"成义烧房"后，苦心经营，提高质量，使华氏酿造的茅台酒在巴拿马国际博览会上获得了金奖。

（三）创办文通书局

在清末民初，云贵一地因为教育的落后，识字率仅有百分之六七，远落后于全国，而贵州又逊于云南。华之鸿意识到启迪黔人、兴办教育"端赖书籍传播新知识"，"以促进贵州学术，提高西南文化"的重要性，遂把主要精力和钱财花费在创办一所规模较大、具有先进机器技术设备的书局上，取"文以载道，通达心灵"之意，名曰"贵阳文通书局"。光绪三十四年（1908年），华之鸿派遵义人田庆霖远赴日本购置机器，并带人前往学习。当时购买的机器、材料、纸张等，由日本经上海，由长江溯流轮运到重庆，之后人抬马驮运到贵阳，前期工作 3 年之久。到 1911 年书局开工，完全采用先进的铅印、石印、彩印全套机器生产，在华氏家族的经营下成为中国近代七大书局之一。

（四）创办永丰抄纸厂

为了满足书局的用纸，从民国三年（1914 年）起，华之鸿投资 60 万银圆，几经周折派人到日本购买造纸机器，学习造纸技术，1919 年在贵阳创办了第二个大企业永丰抄纸厂，机器设备均成套从国外引进，多为日本、美国、丹麦、法国制造，是当时西南最大的印刷厂。所造纸张品质优良，可与舶来品媲美，所以远销川、滇、湘、桂等地。

（五）重建文通书局、成义酒房

1929 年文通书局遭遇大火，加上黔省军阀连年战事，苛捐税收如猛虎，华氏家族企业有的被毁，有的严重亏损。1931 年，华之鸿之子华问渠全面主管华氏商务，在天灾人祸双重压力下，着重发展了成义酒房，延续茅台酒的发展；并借知识分子西徙南迁之机，召集了 112 位名流做书局编审委员，重建文通书局，规模比以前更加扩大。

祖孙三代人办实业、兴文教，对贵州近代经济的发展做出了重要贡献，才有文前的民谣。

二、华氏家族在商业活动中体现出的经商思想

华氏在向近代民族资本主义的过渡过程中，其经商思想由传统的儒商思想又融入了维新变革的思想，从而逐渐形成了华氏自己的经商思想，成为近代贵州乃至全国的民族资产阶级经商思想的楷模。

（一）崇俭黜奢

自小受传统思想教育的华氏家族尽管积财万千，但是仍然注意节俭。勤俭既是他们的治生之道，又是修身、立业之本。有人评价说：“华家的祖孙三代，虽处丰裕，而寒素家风，自安淡泊，于时俗声色玩好皆一无所染。”

华联辉虽有万贯家财，但仍不失儒商本色，他认为“人者万物皆备于我，上当博施济众，充满乎仁圣立达之间；次亦宜存心利物，求有济于世，庶几吾儒性善之旨”（《清华联辉墓志铭》）。华之鸿平时自奉俭朴，饮食并不讲究，烟赌不沾。他在城西狮子山一带开荒植树，亲自动手剪草除枝，灌溉培土，10 年间蔚然成林。他把自己的钱财用于开书局、兴学校和举办公益事业。1924 年、1925 年，贵阳遭灾，街头饿殍遍地，华之鸿出资开办粥厂，发米条子，贫苦灾民可以排队打稀饭，凭米条子领米，华家的善举至今贵阳老年人仍然记得。不当用者，华之鸿分文不乱花，凡对社会有益之事，虽千金、万金不足

惜。华之鸿曾说："钱财乃天地间公物。用之当，则为福；用之不当，则为祸。祸福当善自选择。"

（二）仁厚孝道

仁厚，是指居心仁爱而待人宽容；孝道，是家庭中晚辈在处理与长辈的关系时应该具有的道德品质和必须遵守的行为规范。仁厚孝道是中国古代社会的基本道德规范。华氏在创办实业过程中，用自己的行动践行着仁厚孝道的理念。

华联辉曾出资刊刻《六事箴言》及《菜根谈》等图书赠送亲友乡邻。"因赠送既多，感到刊刻不便，闻上海活字印刷称便，特选派一乡一人前往学艺，不意所派非人，图个人私利，舍印刷而学修理钟表，竟不返黔"（《贵阳文通书局的创办和经营》）。华氏凭当时的影响，要追究他们的责任并非难事，但华联辉宽容了他们的选择。

华联辉待其长辈甚孝，据华问渠在世时口述的资料记载，当时华联辉的祖母彭氏在一次闲谈中，回忆起年轻时曾喝过茅台酒，觉得味道很好，很想再尝尝这种酒，就令华联辉前去采购。华联辉到了茅台镇，原酒厂已经夷为平地，他便买下了酿酒作坊，找到旧时的酒师，在原址上建起作坊试行酿制。酿出的酒经彭氏品尝，确定这正是她年轻时喝过的酒，于是中断多年的茅台酒生产就这样恢复了。正是华氏的孝道才使得茅台酒得到了延续，并成了国酒。

（三）品牌意识

清末民初之际，华氏家族企业开始形成独特的品牌营销意识，其先进的经商思想不仅在近代的贵州，就是在近代中国也算是名列前茅的。

据《贵阳文史》等资料记载，1915年华之鸿亲自将成义的茅台酒送去参加巴拿马万国博览会，但评委们嫌茅台酒的包装太土气、太简陋，根本就没有开瓶品尝。华之鸿情急之下，他趁着一群西方评酒委员们簇拥而来到中国馆参观的机会，拿起一瓶茅台酒往地上一摔，这一摔竟然是石破天惊，那浓郁芬芳的酒香，顿时引来了众多参观者的围观和惊叹。那香味当然不胫而走，也钻进了经验丰富的西方评委们的鼻子中。后来所有评委一致认为，茅台酒是世界白酒中的顶尖好酒，应该当之无愧地获得酒类评选的金牌。而正是这一展览"营销"，创立了从那时至今"茅台"的国酒品牌地位。

华氏品牌意识还体现在创办文通书局上，张肖梅在《贵州经济》一书中指出，"文通书局资力之雄伟，设备之新颖，于当时一切落后之贵阳，自不得不视为惊人之伟举"。文通书局是清末集资金设备、技术、管理等方面全盘使用资本主义模式而卓有成效的贵州地方唯一——家使用动力的企业，是贵州近代工业的品牌代表。1937 年抗日战争全面爆发，继承父业的华问渠借许多专家、学者、作家、教授云集贵阳之际，特聘了马宗荣、谢六逸、顾颉刚、白寿彝、臧克家、竺可桢、茅以升等 112 位名流为文通书局的编审委员，产生了强烈的品牌效应，正是具有强烈的品牌意识才使得文通书局成为中国近代七大书局之一。

（四）文化救国

清朝末年，欧风东渐，有识之士意识到，科教不发达会处处受制于西方列强，主张"文化救国"。华氏最先接受新思潮的熏陶，在兴办学校发展教育实业上，做出了突出的贡献。

从 1905 年起，华之鸿积极捐资，参与创办多所学校。如贵州通省公立中学堂、优极师范选科学堂、宪群法政学堂，贵州公学分校、遵义中学堂、团溪两等小学堂等。华问渠也出资参与兴办了私立毅成中学。贵州省公立中学堂校舍（现在的贵阳一中）修建时，华之鸿"亲往督工，晨出暮归，无间寒暑，逾年校舍落成，崇宏壮丽，为全省冠"。而且，华之鸿还担任省公立中学堂和宪群学堂监督（校长）多年，直接参与办学。这些学校使成千上万的学子受益，不少人成为贵州政治、经济、文化、教育的中坚力量。

华之鸿创办文通书局是要达到文化救国的目的。他在书局青年学生培训班发表训词说：贵州贫困之原因，"未始不由工业颓废，坐失利权"，"忧时之士知非振兴实业不足以济民生"，"自民国成立而后，社会主义（此处指兴办实业以济民生——引者注）逐渐萌芽，营业生利尤为应时之必要"。而中国传统狃于儒生陋见，以工为"贱业"，"使秀颖之才相约不入此途"，这与时代发展是背道而驰的。他希望学生敬业于此，"一艺一能皆可成绩可观，将来出其所学能获利以赡身家，不求于人而足以自立"，"黔之富强将以诸生为嚆矢"（《文通书局学生毕业训词》）。这种思想顺应了近代社会变革中士大夫由鄙视生产转而重视治生，由坐而论道转而文化救国，由高蹈言虚转而沉潜务实的时代潮流。

三、启示

华氏三代是追求实业救国与文化救国的卓越代表，与同时期的其他商人相比，华氏在经商思想方面有三点重要突破值得注意。

（一）以善待财富为主题的财富观

这包括通过什么手段获得财富、怎样对待财富、如何合理使用财富等。华氏家族突破了传统的财富观念，认为商业经营活动的目的不应只局限于聚财致富，更应做到为义散财，即对待财富要能聚能散。他们这种对待财富的态度，在其他商人身上是很难看到的，即使看得到，也不如华氏做得彻底。当然，像其他商人一样，华氏也很注重节俭，懂得怎样去保守财富，但并不主张乱花钱，而是合理使用财富。

（二）在商业活动中培育品牌意识

品牌是一种战略性资产和核心竞争力的重要源泉，品牌意识是一个企业对品牌和品牌建设的基本理念，是企业对其产品自觉维护并创成名牌的意识。品牌意识为企业制定品牌战略铸就强势品牌提供了坚实的理性基础，成为现代竞争经济中引领企业制胜的战略性意识。但是在100多年前华氏就已经在实践，并凭借其卓越的才干，培育了茅台酒、文通书局等这样驰名中外的品牌。

（三）经商的目的为了达到"惠及桑梓、以济民生"理想

钱财在整个华氏家族的经商思想中只不过是创办"文教实业"的经济基础和赖以经营的保证。而华氏经商理念的灵魂、目的是提高当地人民的文化生活水准，从而降低与全国发达地区之间的文化水平差距。使得当地人民的认知能与当时全国乃至世界文化的发展水平同步，从而了解到经营商业是物质财富提高的唯一途径，从而促使当地人民行动起来振兴工商，推动当地的经济发展来"以济民生"。而在当地人民没有醒悟之前，只有率一己之力，倡明文教，投资文教，为了达到"惠及桑梓、以济民生"理想的实现，华氏宁可耗尽家财也不退却、不放弃。

经商思想是商人精神的灵魂，也是商人获取成功的经营之道。华氏家族继

承了中国几千年传统文化中最有价值的传家宝儒商情怀，融入了维新变革的思想，在商业活动中自觉地践行崇俭黜奢、仁厚孝道、品牌意识、文化救国的经商思想，把实践"惠及桑梓、以济民生"作为最高商业追求，这种精神对今天我们发展社会主义市场经济仍然具有重要的现实意义。

参与文献

［1］章开源，华怀仁．中国近代史上的官绅商学［M］．湖北人民出版社，2000．

［2］华问渠．贵阳文通书局概况［C］//贵阳文史资料选辑（第5辑）［M］．贵州人民出版社，1982．

［3］何长凤．贵阳文通书局［M］．贵州教育出版社，2002．

胡氏盐业家族："胡慎怡堂"的缔造者

曹国平

内容摘要 1853 年，太平军攻陷了南京，两淮盐路断绝，百姓吃不到食盐。咸丰帝为了解决这一难题，于当年 5 月着户部下了一纸文书："川粤盐斤入楚，无论商民均许自行贩鬻……"就这样多年以来的疆界被打破，第一次"川盐济楚"由此拉开帷幕。这纸文书大大刺激了自贡盐业的发展，各色人等纷纷筹措资金投入到盐井的开掘上，一时间自贡经济空前繁荣，百业兴旺。大批盐商也在此时崛起，"积巨金业盐者一千七百余家"。在这些盐商中，王三畏堂、李四友堂、胡慎怡堂、颜桂馨堂实力最为雄厚，被称作"四大家"。其中"胡慎怡堂"是江右家族从事盐业贸易的典型代表，驰骋自贡盐场百年之久，留下了一段辉煌的历史、一部经营的宝典、一首盐文化的交响曲。

"胡慎怡堂"是近代盐业世家胡氏家族的住宅堂号。据四川地方史志记载，清朝嘉庆中叶，世居江西省吉安府庐陵县（今吉安市）儒林乡连山堡商坪第十都的胡礼纬，因家道破落，为求生计，与同族胡士云来到自流井经商，主要经营江右商擅长的贩布贸易。其子胡元海利用战争带来的时机，改营盐业，经营得法成为开创胡氏盐业世家新局面的关键人物。后经胡元海之子胡承钧、孙胡念祖的苦心经营，胡氏家族盐业"工人上千人，役牛 600 余头，骡马 100 多匹，年盈利白银近 15 万两"。达到家族盐业的顶峰，成为当时富荣盐场"王李胡颜"四大家族之一。

一、靠"不怕打湿"的信誉，声名鹊起

胡礼纬之子胡元海（1808~1888年），在亲友的帮助下，先贩少量棉布来川出售，从挑担赶场，到积有盈益开店经营，在自流井新五皇殿对面购房5间，商店挂牌"元和店"。胡元海娶江西同乡王姓之女为妻，夫妻协力开店，经营布店有方，特别重视商品质量和商业信誉。一般卖出的棉布由顾客自己买回后缩水，而元和店的布是在售出前缩水，而且卖布时又多量一点（约一尺多量一分），因此，人称"胡家一尺，不怕打湿"，即胡元海的布不会因洗涤（打湿）而缩短，因而城里和乡下的顾客纷至沓来，元和店生意兴隆，二三十年经久不衰，资金积累年胜一年。从此，在此一方成为信得过的有名商号。

二、因战而起，走向旺族之路

咸丰年间太平天国定都天京（今南京），清廷派重兵围追，战争断塞淮盐西运的水陆路通道。在这样的情况下，朝廷允许川盐以自由经营的形式运销楚岸（长江流域、江淮平原各省），这是有名的"川盐济楚"。这给自贡盐业带来了空前发展的机遇。胡元海看准了机遇，开拓盐业运销，积累资本，为日后该家族的大发展奠定了雄厚的资金及条件。

道光年间（1821~1850年），胡元海以"元和店"盈利的部分资金与人合资经营盐业运销，获得大利。以8000串铜钱买得上垢镇（今贡井筱溪街、长土街）大码头至伍家坡的大白山泥坳寨子岭水田坡地，主要是芦苇河扁坡地。芦苇河扁坡地虽不利于种植业，却给胡氏带来了双倍的财路。胡元海在此开凿盐井、火井、水井皆出，获利甚厚。于是胡氏全家全力在此经营，由自流井迁家至贡井，在寨子岭下、旭水河畔修起了房舍作为管理盐业的总楼房。

"以井创井，独资经营"，这是胡元海经营盐业的独到之处。他在财力增加的情况下，开始独资经营，无须与外人合股，自卤自煎，缓急自主。开新井时，可将前井盈余作新井开凿之资，成功则利加利，失败了则前井无收益，损失不大，这样发展，火井增至5眼，收租谷2000石，流动资金数万两。胡元海有四子三女，全家均很得力，加之他善于用人，对得力亲信委以重任，乃至以女许之。如三个女婿皆是江西籍商人，得力能干：雷小松善经营任井灶总经

理，钟春泉深通社会，负责办外交，王笔田熟悉农事任农庄经理。

"产运于一体"，胡元海长子胡承钧对盐业经营方式的变革。胡承钧13岁从父学商，深懂生意经，在胡元海暮年时（同治中叶）其接父任，主持胡氏家政。胡承钧淘旧井和凿新井并举，以扩大瓦斯、卤水来源。乘第一次川盐济楚之际，初设"聚义长"盐号于自流井，增营运盐业务，后随运盐发展，在重庆、宜昌和沙市设分号和堆栈。在嘉定（乐山）开设白蜡行，实为探得行情，以决定运盐方式，起落价格。又以白银10万两承顶成都典当行，名"福元典"，既扩展了新行业，实又在省城探悉南来北往行情。由于经营得当，获利甚厚。胡承钧为胡氏家族大兴土木建筑，增建住宅，新建上、中、下厅房，修花厅、总柜房等。宏伟典雅，取名"慎怡堂"。

三、创新工艺，"慎怡堂"蜚声九州

胡承钧去世后，由其次子胡念祖主管家政，以堂弟胡树良为助手，二人栿合甚笃，投入重资凿井，创新工艺"怡字盐"蜚声西南和湖南、湖北，获利甚丰，家业如日中天。

胡念祖极重视增产、改进生产设施及制盐工艺。在丰域井设红炉炼铁制造凿井工具，由有经验的胡树良专司其职，胡念祖常聚井口管理交流经验。如果井下发生事故，即共同会诊，商议治理办法，改进制盐方法，提高原盐质量。在继成井见功后，"将煎盐卤水混合使用，黑卤占80%，黄卤占20%。煎制中始终不盖锅盖，在卤水烧干成粉（盐渣），铲起再配卤水，下锅煮沸，掺入豆浆，提净渣滓，然后将盐渣放入，盖上锅盖，使盐渣与沸卤混合，成为盐粒。起盐装入篾包后，用提净沸水淋透，使卤巴尽去，即成质佳的花盐"。此盐流折损失小，质量上乘，专供胡氏自己的"福监怡"（其前身为"聚义长"）运销至两湖，颇受欢迎，人称"怡字盐"。胡念祖率先用天然气（其"继成井"天然气旺盛）煎盐，用新工艺，成为质佳的"巴盐"。贡井盐商纷纷采用此法，以至形成贡井盐场盛产"火巴"盐（老方法煎盐用炭烧制，称为"炭巴盐"，现用天然气烧制，故称"火巴"）。

胡氏富甲一方，胡念祖比起父、祖辈来，更完善了庞大家业的经营管理。以"慎怡堂"总摄胡氏全部家业，下设家务管理、生产经营两套机构。家务管理机构：设账房管事、职司出纳；设乡庄、杂务、家垫、香灯、厨房、清洁、修造、买办、碾坊、畜牧草料等管事 20 余人。生产经营管理机构：设总柜房（主事总柜房者称总管事），下设账房、货物、交际、农庄、现金等股；各井灶设员司职，各井灶每日填生产进度表两份，分送慎怡堂和总柜房。每月初一、十五两日，由总管事带领各部门司职向慎怡堂东家汇报生产情况，并商议解决急难问题。每年农历年后，各井灶制订生产计划。

四、因时势造就，也因时势衰败

胡念祖主持胡家 20 年中，胡慎怡堂达到鼎盛。如果把胡念祖主管家政的 20 年划分为前十年与后十年，前十年则是走向鼎盛的十年，而后十年问题逐步显现出来。

（一）双重打击

19 世纪 70 年代到 20 世纪初是自贡盐业的低谷，先是清政府政策的向两淮盐业倾斜带给整个四川盐业沉重的打击，整个行业在短时间内迅速衰败，而后的军阀混战和繁重的苛捐杂税更让四川盐业发展举步维艰。实际上，从淮盐重新进入两湖地区的那一天起，就宣告了以"四大家"为首的自贡盐业"黄金时代"的终结。

（二）巨资捐官

为胡氏兄弟、子侄捐官，耗去之银两甚多，仅以胡孝先（胡汝修兄子）加捐中书员外郎，即纳白银 7000 两。阖府捐官，耗资之巨。孝先、铁华、师仲在京师三年，攀龙附凤，附庸风雅，送礼频频，耗资 10 万两。在蜀中，官来官去，争名于朝，花费白银不少。

（三）营造华屋

胡念祖对其父营建的慎怡堂，觉得不华丽，因而重建和新建。新建四重堂正屋，有前后花厅、戏楼、总柜房、水榭和花园。光绪三十一年（1905 年），在侧右仿《红楼梦》大观园建园林式祖祠大院，其华丽在富荣盐场居首，是官绅文士会聚之所。

（四）生活奢华

宣统二年（1910 年）秋胡孝先、胡铁华衣锦还乡，为叔祖母（胡树良之母）祝七十大寿，"载回京城名流显贵所赠寿序、寿诗、寿文、寿联等，内有清皇室肃亲王祝联，16 位翰林御史分写的幅诗屏等。又在京、沪、蓉采购名菊奇花装点园林，请来最负盛名的川剧班'富凤'、'凤仪'来慎怡堂演唱。届时，乡绅士宦，官盖云集，车水马龙，贺客盈门，欢庆半月始散，挥资数万"。

（五）矛盾尖锐

1913 年，胡念祖把大权交给了第四代的接班人其长兄子孝先。胡孝先接过胡慎怡堂家政大权，购得自流井龙门祠，进行恢宏的改建，次年（1914 年）竣工，规模不亚于慎怡堂老宅。为其四子大办婚事，各式瓷器购自江西，珠宝玉器，绫罗绸缎、秀榻雕篆极其考究。在重庆耗万金别置寓所，以接纳辛亥革命后的权贵。同时，胡孝先夫妇吸食鸦片烟，不事经营，只得按五房分产，分产后各自经营、各败家业。

聚兴诚银行的经营特色及启示意义

宫　毅　曹国平

内容摘要　聚兴诚银行是我国最早成立、最有实力和影响力的民营商业银行之一。该行创始人杨文光，祖籍江西。在杨氏家族几代人的精心经营下，聚兴诚银行形成了独特的经营特色，为当时四川及西南社会经济的稳定和发展做出了积极贡献，对今天的家族企业仍具有一定的启示意义。

聚兴诚银行对近代四川、西南乃至全国的金融事业和社会经济产生了深远影响，系统探究聚兴诚银行的发展过程和经营特色，有助于深入发掘其对当今家族企业的启示意义。

一、聚兴诚银行的发展概况

（一）白手起家，创办聚兴仁商号

杨氏家族于清道光年间（19 世纪 20～50 年代）从江西省南城县入川经商，是一个由从事商业发展为经营近代金融业的著名家族。杨骏臣原为秀才，以教书为生，后因家道中落，其子杨文光（1854～1919 年）辍学从商，于1870 年到聚兴祥商号学做生意。1886 年，聚兴祥商号改组，此时的杨文光已经拥有该商号 1000 两银子的股权。1899 年，他与黄慧轩、刘蒙臣合资 1 万元开设了聚兴仁商号，被股东推举担任掌柜，经营丝、盐、漆、蜡、蔗、霜、绢等。由于生意兴隆，盈利颇丰，聚兴仁扩大经营货物的种类和数量，兼做资金存放和汇兑等票号业务。1898 年，余栋臣在四川大足举行"扶清灭洋"的反帝农民起义，杨文光趁乱投机，获得一笔惊人暴利，人称杨百万，成为重庆巨富，聚兴仁商号成为其独资经营的企业。

（二）齐心协力，成立聚兴诚银行

1913 年，杨文光次子杨希仲由日本、美国留学归来，极力劝说父亲按日本三井家庭财团的做法筹建银行，以发展杨氏家族事业。杨文光亲赴汉口、上海考察，他的儿子们各司其职、各显神通，充分发挥家族的人脉关系，从四川到北京，全力打通各种关节。1915 年 3 月 16 日，聚兴诚银行股份两合公司（无限责任与有限责任公司，1937 年改为有限责任公司）在重庆裕丰泰来巷正式开业，杨文光任聚兴诚银行事务委员会主席（相当于董事长），杨希仲任总经理，杨粲三任协理。

（三）发展壮大，家族财团雏形基本形成

聚兴诚银行创办初期，杨希仲高度重视收集国内外最新时事和经济信息，并利用与重庆电报局长高洪恩的深厚私交而抢发紧急电报，使聚兴诚银行在商战中总是先人一着，获利巨大。1918 年，杨希仲创办了聚兴诚国外贸易部，绕过外国洋行直接向美国出口桐油，开创了四川省外贸直接出口的新局面。自此，以聚兴诚银行为核心，以商号、航运和对外贸易为支撑的杨氏家族财团的雏形基本形成，呈现出一派"人聚财聚，事业兴发"的旺盛气象。

（四）转危为安，聚兴诚银行步入巅峰

任何企业的发展都不可能一帆风顺，聚兴诚也不例外。由于各派军阀频繁派款勒索和家族内部矛盾，聚兴诚银行相继发生哈尔滨分行关闭、北京分行倒账、天津分行亏损等事件，元气大伤。面对重重危机，杨粲三统一事权，精心整顿，坚定不移、大刀阔斧地执行他"逐步收敛以固行基"的方针。通过紧缩商号、外贸、航业等机构来集中人力、财力专营银行，竭力扩大存放、储蓄、汇兑等业务，多方开拓利源。他还注重学习欧美银行的经验，收缩信用放贷，明确通知各分、支行："信用放款宜少做，信用透支限定额，侧重抵押放款。"这一策略大幅减少呆账、坏账现象，逐渐使聚兴诚银行填补亏损，摆脱困境，重趋稳定。1943 年，聚兴诚银行在全国各地开设分支机构达 33 个，员

工 1300 余人，全行资产总值已达 4.49 亿元，为开业资本额 1000 万元的 45 倍多。1944 年，聚兴诚银行存款额达法币 6.5 亿元，不仅成为首屈一指的川帮银行，而且成为国统区内的重要银行之一。抗战胜利之初，聚兴诚银行继续蓬勃发展，业绩惊人。1946 年被国民党政府指定为全国少数几家可以经营外汇的民营银行之一，并设立驻沪办事处，将全行业务和指挥重心转至上海，蜚声中外金融界，步入了发展巅峰。

二、聚兴诚银行的经营特色

（一）便利社会，服务人群

1924 年冬，被选为公司第 6 届总经理的杨粲三根据古训"与天下同其欲，与万物同其利"的精神制定了"便利社会，服务人群"的经营宗旨，认为"聚兴诚银行并非杨氏一家一族的私产，而是一个社会经济事业团体"，要把聚兴诚银行办成一个"有主义的银行"。在具体业务中，无论是国家的经济投资需要，还是平民百姓的小额存款，聚兴诚银行都竭诚服务，在四川乃至全国树立了良好的口碑和信誉。在工作细节方面，杨粲三要求银行职员谦和诚恳地对待顾客，不怕麻烦，服务至上。他特别制定了《聚兴诚银行行员服务规则》，作为衡量员工是否称职的标准。

（二）稳健经营，协助实业

杨粲三作风稳健，不投机取巧，在放款方面保持谨慎，总结出"天晴借雨伞，落雨赶快收"的十字诀；他规定"不放高利贷"，强调"多办收交、多开往来、迅速汇兑"，实行细水长流的"薄利主义"；还制定了"扶助工农商业之发展"的经营策略，扩大投资以协助实业。1932~1937 年，聚兴诚银行兴办或与人合办了 59 个农、工、商企业，共投资 1200 多万元，超过其注册资本总额，杨粲三也因此被重庆金融工商界视为"实打实在"的"石匠"。

（三）扎根西南，面向全国

1930 年冬，杨粲三将聚兴诚银行总管理处从汉口迁回重庆，采取"植根西南、面向全国"的经营战略，提出"把聚兴诚银行建成西南第一金融机构"的新方针，陆续在四川各县广设汇兑所或代理处，在云、贵、湘、桂等省重要城市设立业务机构。抗战爆发后，重庆成为中国战时首都和经济中心，工商企业大量内迁，北方和江浙财团也纷纷涌入，一些中小川帮银行被挤垮。但聚兴诚银行早已在西南根深蒂固，外来银行难以撼动其地位。杨粲三凭借天时、地利、人和等得天独厚的有利因素，在稳固西南局面的基础上拓展经营范围，设立长沙、常德等汇兑处，开创聚兴诚银行西南与长江中下游业务连为一气的新格局。

（四）远离政治，不入官场

在聚兴诚银行创办初期，杨粲三就明确规定，"不结交官僚、不卷入政治"。20世纪30年代，杨粲三已经被称为川帮银行的代表人物，但他还一再宣布："不依赖特殊势力，纯以无党派的立场，为社会大众服务，而不受政局演变之影响。"虽然曾担任过四川省银行理事、重庆市银钱业联合公库及银行公会常委等职务，但杨粲三矢志"不卷入政治"，并未做官。在人民解放军进军大西南前夕，西南服务团所撰写的有关材料也提道："聚兴诚银行被认为与官僚资本关系较浅。"

三、聚兴诚银行的启示意义

（一）人聚财兴，关键在诚

1908年，杨粲三奉其父杨文光之命，从上海赶回重庆接掌聚兴成商号的帅印，上任伊始的第一件事就是为商号改名。他将"聚兴成"改为"聚兴诚"，认为"商号要发展，要人聚财兴，重在一个'诚'字，要以'诚'取信于人"。商号的名字虽然只有一字之差，却体现了杨氏家族世代相传的"以诚待人，以诚兴业"的经商理念。聚兴诚银行在经营过程中，不仅继承了这一思想，更不断加以发展，"始则注意营业，惟恐立足不稳，继则注意会计，惟恐账目不清，今则注意人事，惟恐管理不善"。在具体的汇兑业务上非常认真，绝不迟延，即使邻近战区，也设法使存户前来领取，建立了良好的信用。

（二）家教有方，能人辈出

杨文光在长期的商战中深刻体会到要使家族产业长盛不衰，"非人力、财力相辅而不能成功"。因此,他特别重视对子弟的教育和培养,以造就可靠的接班人。早在 1898 年,杨文光就制定了《杨依仁堂家规》,将"勤俭谨和、量入为出"8 个字作为全家人的最高行为准则,目的在于"愿得忠厚仁慈、读书明礼之辈,有其人以保吾家,余愿足矣"。杨文光曾在家中设立私塾,聘请有名望的先生执教,一旦发现子侄们的特长,便因材施教。杨氏家族成员中既有学习中国经商之道的传统型人才,又有学习西方管理经验的现代型商人,有力保障了家族事业的巩固和发展。

(三)重视人才,积极培养

杨粲三在聚兴诚银行成立之初,就十分重视从学徒中培养人才。他广收学徒,亲自训练他们打算盘、辨银子成色以及翻译电文等。他还要求练习生及行员每天记录经办之事、感想意见以及业余生活,以"恒、信、贞、勤"的行训勉励行员学会坚持、自律和忍耐,期望他们能够"以行为家,以行为终生事业",把聚兴诚银行办成西南第一的金融机构。他善于识人和用人,后来聚兴诚银行总行以及分、支行的经理和业务骨干,大多是学徒和练习生的佼佼者,甚至四川银行界中的精英人物也多半出自聚兴诚银行,因此当时曾有"无聚不成行"的说法。

四、结语

历经 36 年辛勤创业和苦心经营的聚兴诚银行积累了十分丰富的近代新式商业银行的经验,其经营方针、管理方法和运作方式等都值得后人去认真思考和研究,以利当今金融和工商业者学习借鉴。

参考文献

[1] 张守广. 川帮银行的首脑——聚兴诚银行简论 [J]. 民国档案,2005(1).

[2] 杨百受. 我的父亲杨粲三 [C] //重庆工商史料(第 3 辑)[M]. 重庆出版社,1984.

样式雷与永修

曹国平

内容摘要 "样式雷"家族先后七代工匠,为清朝历代皇帝设计修建了大量皇家建筑,因长期执掌"样式房"而得名。这是历史留给江西、留给永修宝贵的文化资源,亟须利用好这一资源。建议永修县从更新发展观念等四方面挖掘"样式雷"的价值,着力打造旅游品牌县。

"样式雷"是对清代承办内廷工程的一个雷氏建筑世家的美称。雷氏是江西南康府建昌县梅棠乡新庄,今江西永修县梅棠镇新庄村人。充分挖掘样式雷这一文化资源,对新时期的永修发展具有重要的战略意义。

一、样式雷的由来

清代初年,雷发达(1619~1693年)与堂兄雷发宣,因以建筑工艺见长,应募赴北京修建皇室宫殿。雷发达因修太和殿立功,康熙封他为工部营造所长班。从此,雷发达被人们誉为"样式雷"。雷金玉(1659~1729年)是样式雷的第二代传人,主持修建圆明园,将样式雷的家族事业推向了第一个高峰。雷金玉去世,他的妻子张氏改变了整个家族的命运,她怀抱幼子在工部泣诉,据理力争,为雷家争得幼子成年后重掌样式房的资格。雷声澂成年后,夺回了样式房掌案职位。当时,正赶上乾隆大兴土木,对圆明园进行空前规模的扩建。这座曾经带给父亲雷金玉无限荣耀的园林,却没能让雷声澂有大的建树。倒是雷声澂的三个儿子雷家玮、雷家玺和雷家瑞很有魄力,他们接过父亲手里的样式房工作，将处于低潮的雷氏祖业重新发扬光大。嘉庆二十四年（1819 年），雷家玺的三子雷景修年满 16 岁，开始秉承衣钵，很快受到道光的器重，成为样式雷家族史上承前启后的关键人物。然而，雷景修生不逢时。1860 年，英法联军火烧圆明园，凝聚着雷家几代人心血的上千座殿阁亭榭一夜间付之一炬。样式雷第六代传人、雷景修的长子雷思起出生于道光六年（1826 年），精通风水，为慈安和慈禧修建东陵墓，耗尽心血。光绪五年（1879 年），雷思起的长子、第七代传人雷廷昌顺利接过样式房掌班的重任。雷廷昌奉旨和儿子雷献彩一同参与重建慈禧陵寝，担纲重修圆明园，并成为修葺西苑三海的主要人物。

二、样式雷的影响力分析

随着人们对样式雷七世传奇、图档和烫样的深入研究，中国古代建筑史上的奇葩样式雷神秘的面纱终于揭开了冰山一角，在国内外的影响也越来越大。

（一）国际影响力

1987 年以来，中国有 25 处建筑物或遗址入选世界文化遗产，其中 1/5 是"样式雷"设计建造的，这些世界文化遗产为明清皇陵、天坛、颐和园、故宫、承德避暑山庄。2007 年 6 月 20 日，联合国教科文组织公布，"样式雷图档"入选《世界记忆遗产名录》。中国目前入选"世界记忆遗产"的项目仅 5 项，"样式雷图档"便是其中的一项。"样式雷"成为中华民族的骄傲，在国际上产生了巨大的影响。

（二）国内影响力

在国内流传着"一家样式雷，半部古建史"，足见其在中国建筑史上的地位。与此相对应的是现存于世的 2 万多件样式雷建筑图档，国家图书馆珍藏近 15000 件，中国第一历史档案馆、故宫博物院、中国国家博物馆、清华大学建筑学院等分别有少量收藏。2007 年 9 月 10 日，在国家图书馆展出，展出的 276 件图档中，269 件为首次展出，92% 为手绘手写的原件，吸引了吴良镛等众多建筑界名家观展。这是对世界上最伟大的建筑世家、清代样式雷家族艺术成就规模最大、最集中的一次展览。

（三）省内影响力

样式雷在国内外受到了极高的评价和关注，让江西人感到自豪，也开始了相关方面的中国历史资源挖掘。2007年4月21日江西省"样式雷"建筑文化研究会成立，2010年江西经济管理干部学院赣商研究所成立，这些都在推动样式雷在省内的影响。永修县委、县政府也有了这方面的意识，在思考如何推动样式雷的研究以及如何利用样式雷这一宝贵的资源。

三、永修县利用样式雷的可行性分析

科学发展的理念正深入人心，新的发展机遇也出现了，永修县能否抓住机遇？是否有条件抓住机遇？有必要进行一定的分析。

（一）科学发展的契机

永修县地处江西省北部，南邻南昌、北接共青、东濒鄱阳湖、西倚云居山，地理位置得天独厚，自古就有"海昏秀域，人杰地灵"之美誉。永修作为九江的南大门，是九江唯一一个紧邻南昌的县城，处在"南昌半小时经济圈"之内，承接南昌辐射，是南昌的后花园，有独特的区位条件、良好的发展基础。在新的发展时期，永修县亟须找准发展定位，利用样式雷这张有影响力的牌，作为永修经济社会可持续发展的突破口。

（二）环鄱阳湖生态经济区建设带来的机遇

国务院已于2009年12月12日正式批复《鄱阳湖生态经济区规划》，标志着建设鄱阳湖生态经济区正式上升为国家战略。这也是新中国成立以来，江西省第一个纳入国家战略的区域性发展规划，是江西发展史上的重大里程碑，对实现江西崛起新跨越具有重大而深远的意义。作为鄱阳湖生态经济区的38个县、市、区之一的永修县，面临着前所未有的机遇。

（三）永修县的旅游经济具有一定的基础

永修风景秀美，集名山、名湖、名鸟于一体：西南面为国家级重点风景名胜区云居山，西北面是国家森林公园、国家重点风景名胜区庐山西海，东面有世界级鄱阳湖候鸟自然保护区。永修作为鄱阳湖畔最具区位优势、最具发展潜力的热土之一，正展示出无穷的现代魅力。如果进一步挖掘样式雷这一在国内外都有影响力的资源，会使永修的县域经济更上一个新台阶。

（四）省内对样式雷的研究正在兴起

2003 年 12 月"雷发达暨'样式雷'世家建筑文化研讨会"在南昌胜利召开，标志着样式雷的研究开始升温。2005 年 1 月由江西科学技术出版社出版了雷正良主编的《样式雷建筑文化新论》，这是江西本土对样式雷研究的第一本成果。

四、充分利用样式雷，打造旅游品牌县途径

样式雷属于江西不可多得的文化资源，这是历史留给江西的宝贵资产，江西要用好这张牌，永修县更要有责任感和紧迫感。

（一）更新发展观念

建设鄱阳湖生态经济区的提出，绝不单纯是要保护生态，特色是生态，核心是发展，方法是转变经济发展方式。永修县利用样式雷这一资源，进一步发展旅游业，做强做大，形成旅游品牌，使更多的人知道永修，了解永修，爱上永修，积极参与永修县的经济社会建设，促进永修县经济社会快速健康发展。

（二）出台政策给予支持

县域经济的发展仅靠本县之力，确实难以形成规模。这就需要省委、省政府给予人、财、物方面适当的支持。可由省政府出资，组织文艺工作者对样式雷的事迹进行创作，也可以将现有《样式雷密码》、《末裔皇家建筑师》等小说搬上荧屏。

（三）全方位、立体式宣传样式雷

首先，从样式雷塑像、故里、纪念馆、陵园等方面着手，打造样式雷旅游景点。从现实来看也是必需的，如 2005 年 3 月，人们在惊叹样式雷的同时，位于京西巨山村的样式雷祖茔公然被推挖，如果永修县开始这方面的打造，相

信这类事件将不会发生。其次，从研究、文化推介、影视作品等方面，推介"样式雷"，提高永修县的知名度。天津大学建筑学院张威博士来永修县探望雷氏宗亲，收集有关谱系资料。回到北京后，他们编辑出版了《建筑世家样式雷》一书，编导了电视片《探访样式雷》在中央台演播。这些都是宣传样式雷现成的资料，但需要进一步的探索。

（四）依托高校加强样式雷的研究

现在国内有以天津大学、清华大学为主的研究团队在对样式雷加强研究，省内有江西经济管理干部学院赣商研究中心正在开始对样式雷研究。永修县可以依托这些高校研究，建立研究策划运用相结合之路，甚至可以设置相关课题委托高校去研究。

总之，挖掘历史资源，利用名人效应，已经成为壮大县域经济发展的有效可行之途。

参与文献

［1］刘畅．雷氏家族七代设计大清宫苑［J］．环球人物，2011（5）．

［2］样式雷家族四百年传奇［EB/OL］．http：//www.cctv.com，2005-10-26．

［3］单士元．宫廷建筑巧匠——"样式雷"［J］．建筑学报，1963（2）．

［4］苏品红．样式雷及样式雷图［J］．文献，1993（2）．

［5］王铭珍．建筑世家样式雷［J］．建筑知识，2004（1）．

［6］张宝章，雷章宝，张威．建筑世家样式雷［M］．北京出版社，2003．

"一家样式雷，半部建筑史"

——探密永修建筑世家雷氏家族

内容摘要　在国内建筑史学界流传着"一家样式雷，半部建筑史"的谚语。谚语中的"样式雷"是指今江西永修县梅棠镇新庄村的雷姓家族。以雷发达为首的雷氏家族，从侍主康熙开始直至辛亥革命结束，260多年间八代雷氏人在中国的皇宫建筑史上留下了浓墨重彩的一笔。

一、"样式雷"誉称由来

"样式雷"是对清代主持皇家建筑设计的雷姓家族的誉称。从康熙时雷金玉担任钦工处样式房掌案起，到民国三年雷献彩完成光绪崇陵的设计止，八代"样式雷"几乎不间断地执掌样式房，主持设计、建设了宫殿、园苑、坛庙、陵寝、行宫等大量皇家建筑。

主要作品有故宫、圆明园、万春园、景山、天坛、清东陵、清西陵等宫殿，有京城大量的衙署、王府、私宅以及御道、河堤等，还有颐和园、承德避暑山庄、杭州的行宫等著名皇家建筑。

这些作品中明清皇陵、天坛、颐和园、故宫、承德避暑山5处入选世界文化遗产。至今中国共有25处建筑物或遗址入选，样式雷设计建造的就占了1/5。而样式雷图档入选《世界记忆遗产名录》，更说明样式雷的地位，中国目前入选世界记忆遗产的项目仅5项，样式雷图档便是其中的一项。

"样式雷"成为中华民族的骄傲，在国际上产生了巨大的影响。天津大学王其亨教授这样评述："在作品列为世界文化遗产的世界各国古代建筑师中，恐怕找不到一个样式雷这样的建筑世家，竟然能有这样重大的影响。"

二、百年雷氏的八代传奇故事

样式雷的先祖早在明初就已经开始从事木工建筑行当，到了明末，雷家的木工活手艺传承到雷发达，一个传奇建筑世家的辉煌就此拉开了序幕。

1683 年，雷发达（1619～1694 年）和堂弟雷发宣"以艺应募"来到北京，参加皇宫的修建工程。关于雷家最有名的故事，就是雷发达在康熙年间修建太和殿上梁之时，康熙亲临行礼，当大梁举起时，榫卯高悬而落不下，这时雷发达穿上能见皇帝的官服，爬到柱子上，干净利落的几斧子，榫卯合拢，礼成。康熙帝很高兴，赐授雷发达为工部营造所长班。这便是后人所说的："上有鲁班，下有长班，紫薇照命，金殿封官"的缘由。

从这段故事中，我们看到样式雷的发祥者在民间获得的崇敬和尊重。但专家考证，故事的主角并非雷发达，而是将样式雷家族事业推向第一个高峰的样式雷第二代传人雷金玉。

雷发达三子雷金玉（1659～1729 年），康熙年间供役圆明园楠木作样式房掌案，营造畅春园。雍正三年（1725 年）大规模扩建圆明园，雷金玉独具匠心设计图纸、烫样到营造，为中国古建筑的发展做出了卓越贡献。

雷金玉幼子雷声澂（1729～1792 年），出生后 3 个月，父亲去世，雷氏家族也随之失去了样式房掌案职位，举家南迁。这时，雷氏家族史上一位至关重要的女性开始了对抗命运的历程，她便是雷金玉的六夫人张氏，她据理力争为儿子雷声澂争得成年后重掌样式房的资格。

雷声澂次子雷家玺（1764～1825 年），与长兄雷家玮（1758～1845 年），字席珍，三弟雷家瑞（1770～1830 年），一同供职工部样式房，雷家玺是三兄弟中的翘楚，先后承办乾隆、嘉庆两朝的营造业，操办宁寿宫花园工程、设计嘉庆陵寝工程、筹办乾隆 80 大寿庆典由圆明园至皇宫沿路点景楼台的设计与营造工程以及宫中年例彩灯、西厂焰火等设计与实施，嘉庆年间又承建了圆明园绮春园建设工程以及同乐园戏楼的改建、含经堂戏楼的添建、长春园如园的改建工程。此时形成第四代样式雷最为强大的阵容，迎来了样式雷家族事业的第二次高峰。

雷家玺第三子雷景修（1803~1866年），16岁开始便随父在圆明园样式房学习传世技艺，正当他勤奋学习造业技之时，父亲猝然去世。当时，雷家玺因担心雷景修难胜重任，留下遗言，将掌案名目移交郭九承办。雷景修知道父亲心意，兢兢业业尽心竭力，深通营造技艺，终于在道光二十九年（1849年），凭借着自己丰富的建筑经验和卓越的才能，夺回了祖传样式房掌案之职，主要参与清西陵、清东陵、圆明园工程。咸丰十年（1860年），英法联军焚毁西郊的三山五园，样式房工作停止，这时，雷景修除了兢兢业业、恪尽职守以外，还聚集了样式雷图档装满了三间房屋，并保护了起来。样式雷图档之所以流传到今日，雷景修保护之功不可没。

景修三子雷思起（1826~1876年），继承祖业，执掌样式房，承担起设计营造咸丰清东陵、定陵的任务，因建陵有功，以监生钦赏盐场大使，为五品职衔。同治十三年（1874年）重修圆明园，雷思起与其子雷廷昌因进呈所设计的园庭工程图样得蒙皇帝召见5次。雷思起与子雷廷昌还参与惠陵、盛京永陵、三海工程。

雷思起长子雷廷昌（1845~1907年），随父参加定陵、重修圆明园等工程，独立承担设计营造同治惠陵，慈安、慈禧太后的定东陵，光绪帝的崇陵等大型陵寝工程以及颐和园、西苑、慈禧太后六旬万寿盛典工程。同治十二年（1873年）被赏布政司职衔。与此同时，普祥、普陀两大工程方起，其后的三海、万寿山庆典工程接踵而至，样式房此时生意兴盛，样式雷也于雷思起、雷廷昌父子两代闻名遐迩，迎来了样式雷家族事业的第三次高峰，地位更加显赫。

雷廷昌二子雷献彩（1877~?），与兄弟雷献光、雷献瑞、雷献春、雷献华兄弟参与圆明园、普陀峪定东陵重建、颐和园、西苑、崇陵、摄政王府、北京正阳门的工程等，但因辛亥革命后，作为皇家建筑设计的样式房差务也就随之消失。同时，雷献彩也没能留下子嗣。他在经历失业的痛苦时，还要忍受无人后继香火的悲哀，双重打击使得这位末代样式雷郁郁而终。

三、皇宫建筑史上的奇葩

随着人们对样式雷八世修建的建筑研究的深入，中国古代建筑史上的奇葩样式雷神秘的面纱终于揭开了冰山一角。其主要贡献不仅体现在为后人留下了大量美轮美奂的古建筑，更在于对图样、烫样的创新。

样式雷图样是指用水墨绘制，并在建筑图与地盘图边注明建筑尺寸及其他施工说明。现存世近 2 万件，主要存放在国家图书馆和故宫博物院，大概两项综合可达 18000 件，占现存总量的 90%，剩余存放在国内外其他博物馆。

样式雷烫样是根据一定的比例，在三维空间内表现设计图的建筑模型小样。烫样是用纸张、秫秸和木头加工制作成的模型图。因为最后用特制的小型烙铁将模型熨烫而成，因此被称为烫样。

雷氏家族进行的建筑设计方案，都按 1/100 或 1/200 的比例先制作模型小样进呈内廷，以供审定。据资料显示：故宫收藏清代样式雷烫样 80 余具，内容涵盖圆明园、长春园、绮春园（同治十二年改为万春园）、颐和园、北海、中南海、紫禁城、景山、天坛、东陵等处。

样式雷在国内外受到了极高的评价和关注。让江西人感到自豪，而江西本土的专家学者对于样式雷的研究也不遗余力，江西省社会科学院的雷正良经过多年的研究，编著了《样式雷建筑文化新论》一书。

2003 年 12 月在南昌举办的"雷发达暨'样式雷'世家建筑文化研讨会"上，得到了北京、湖南、湖北、江苏等省市的专家、学者及雷发达的后裔的积极支持和参与，引起了海内外有关方面的关注和重视。香港《文汇报》用彩色整版刊登专题报道《雷氏家庭撑起半部清建筑史，掌皇家"样式房" 200 多年，江西举行纪念活动》。2007 年 9 月 9 日国家图书馆举办"样式雷"家族的建筑图档展。

近年来，有关于样式雷建筑文化的活动寥寥可数，相关研究也没有形成完整体系。因此，有专家建议，在样式雷的祖籍地江西，更应该加强对样式雷建筑文化的研究。虽说，永修有人提出将白莲广场和公园更名为样式雷广场和公园，并将白莲广场"走向未来"的塑像换上雷发达的塑像等建议，但据当地人介绍，对于这样一个在国内外有巨大影响力的历史文化人物的相关挖掘和保护，目前仅停留在想法上，还没有转化为经济效益和社会效益。有专家建议，处处都以历史文化积淀作为城市名片的时代里，谁能够把这个文化味做足、做透，谁就能够占领发展的先机。

月池熊氏家族经商管理思想研究

曹国平

内容摘要 熊氏家族创办了潭湖熊家典当铺、信昌盐号、心远中学等实业，在经营活动中践行着：诚实守信，崇尚义举；团结一致，家族至上；接受维新，教育救国；开创先河，带头示范等为主要内容的经商思想，这些思想不仅影响着熊氏家族，而且为当今的商业实践提供了历史的借鉴。

南昌月池熊氏坐落于南昌县西南边陲冈上镇，在近百年的时间里，熊氏家族经历了由羸弱走向繁荣昌盛的过程，成为江右商中的佼佼者。本文以月池熊氏家族经营的实业为研究对象，利用大量的文献资料，从历史学的角度和教育学的视野，探讨熊氏家族在经营实业过程中体现出的思想。

一、熊氏经营的实业概况与家族繁荣的历程

最早的月池熊家先人熊才焕生活在清代乾隆至嘉庆年间，终生未得功名。其子熊世昌熟读儒家经典，安贫乐道，却是一生潦倒的穷书生，他非常关注子孙后代的命运，关注家庭社会的浮沉，留下"将来每房至少都得有一人读书"的家训。这一家训既激励了熊氏族人奋发聚财，又激励了族人在聚财的同时不忘记读书，使得家族在两者相互促进中繁荣昌盛。

（一）"潭湖熊家典当铺"的倒闭，演变成家族立志的契机

熊世昌之子论和，以小本从商服贾。在江西宁都县黄坡开了一爿"潭湖

熊家典当铺"。一次，因对方蛮横无理引起业务纠纷，遂与当地一士绅对簿公堂。而参与讼案的对方却是在当地颇有势力的一个官绅。开庭之时，士绅昂立在堂，县官却声色俱厉，要论和跪下。结果，官司自然最终是以败诉告终。论和羞愧交加，愤而返乡，不久便大病一场去世。论和之死，熊氏家人无不悲痛万分，更使他们清楚地认识到，只有让子孙们读书立志，方能从根本上提升其家族的名望与地位。

（二）"信昌盐号"的兴起，奠定了家族繁荣的基础

论和死后，其弟谏和继而改营茶盐业务。谏和年轻时即到汉口一家"朱家盐行"做"行走"，即沿街叫卖食盐的推销员。当时食盐属国家专营物资，盐行需凭国家印制的盐票进盐。1853 年太平军攻克武昌后，盐票价格大跌。谏和出于好意，为老板以每张低于 20 元的价格购进 10 张盐票。店主得知此事，将谏和大骂一通，说他买进了一些废纸。谏和忍气吞声，偿还了店主的钱，将盐票自己得下。曾国藩镇压了太平军以后，整顿盐纲，盐票价格急剧回升，每票最高可值 1.5 万元。谏和便靠 10 张盐票做起了盐业生意，在汉口开设"信昌盐号"，不久熊氏家族产业日益趋向兴隆。其侄禧祖后来接替主持商业后，不仅将盐业经营管理好，而且发展了典当业，积累了强大的财富实力。

（三）心远中学的创办，提升了家族的社会地位

熊氏家族的第四代熊元锷、熊育锡，当时在思想先驱者严复的启迪和影响下，认识到强国之道在于提高国民素质，在于改革传统的科举制度，从而确立了"教育救国"的思想。在清政府鼓励私人办学的政策下，于 1901 年创办了一所新式中等学堂——心远英文学塾，后更名为心远中学。1903 年，熊育锡将其改为"南昌熊氏私立心远英文学塾"，成为江西最早的一所私立中学。1907 年改名为"心远中学堂"，1912 年又易名为"南昌熊氏私立心远中学"。1949 年 5 月，心远中学由政府接管。

二、熊氏家族在实业活动中体现出的经商思想

熊氏家族先后经营的实业有潭湖熊家典当铺、信昌盐号、心远中学等，在向近代民族资本主义的过渡过程中，其经商思想由传统的儒商思想又融入了维

新变革的思想，从而逐渐形成了熊氏家族的经商思想。

（一）诚实守信，崇尚义举

世昌"性和易而好善，心怀坦荡"，为人谦和，从不与人争斗，事事为别人着想，宁可自己吃亏。在贫困时"亦不吝施与"。世昌中年以后，由于三个儿子经商，家境稍为宽裕。世昌对村里修桥梁、建宗祠之类事情都尽其所能，热心资助。每逢年终，便在口袋里揣些钱，遇到穷困饥寒之人，都要周济一些。其道德风范，成为优良的家风，遗传给了子孙后代。其子谦和一生待人接物，重义轻利，"吾平生得力者，唯善吃亏"。其孙禧祖见家乡发大水，顿生恻隐之心。"率群众出米三千石，所全活甚从。"平日如有人以急难相求，不以有无为辞。他们因受家风的熏陶，"诚实、守信、忍让、宁可吃亏也不占人便宜"，这些品格使他们在经商上获得巨大成功。

（二）团结一致，家族至上

禧祖谨记祖父的遗愿，考虑到已经拥有让子孙们专心攻读入仕的财力，便决定设立"心远堂"专项教育基金，每年抽取部分家族公产的盈利。规定"凡族之子弟，为郡邑学官弟子员，或领乡荐，及成进士者，皆得分享。盖所以资孤寒，助膏火，使颖敏有志者成业"。并以"心远奖学金"名义来奖励读书求学有成的家族子弟，分等级设立：中举人可得七百银，中进士可得三千银，生员（秀才）、贡生等也有一定数额的奖励。与此同时，不惜重金，从外地购置了大量文献典籍，建立起了专供阅览查看的"读书楼"。从此，熊氏子弟读书求学氛围浓厚。

（三）接受维新，教育救国

熊育钖受到严复先进的维新思想影响，认为教育要把握时代需求，学校不仅要适应社会的需要，而且要成为改造社会的动力的办学思想，完全体现在心远中学的办学趋向上。熊育钖和当时许多国人一样，深感科学和工业的重要性，非科学不足以救国，非工业不足以立国。于是这一时期心远中学的办学方向是要培养一批工程科技人才，使中国走上近代化的道路，摆脱中国落后挨打的局面。

（四）开创先河，带头示范

心远中学的创办，在江西开风气之先，一扫江西旧教育之遗风，大开新式教育的风尚，为当时沉闷的江西教育界注入了新鲜的活力，为私人创办新式中学起了一个带头和示范作用。心远中学创办后，江西的私立中学陆续创办，"到1930年时，已达25所，占当时江西新式中学校数的45%"。另外，心远中学也是我国私人创办最早的新式中学之一，与天津南开中学、湖南明德中学并列为当时国内最著名的私立中学。

三、熊氏家族经商思想给人的启示

熊氏家族以追求家族的兴盛为动力，以教育救国为突破口，成为江右商中的卓越代表，与同时期的其他商人相比，熊氏在经商思想方面有三点重要突破值得注意。

（一）善待财富为主题的新财富观

与同时期的其他江右商相比，熊氏家族认为，商业经营活动的目的不应只局限于聚财致富，更应做到为义散财，即对待财富要能聚能散。他们这种对待财富的态度，在其他商人集团中是很难看到的。商业利润用于家族后代的读书教育以及家族等公益性投资，这类投资包括对所有熊姓族人子女读书免费、建祠修谱、办学置产、修建读书楼、捐粮助饷、修桥筑路、平争息讼等一些义举和善行。

（二）家族利益至上为目的的家族伦理观

熊氏先祖认为家族的兴衰荣辱直接关系到每一位成员的切身利益，越和睦美满、父慈子孝、兄弟恺悌的家庭，其成员便越把家族的利益看得高于一切。尤其是作为一个家族核心人物的家长，"五世其昌"，家族繁荣更是其寤寐以求的愿望，因此在经营实业时，以此为目的，矢志不渝地坚持这一追求。

（三）顺应时代潮流的办学思想

熊氏以新式学堂为传播新思想的阵地，在新式学堂中接受了具有民主、自由、平等、公正、人权思想的青年人，对社会的前途产生了强烈的危机意识，他们迫切要求变革社会，以便把中国社会推向现代化道路。校长熊育锡积极鼓励学生留意时局，关心时事，把读书求学和改造社会联系起来。在如此开明务实的办学思想下，心远中学里进步思想的传播和爱国民主运动十分活跃，为江西民主和革命事业的发展起到了重要的推动作用。

（四）符合现代企业制度的管理理念

从学校的管理模式来看，心远中学管理采用了校董会协助下的校长负责制，董事会是学校的最高管理机构，其职责是选聘校长、筹集经费、监督学校资金的使用。学校一些发展规划、培养宗旨等重大事务由董事会商讨决定。学校的行政权属于校长，董事会一般不干涉校长的管理。在实施校长责任制的过程中，根据本校的实际和特点，心远中学逐步建立起了一套分工明确、高效科学的组织管理模式，为学校的管理提供了组织保证。

总之，熊氏家族经商思想是在中西文化激烈交流对撞的时代形成的，他们的思想虽然吸收了不少西方近代民主科学的成分，但从总体上看，中国传统文化对他们的影响仍然占据了主要地位。中国传统文化中的许多精华，是他们一生思想的重要组成部分。

参考文献

［1］熊江鹏，熊大权．南昌月池熊氏教授村及其代表人物述略［J］．江西广电大学学报，2008（4）．

［2］陈剑安．江西早期的新式学堂初探［J］．江西师范大学学报，1987（2）．

［3］江西省地方志编纂委员会．江西省教育志［M］．方志出版社，1996.

［4］赵海燕．南昌心远中学办学研究［D］．江西师范大学硕士论文，2007.

第四篇

商帮比较与新赣商研究

江右商帮与粤商的比较

黄小平　肖文胜

内容摘要　商帮是中国封建社会经济发展的一大亮点，中国封建历史上曾经出现过十大商帮，他们都对我国古代经济社会发展起到了重要影响。其中江右商帮和粤商都是中国十大商帮中著名的商帮，本文详细分析了江右商帮与粤商的相同点和不同点，最后得出结论。

前　言

商帮的形成，应该同时具备五个条件：第一，在这个地区要有较悠久的商业历史和相当发达的商业；第二，有一批积累了大量资本的巨商作为中坚；第三，在经营、制度、文化等方面存在不同于其他商业集团的特点；第四，许多独立的商家出于经营和竞争的需要组成以地域为纽带的松散联合；第五，跨越了若干个封建王朝，在历史上产生过重要影响。按照这些条件，学术界普遍认为，在历史上中国商人曾形成过十大商帮，即以晋中为中心的晋商，以歙县、婺源等徽州六县为中心的徽商，以临清、济宁、聊城、烟台为中心的鲁商，以鄞县、镇海、慈溪、奉化、象山、定海为中心的宁波商，以龙游县为中心包括常山、衢县、江山、开化等县的龙游商，以苏州境内太湖中东、西洞庭山为中心的洞庭商，由人口流动形成的江右商，以广州、潮州为中心的粤商，与晋商同时兴起亦被称为晋商小兄弟的陕商，以福建沿海为中心的闽商。这里限于篇幅，仅介绍江右商帮与粤商的比较。

一、江右商帮与粤商简介

（一）江右商帮简介

据魏僖所著的《日录杂说》记载："江东称江左，江西称江右。盖自江北视之，江东在左，江西在右。"故古代江西商人被称作江右商帮。江右商帮经历了兴起、大发展和衰亡过程。江右商帮最早兴于北宋，当时江西地区人口达446万，占全国总人口的1/10，位居全国首位，每年为国家所纳税粮久居全国首位。但到明清时期，由于人口增长过快，人地比例严重失调，人口压力越来越大，加之赋役繁重，产生了大量流民。明代临海人王士性曾说："江（西）、浙（江）、闽（福建）三处人稠地狭，总之不足以当中原之一省。故身不有技则口不糊，足不出外则技不售。惟江右尤甚。"而江西地窄人稠，故民多弃农经商；江右商帮在元末明初得到大发展，这是由于明代长期战争和禁海政策的影响，浩浩荡荡的江右商帮便在这个时期逐渐地形成并迅速流向全国各地，占领了广阔的市场，在明朝中后期及清朝前期与晋商、徽商成三足鼎立之势。但由于历史的原因和国内政治、经济大格局的变化，加上江右商帮传统观念的束缚及资本分散、小本经营、难成规模等先天不足，从19世纪五六十年代至20世纪二三十年代，江右商在活跃了500年之后，最后走向衰落。

（二）粤商简介

粤商是中国传统十大商帮之一，主要由广州商人和潮州商人构成，初始于明清时期。由于广东背山临海的独特地理位置，相对发达的商品经济，再加之较早与西人接触，使得粤商擅长海外贸易，行动果敢，敢为天下先。粤商主要有从事海外贸易的海商、从事中外贸易的行商（包括贡舶、市舶贸易的牙行商人、十三行行商以及买办商人）、国内长途贩运批发商三类。商业活动范围相当广阔，足迹遍及省内全国甚至海外。在明代，航运业得到了更大的发展，带动了其他行业的发展，广东商帮应运而生，将广东的物产源源不断地运往中原与海外。清代中期，广东商帮开始取得了商界的影响地位，民间商业异常兴盛。"广东一省，金山珠海，天子南库。"清乾隆二十二年（1757年），乾隆下令仅留广州粤海关一口通商，广东商帮真正进入极盛时期。民国后，广东商帮因为战乱而开始走下坡路。20 世纪 80 年代改革开放后，广东商帮又重新崛起。

二、江右商帮与粤商的相同之处

（一）相同的敬业精神——勤俭创业

1. 江右商帮讲究白手起家，从小做起

"细伢子不要懒，大了可以做老板"、"只有病死人，没有累死人"。这些口头语至今仍在南昌地区流传着。在江右商人中大多数是因家境所迫而弃农经商、弃儒经商者，他们携一点土特产，小本经营，负贩往来，以求养家糊口。一个家庭，则又往往是以农为本，以商补农。于是，男子外出，妻子持家，父兄外出，子弟务农，则成为江右商人的基本情况。如崇仁黄二严，其父外出经商 30 余年，二严操持家政，上事母，下教弟，后又远涉云南，将因经营亏欠而羁留在那里的父亲接回。

2. 粤商注重勤俭创业的商业精神

明清时期粤商在经商过程中表现出来的敬业精神，具体地体现在商人对于职业的执着追求，以及由此而派生出来的坚韧不拔、百折不回等的职业精神上。特别是在事业的初创阶段，为了事业成功，大多十分推崇与传统伦理道德吻合的以"勤"和"俭"为主要内容的创业精神。如明末清初，新会商人卢从庵、卢鞭人到佛山从事冶铁生产，"讲求治生，业钢铁于佛山，善计然求，驯致小康……到崇祯初货雄于一方"。故在明清时期，勤与俭成为粤商最为推崇和信奉的精神，是粤商的主导思潮之一。

（二）相同的商业伦理道德——信义、仁厚、以义取利

1. 江右商帮的商业伦理道德

长期在外经商，培养了江西商人对商业诚信的重视。讲究信用应该是古今商人通行的信条，对于明清江西商人而言，历来就很讲信用，因为他们有相当一部分人是远在外地做生意，如不讲信用，则难以立足。利马窦在他的《杂记》中曾多次提到江西商人讲信用的情况。江西商人对外商不欺诈，对于当

地人，就更不敢也不会欺诈了。又如临川张世远、张世达兄弟交替往汉口贩卖纸业，发现货主多给了 100 两银子，兄弟俩商量后认为："此非分之财，毕还之。"

2. 粤商的商业伦理道德

明清时期粤商的商业伦理道德一个最为显著的特征是利用传统的儒家义利观，使自身的经济行为在商业伦理上具有既能达到追逐利润的目的，同时又不失传统的伦理色彩的现实功利主义的解释。在一切公开的场合多把"诚实"、"信义"标榜为经营之本。如南海何牧"财自道生，利缘义取"。崇奉"诚信"实质上已成为当时粤商的一种经营策略，明清时的粤商，在从商过程中，总是希望能用儒家的道德伦理观来规范自己的行为，或者是为自己取得一个儒贾的名分。如番禺儒商潘仕成，史载其"好刻书贴，曾翻刻《佩文韵府》140卷，拾遗 20 卷。集刻《海仙馆丛书》118 卷，共 56 种，士林嘉赖焉"。

三、江右商帮与粤商的相异之处

（一）经营观念与文化不同

1. 江右商帮"以商补农，以末养本"的经营观念

江右商人的经营观念未能随着社会的发展而发生转变。江右商帮应时而兴起和发展，但其经营观念仍然没有完全跳出"以商补农，以末养本"的思维方式。当时，江西和全国一样仍然处于小农经济的包围之中，农民以小本经营方式，暂时脱离农事，而从事贸易活动。在乡里，大家尊崇的是官员和读书人，认为他们可以光宗耀祖；而轻视商贾。商贾成巨富，回到乡里建祠修谱、增置族田族产、救灾赈灾、办学助读、建桥修路及捐粮助赈，才能勉强获得乡梓间的尊重。就是国史、正史言及商人，贬多于褒。这种陈旧的经营观念广泛地存在于江西商人之中，严重地阻碍了江西商人向近代经济的转变。

2. 粤商冒险开拓、独立进取的岭南重商文化

自古粤商就与浙商、鄂商、豫商、徽商齐名，粤商具有浓厚的重商文化，在这种文化氛围中，粤商注重实务、实利和世俗生活，讲求感官享受而淡化儒家和传统理念。由于粤商远离封建朝廷的严厉控制，早期的粤商借助沿海交

易、海洋贸易获得实惠，秦汉之前，受到自然条件制约和交通工具限制，粤人经商者少见，未成气候；汉武帝时期开通了经南中国海过马六甲海峡，入印度洋，到波斯湾、阿拉伯半岛以及非洲东海岸，史称"海上丝绸之路"，与中国途经西北地区的陆上丝绸之路相比，这条海上丝绸之路的航行更艰巨，风险更大，但船舶的容量更大、利润更可观，因而吸引了大量的粤商。伴随海外贸易的发展，一些粤人流向海外谋生、创业，粤商向外发展之势逐渐形成。

（二）经营方向与侧重点不同

1. 江右商帮侧重于国内经营和土特产

（1）经营之地以国内为主。江右商帮是在人口流动中形成的，其特点之一是经商地区极为广泛，流动到哪里，就在哪里经商。明代江西抚州人艾南英曾说，"随阳之雁犹不能至，而吾乡之人都成聚于其所"。湖南的岳阳、长沙、衡阳商贾会集，以江西人为多。云南、贵州、四川是江右商人活跃的又一地区。福建、两广也遍布江右商帮的足迹，武夷山的茶主要就由江西人经营。江西人在广州、佛山设立了"粤庄"从商。江西的盐商、木材商、药材商都在广西活动。江西的商人也到北方的河南、河北、陕西、山西、北京发展，明代各地在北京的会馆有41所，江西商人14所，居各省之首。清光绪时，各地在北京的会所有387所，江西有51所，仍居全国之首，甚至超过了山西（45所）。江苏、安徽、浙江是商品经济最发达的地区，江右商人的足迹也遍及。甚至辽宁、甘肃、西藏乃至外域，都有江西商人，其经商地区之广，超过许多商帮。但经营之地基本是以国内为主。

（2）依托土特产经营。江右商帮大多以贩卖本地土特产为起点，其经营的产品主要有粮食、陶瓷、布匹、烟草、蓝靛、药材、木材等，为江右商帮对外输出经营的主要产品。据统计：江西每年外输粮食达500万石、茶叶500万斤、夏布230万匹、售纸50万两，均居全国之首。宋末元初，景德镇瓷业迅猛发展，青花瓷烧造的成功使江西在全国瓷业输出独占鳌头。而进贤毛笔、烟花，广昌白莲，南丰蜜橘，临川西瓜，铅山造纸，宜黄夏布等特产均驰名海内外，并为江右商帮带来巨额利润。

2. 粤商侧重国外经营和对外贸易

粤商是诞生于中国岭南地区、延伸至港澳和海内外，在创办企业和市场经营领域具有突出业绩的商帮。近代如"十三行"的伍、潘、卢、叶四大富商，当代如李嘉诚、郭炳湘、霍英东等，新粤商如任正非、王石、马化腾等，他们在各自的时代开创了辉煌的业绩。"一个传统、两次机遇"是粤商发展的重要特点：从岭南山脉延伸至漫长海滨，促使沿海贸易、海洋贸易成为千年粤商的特殊传统；近代沿海口岸通商和当代先行的改革开放，则两度为粤商的发展提供了千载难逢的机遇。粤商在中华大地迅速崛起，并向海外迅速拓展，成为令人瞩目的富有地域特色的商帮。

（三）崛起的原因不同

1. 江右商帮崛起于流民运动与内陆贸易

随着历史的发展，全国经济重心南移，江西在两宋以后，由于得天独厚、人杰地灵，成为全国经济文化的先进地区。历元至明，江西继续保持这一经济优势。在明朝，江西人口仅次于浙江，居全国 13 个布政司中的第二位。从明太祖洪武二十四年至明神宗万历六年（1391~1578 年），有过百万江西人口流向外省，形成了江西历史上的一次大的流民潮，随着移民大规模的出现，江右商帮也就流散到国内各地。

明代初期，由于反明的残余势力存在和"倭寇"在海上出没活动，影响到新建的明王朝的安宁，明太祖采取了严厉的海禁政策，颁布"片板不得下海"等一系列规定，全面禁止民间私人海上贸易。这就严重地阻碍了海上贸易的发展，海上贸易的停滞和萎缩，促进了"内陆"贸易的发展。江西得天独厚，占有天时地利：拥有便利的赣江水系；可利用当时最具有运力的长江水运；往南，跨过赣粤边界大山，通过隘口，可将货物运至广东，散于南中国；往北，跨过湖广，辐射中原；往东，沿长江而下，江浙尽收眼底；往西，溯长江而上，云、贵、川市场广阔……这一物流通道在当时是最具有吸引力的。江右商帮借助这一千载难逢的商机，运用所具有的经济实力，凭借丰富的物产，利用当时较为发达的运输系统，迅速发展起来。

2. 粤商崛起于洋行制度与对外贸易

粤商依托地理优势，借助洋行制度与对外贸易，在近代迅速崛起。"广州十三行从 1757 年开始成为清政府指定的全国唯一专营对外贸易的'半官半商'垄断机构，史称'一口通商'。至 1842 年中英签订《南京条约》时止，广州独揽中国外贸长达 85 年。十三行也成为当时中国的首富。"按粤商所从事商业活动的种类来说，主要分成三部分：其一，官商。官商又称行商，源于明代牙行商人中经营对外贸易者，初步形成于清康熙初年李士祯抚粤期间，定型于清康熙二十五年（1686 年）广东洋行制度建立之时，尤其是一口通商后。其中明代的牙行商人、清代的广东十三行就是最鲜明的代表。其二，海商。明初海禁甚严，或为谋生计，或为谋巨额利润，不少人出海走私、私通番货，这些人就是被明清史籍中所记载的"海盗"、"海寇"。由于出海贸易利润不菲，因此不少富豪巨商业投资其中，有的还建立了武装以保障其商船安全。其三，国内长途贩运商。明清时期广东的农业、手工业生产都较前代有了很大的提高，作为对外贸易口岸的广州，一方面成为洋货的集散地，另一方面也成为国内货物的集散地，因此一批到各省或省内边远地区收购货物贩运回广州、佛山等地，或通过行商购置洋货运销全国各地的长途贩运商应运而生，进一步促进了明清时期广东的商品经济发展。

鸦片战争后，广州行商制度废除，这一时期的广东商人，是沟通中外贸易的外国在华洋行的雇员，在外国洋行与中国商人交易中充当中介人，粤商一方面继续利用封建政府对广东地区的特殊政策，进一步促进了对外贸易的发展；另一方面，商业活动也为其自身积累了大量资本，他们开始将其资本的一部分投向产业，推动了广东近代工商业的发展，加速了中国近代化的进程，而其自身也开始由单纯的买卖中间商向实业家逐渐转化，如郑观应在充当宝顺洋行买办时就自己承办了和生祥茶栈，在洋务派创办近代工业时也积极投资入股，唐廷枢也在担任怡和洋行买办的同时开办"修华号"棉花行以及与人合伙开办当铺、茶栈，等等。此外，对外贸易的发展也促使部分粤商移居海外，促进了东南亚各国的经济发展以及中外文化的交流。

四、结论

江右商帮具有资本分散、竞争商人角色意识较差等特点。虽然其经营地广泛，经商人数众多，操业相当广泛，但却没有形成富商大贾，在竞争中也常常处于不利地位。鸦片战争之后，外国资本主义的侵入和国内商品市场的竞争性增强，便迅速走向了衰落。粤商借助近代广东商品流通的扩大、商品经济的发展以及近代海外移民的高潮，从 20 世纪 60 年代开始，粤商在香港、广东及东南亚地区的重新崛起，使粤商又一次站在中国经济的舞台上，成为中国经济发展的排头兵，为中国经济的商品化、市场化进程做出了贡献。

参考文献

［1］梁四宝，燕红忠．江右商帮与晋商的差异及其主要特征［J］．生产力研究，2002（4）.

［2］刘建生，刘鹏生．山西近代经济史［M］．山西经济出版社，1995.

［3］陈梅龙，沈月红．宁波商帮与晋商、徽商、粤商比较析论［J］．宁波大学学报（人文科学版），2007（5）.

［4］丘丽云．广东人的开放精神［M］．广东人民出版社，2005.

江右商帮与徽商的比较

黄小平　罗　雁

内容摘要　商帮是中国封建社会经济发展的一大亮点，江右商帮和徽商都是明清时期对社会经济有重大影响的两大商帮，本文详细分析了江右商帮与徽商的相同点和不同点，从中也可以看出江右商帮未出现巨商而徽商出现巨商的原因。

前　言

"商帮"是中国封建社会由地域关系联系在一起的商业集团。作为一个"商帮"，应该同时具备五个条件：第一，在这个地区要有较悠久的商业历史和相当发达的商业；第二，有一批积累了大量资本的巨商作为中坚；第三，在经营、制度、文化等方面存在不同于其他商业集团的特点；第四，许多独立的商家出于经营和竞争的需要组成以地域为纽带的松散联合；第五，跨越了若干个封建王朝，在历史上产生过重要影响。按照这些条件，学术界普遍认为在历史上，中国商人曾形成过十大商帮，即以晋中为中心的晋商，以歙县、婺源等徽州六县为中心的徽商，以临清、济宁、聊城、烟台为中心的鲁商，以鄞县、镇海、慈溪、奉化、象山、定海为中心的宁波商，以龙游县为中心包括常山、衢县、江山、开化等县的龙游商，以苏州境内太湖中东、西洞庭山为中心的洞庭商，由人口流动形成的江右商，以广州、潮州为中心的粤商，与晋商同时兴起亦被称为晋商小兄弟的陕商，以福建沿海为中心的闽商。

综观中国传统十大商帮的兴衰轨迹，可以看出，商帮是一个历史范畴，是特定历史条件下的产物。同时，商帮又是一个具有浓厚地域特色的产物，特定的地理条件、区位优势、地域文化也影响了商帮的兴衰演变。最后，"内求团结、外谋发展"的各种帮会组织也规范和促进了商帮的发展。中国传统十大商帮兴衰是"天时、地利、人和"共同作用的结果，即天时决定商帮兴衰，地利影响商帮特色，人和促进商帮发展。这里限于篇幅，仅介绍江右商帮与徽商的比较。

一、江右商帮和徽商简介

（一）江右商帮简介

据魏僖所著的《日录杂说》记载："江东称江左，江西称江右。盖自江北视之，江东在左，江西在右。"故古代江西商人被称作江右商帮。江右商帮最早兴于北宋时期，当时江西地区人口达446万，占全国总人口的1/10，居全国首位；而江西地窄人稠，故民多弃农经商。江右商帮在元末明初得到大发展，这是由于明代长期战争和禁海政策的影响。明朝统一全国的军需给养多依赖江西供给，江右商帮借助这个机会一方面满足军队的不断需求，贸易越做越大，另一方面将本地的农副产品和生活必需品行销到国内各地。浩浩荡荡的江右商帮便在这个时期逐渐地形成并迅速流向全国各地，占领了广阔的市场。

江右商帮在明朝前期独领风骚，在明朝中后期及清朝前期与晋商、徽商成三足鼎立之势。但由于历史的原因和国内政治、经济大格局的变化，加上江右商帮传统观念的束缚及资本分散、小本经营、难成规模等先天不足，从19世纪五六十年代至20世纪二三十年代，江右商在活跃了500年之后，最后走向衰落。

（二）徽商简介

徽州商帮，是指以新安江流域为中心的安徽徽州府籍的商人集团。徽商是构成明清时期商业资本的重要力量。徽人经商，源远流长，早在东晋时期就有新安商人活动的记载。约在明成化、弘治年间，徽商便形成了商帮集团，明嘉靖至清乾隆时期达到鼎盛。清末，由于社会动荡，徽商也走向衰落。徽商活动范围遍及全国，不仅各省都会及大小城镇都有经商活动，而且穷乡僻壤、深山老寨、沙漠海岛等人迹罕至之地也有其踪迹。其经营范围也是"无货不居",主要经营盐、粮、布、茶、木材、典当等。同时还精于制墨,徽州文房四宝行销四方。此外,在瓷器、丝绸、古玩等方面徽人也多有经营。

徽商是中国封建社会后期最典型的儒商,"贾而好儒"是徽州商帮的主要特色。徽商是一群有较高文化素养的商人,徽商将业儒、为官、显名作为自己的终极关怀;徽商善于吸收儒家思想的精髓,用以指导自己的商业经营,即会通"儒术"与"贾事";徽商在经营中恪守儒家道德,以"诚"、"信"、"义"、"仁"来规范自己的商业行为。经商获利以后,为了子孙后代的长远利益,他们又"宁弛贾而张儒",利用雄厚的财资,重振儒业。因此徽商也有"儒贾"之称。

二、江右商帮与徽商的相同之处

(一)外出经商的共同原因——人多地少

江右商帮是在人口流动中形成的,而且人口流动也决定了这个商帮的基本特征。自两宋以来,江西成为全国经济文化的先进地区,其人口之众与物产之富位居各省前列。到元明两代,江西仍保持这种经济优势。江西经济发达,也引起了一些社会问题。第一,人口大量流入,形成人口过剩;第二,豪族大户对土地的兼并加剧;第三,官府的赋税和劳役繁重,尤其是各地同赋役严重不均,发达的鄱阳湖区和吉泰盆地赋税沉重。这就引起了当地农民"脱籍外流"。尽管江西的经济并不平衡,但这些流民不向本省的落后地区如赣南流动,因为他们到这一地区,仍会被追捕,即使落了户,也要被迫入籍,承担赋役。他们有9/10流向湖广、河南、四川、贵州、云南及其他地区。明代的江西流民大体有百万之众。流向外省的人,许多人仍务农,但也有不少人从事工商业。明代有学者曾把移居湖广的江西人分为三类:购置产业者称为"税户",为人耕佃者称为"承佃户",从事贸易者称为"营生户"。"税户"既有购买土地耕种者,也有从事工商业者,"营生户"就是工商业者。散布在各地的江西人,与湖广的江西人大体相似。这些江西商人,来往于江西与各地之间,又不忘其本,就形成了江右商帮。明代江右商帮正是这种人口流动的产物,同时也形成了江右商帮的特征:人数众多,从业广泛,活动地区广泛,资本分散，渗透性极强而竞争力弱小。

古徽州处"吴头楚尾"，属边缘地带，山高林密，地形多变，开发较晚。汉代前人口不多，而晋末、宋末、唐末及中国历史上三次移民潮，给皖南徽州送来了大量人口，人口众多，山多地少，怎么办？出外经商是一条出路。明代顾炎武认为："徽郡保界山谷，土田依原麓，田瘠确，所产至薄，独宜菽麦红虾秈，不宜稻粱。壮夫健牛，日不过数亩"。著名学者叶显恩则从人地矛盾激化这一推力源上说明了徽州人出外经商的必然性。据他考证，明初徽州人口数已近60万人，人均耕地日趋萎缩，至明万历年间，徽州人均耕地面积仅2.2亩，清康熙年间为1.9亩，而明清时期的生产力水平，维持"一人一岁之食，约得四亩"，由此徽州本土则积蓄起日益强大的人口外向推力，最终迫使徽州人选择了外出经商的道路。

（二）相同的资本筹措方式——以借贷资本为主

江右商人无论是弃农经商还是弃学经商，大多为家境贫寒所迫，因此，借贷成为江西商人最主要的资本来源。清人鲁仕骥说，"新城为商贾者多假贷为生"。除借贷外，江西商人的资本来源还有以下几种情况：①佣工于大户富室积累资金；②力农致富，继而转化为商业资本；③教书授徒所得，转化为经营资本；④从事"小买卖而至大开张"；⑤继承家庭、家族资产；⑥集资经营。

自本经营与贷本经营是徽商资本主要筹集方式。在徽州众多经商人口中，出自地主缙绅之家者只是少数，大部分出自贫寒之家，经商是他们谋生的重要手段。明清时期，徽商自本经营者固然不少，但贷本经营的现象也相当普遍。

徽州大部分自本经营者的初始资本或是通过出售祖上遗留的少量田地、房屋，或是出卖妻子的嫁妆或通过辛勤劳动积累而得。如明代婺源人李魁将祖上遗留的"卧室一间"，以10两银子卖与族人，作为"转输之资"；歙县人江才是由妻子出卖嫁妆为其作经商之本的；清代婺源人江应萃是先在景德镇为人做佣工，"积累有赀"后才"自开磁窑"的。以上现象在明清徽州地区非常普遍。

（三）相同的血缘、地缘纽带——会馆

1. 江右商帮与万寿宫

伴随着江西商人向全国市场进军的脚步，万寿宫也开始遍及海内外。无论在哪里经商的江西商人，只要有了一定的经济实力，首先要做的一件事情就是在当地修建万寿宫。明清时期，在京城及各省省会都建有万寿宫。据吕作燮先生统计，明代各省在北京的会馆共有41所，江西人兴建的万寿宫就有14所，占34%。到清朝光绪年间，北京有会馆387所，江西有51所，仍占13%，均为各省之首。由于江右商帮的强大渗透力，万寿宫甚至修到了东南亚各国。至今，在新加坡、马来西亚等地，仍有万寿宫留存。至于国内的城乡，万寿宫更是星罗棋布。

江右商帮重视修建万寿宫，除了团结同乡外，最重要的原因在于，万寿宫是一个江西同乡的商业联系枢纽。一座万寿宫，就是一个当地的江西商人商会。总结起来，万寿宫主要有联系乡谊、调解纠纷、商业中介和融资场所四大功能。

2. 徽商与徽州会馆

以血缘和地缘为基础构建起具有极强凝聚力的商帮网络结构，是徽商得以迅速扩张并在明代中期后成为国内第一商帮的秘诀之一。徽商地缘纽带可分为三个层次：一同域（徽州府）；二同邑（县）；三同乡（村）。层次越低，凝聚力越强。但对商帮发展作用力最大的却是同域、同邑地缘纽带，之所以如此，是因为徽商建立了一种独特的、成效卓著的组织形式——会馆。徽州会馆是徽商商帮网络的支点和最重要的组成部分，明清时期，不仅全国主要商业大都市，如北京、临清、南京、扬州、苏州、杭州、汉口、南昌、泉州、广州等建立了会馆，即使在偏僻小镇，徽商也建立会馆。徽州会馆既为所在地同邑商人和途经同邑行商服务，也为外出徽州人（如赶考举子）提供食宿方便甚或资助。这种会馆的建立，极有利于当地徽商开展商务活动和整个商帮势力的向外扩张，并且提高了徽州人的自豪感和凝聚力。

宗族血缘纽带使徽商网络更为强固，所以比起其他商帮网络来，徽商网络的基础更为坚实，对商帮拓展所发挥出的作用更大。据唐力行先生的研究，构成徽商资本来源的七种资本，大多与宗族势力有关；唐先生又指出："徽人经商不是单个人或单个家庭的行为，他们以乡党族人的纽带联系在一起，移民有一定的方向。像滚雪球一样，客居他乡的徽州人越聚越多。"这就是说，在徽商的形成和发展过程中，宗族血缘纽带都起到了基础性乃至根本性的作用。

三、江右商帮与徽商的相异之处

（一）经营方式不同：江右商帮小本经营与徽商官商结合

1. 江右商帮的小本经营

江右商帮的一个重要特点，就是资本小，以小本经营为主，没有出现像其他商帮那样的巨商富户。江右商帮的商人大多是因家贫而被迫经商的。从现有1700 多名明清江西商人的资料看，70%都是家境贫寒的农家子弟，为生计所逼，流向他乡，弃农经商。他们的资本主要来自借贷，或自己积累或集资，资本量都不大。其从商大多是小本经营，所以，江右商帮中，很少有晋商、徽商、粤商、洞庭商中那样经商致富的大户。晋商或其他商帮中也不乏白手起家由小本经营而成为巨商者，如晋商的乔家和曹家都是卖豆腐起家，但以后成为一代巨商，而江右商帮却鲜有这样的人。这恐怕与他们经营的行业和与政府的关系相关。晋商中那些白手起家的富户以后都进入了暴利行业，且靠官商结合。江右商帮则没有走上这条成功的道路。

2. 徽商的官商结合：谋求权势之交

中国封建社会，权力主宰一切，权力渗透到社会生活的各个领域，做任何事情只要凭借权力就能通行无阻，否则寸步难行。徽州商人为了在商界站稳脚跟，攀缘权势，谋求权势之交，就成了徽商营造经营环境的重中之重。徽商攀缘权势，可谓不遗余力，采取的策略主要有以下几种：

（1）以学识相交。这是一种比较高雅的手段。"贾而好儒"是徽商的一大特色，这样，儒学便成了徽商与官僚之间的黏合剂。以学识相交，在盐商与盐官的结交中表现得更为明显。徽州盐商，因为文化知识水平较高，且又熟悉盐务，所以盐政衙门有关因革损益事宜，常常请他们参与决策。如歙商黄崇德，因"博览多通"而得到盐政官员的赏识，盐政司有事，往往向其垂询，而且多被采纳。

（2）以联姻攀附。"婚姻论门第"，深深浸染在徽商观念中。徽商尤其是一些大商人总是和封建官员结有姻亲关系。一些在外地的商人，也总是千方百计与封建官员联姻。如徽州盐商有一义女江爱娘，被视为奇货可居，"等待寻个好姻缘配着，图个往来"。听说朝廷韩侍郎打算取个偏房，"先自软瘫了半边"，立即派媒人说合，把江爱娘"认做自己女儿，不争财物，反陪嫁妆。只图个纱帽往来，便心满意足"。后来，韩夫人去世，江爱娘被立为继房，并获夫人封号，"那徽商（被）认做干爹，兀自往来不绝"。

（3）以报效相结。这是徽商结交权势的又一种手段。最突出的莫过于扬州盐商。盐商要谋求封建官员的青睐，首先要恭顺地接受盐官的"管束"，一切听命于盐政大员。盐政衙门有需求，盐商要满足；盐官有索取，盐商要供奉；盐法有变革，盐商要遵从。总之，盐商对盐政衙门和盐官的"效忠"是不遗余力的，对他们的巴结奉承更不惜慷慨解囊。徽州盐商在巴结盐政的同时，亦设法巴结封建朝廷，乃至上交天子。所以一些大盐商能够急国家之急，想国家之想。凡遇天灾大作、圣驾南巡、登位庆典、太后寿辰、工程兴建等大事，徽商特别是大商人便自愿"捐输"、"报效"，而且都是出手不凡，一掷10万两甚至百万两。商人的这种"慷慨解囊"，是为了通过经济手段达到政治目的，亦即谋取荣衔以抬高政治地位，同时也是为了保持食盐的专卖权。

（4）跻身仕林。依附封建政治势力不如自己成为封建政治势力中的一员。徽商以富求贵，跻身仕林的方法一是拿钱买官，二是培养子弟步入仕宦之途，利用其政治地位，来保护商业利益。如明代嘉靖年间的一位徽州商人，在同别人的一次谈话中，明白地说出了这种心理。这位叫许伯容的商人经商致富后，乃"隆师课子"，希望其子能取功名于当世。明世宗嘉靖三十四年（1555年），其子果然不负众望，金榜题名。有人问他：你的儿子要当官了，你还经什么商？许伯容是这样回答的："儿出当为国，吾为家以庇焉。"其实，他是借儿子"为国"的政治势力，以"庇"其家的。可见，政治靠山对于商业的经营是多么的重要。徽商之所以能成为明清时期执商界之牛耳的著名商帮，与此关系极大。

（二）经营的产品与行业范围不同

1. 江右商帮经营范围与行业广泛，但始终没有出现巨商

江西商帮特点之一是经营的行业广，而且以贩卖本地土特产为主。江西物产丰富，粮食、茶叶、瓷器、纸张、布匹、木材、烟、蓝靛、药材、盐、书、杂货等都在全国占重要地位，江右商人进入这些行业经营，而且在经商中又发展起典当业来。而且，江右商帮的商人专业化并不明显，基本是什么好做就做

什么，兼营多业。

江右商帮虽然人数众多，经营范围与行业广泛，但始终没有出现巨商。原因是多方面的：一是江右商帮之下又有小帮，小帮之下又有分化，各帮自成体系，形不成合力，也进入不了垄断行业。二是江右商帮更多吸取了中国传统文化中不利于商业发展的内容：首先，江西是一个文化发达，官本位意识更浓的地方。历史上，江西就是出文人的地方，当时的"朝士半江西"正是江西文风之盛的写照。所以，江西人重视"学而优则仕"，并不重商。从商者多为下层，经商属无可奈何之所为，而且，略有家资后仍以读书入仕为目标。其次，中国传统文化中的小富则安，求稳怕冒险等中庸思想也使江右商人在商业中不求上进，他们有点钱就过上小财主的日子，没想过也没有努力成为巨商。最后，他们有钱后，把钱用于建祠堂、修族谱、置族产等公益性事业，这一点与陕西商帮类似，不可能把商业做大。

2. 徽商经营产品范围同江右商帮相比较小，但善于商牙结合，操纵市场

明清时期，全国各地的市场上都充斥着官府指定的牙人，从事贸易的居间活动，凡是民间的大宗贸易都必须通过牙行才能进行。因此，借助封建特权，从事亦牙亦商、商牙结合的经营活动，操纵市场，也就成了徽商牟取厚利的一个重要手段。随着徽商的兴盛，徽人经营牙行的现象也日益增多。凡是徽商经营的主要行业，往往也有为数众多的徽州牙商在其中从事贸易居间活动。无论是国内贸易还是对外贸易，都有他们涉足其间。商牙之间的紧密结合乃是徽人商业活动的一大特色，也是徽商操纵市场的重要手段。

徽商操作商品经营主要有这么几种：一是木材，木材是徽商经营的一项重要商品，而杭州是当时重要的木材集散地，徽州商人从皖南、浙江甚至是西南山区将大批木材运集于此，然后行销各地。二是茶叶，在茶业贸易中，徽州牙商也相当活跃。徽州各地山户所产之茶，一般都由号称螺司的小贩零星收购，卖给当地的茶行，然后再由茶行成批售给引商，分销各地。这些徽州当地的茶行多数都是徽人开设的。当茶叶运至销售地点后，往往又通过徽人开设的茶行推销出去。乾隆时，北京就有徽人开设的茶行7家。在南方各城镇中，徽人开设的茶行更为普遍。道光、咸丰之际，婺源人詹天佑的祖父士鸾、父亲兴藩都曾在广州经营过茶行。三是瓷器，邻近徽州的景德镇号称"天下瓷都"。徽人乘其地利之便，来此经营瓷器贸易者也相当多，而该地的瓷行、窑站亦多为徽人所开设。四是在其他市场、其他行业中，徽商开设牙行从事居间贸易的也屡

见记载。

总之，徽商在许多行业中都采用过亦牙亦商的经营方式。这种经营方式使徽商得以凭借封建政治势力，把持垄断贸易，从而促进了徽商商业资本的积累。

（三）资本经营方式不同

1. 江右商帮的资本经营方式

（1）个体经营、以商补农。在中国封建经济结构中，自然经济和商品经济具有明显的同一性。这种同一性突出表现在，以农业经济为主体的自然经济中包含着商品经济成分，商品经济和自然经济之间、商业经营方式与个体家庭、家族的内部分工之间有着必然和广泛的联系。明清时期的江西地区尤其是这样。由于江西商人多为家境所迫而外出谋生的小商人，因此江西商人中最常见、最大量的经营方式是个体经营，而整个家庭，则是以农业为本，以商补农。于是男子外出妻子持家，或父兄外出、子弟持家，就成为江西商人家庭的基本分工。

（2）以亲族、同乡或同行业关系组成区域性商贩集团（客帮）。由于商业经营，尤其是长距离跨省际的贩运贸易，要冒财产甚至是生命的风险，为减少这种风险，弥补单个经营上的某些不便，江西商人往往以亲族、同乡或同行业关系组成区域性商贩集团，称为"客帮"。徐坷《清稗类钞·农商类·客商》说："客商之携货远行者，咸以同乡或同业之关系，结成团体，俗称客帮。"商帮经营在江西商人中也很突出。不过，这种以亲族、同乡或同行业为纽带结合而成的商人集团，并非股份经营的商品货物。但其中如有人亏负或发生意外，则众人共同扶持帮衬。严格地说，这是同乡或同行业之间的互助形式，而非经营方式。

（3）伙计制度在江西商人中有所发展。在个体经营、家庭分工协作经营、结帮经营以及集资经营的基础上，伙计制度在江西商人中也有所发展。这是商品经济和商业资本发展的必然结果。所谓"伙计"，按照明人沈思孝的解释就是："其合伙而商者，名曰'伙计'，一人出本，众伙共而商之。"不过，在江西商人中，伙计制度下的主伙或伙东关系一般掩盖在亲友、同乡关系之下，因此关系相对和谐。在伙计制度下，又有不少是主东出资，伙计单独外出经营的。

2. 徽商的资本经营方式

徽商很早就懂得资本对于经商成功的重要性，因此，其所采取的资本运作方式十分灵活。主要有独资经营、贷资经营、合资经营或委托经营的方式。

（1）独资经营与合资经营。这是徽商资本组合的一种重要类型。徽商中独资经营者固然很多，但随着商业经营规模的扩大、商业竞争的加剧，往往需要巨额资金才能左右逢源，应对自如。在这种情况下，不但小商小贩独立难支，即便是财力雄厚的富商大贾也往往会感到力不从心，于是合资经营的现象便应运而生了（如在明代，等额合资与差额合资两种形式的合资经营制都已为徽商所采用）。尤其是传统的遗产均分制给当时徽商扩大经营规模带来了极为不利的影响，往往一个商人经过毕生的努力，积累起巨额的资本成为"上贾"，一旦到诸子袭业后，均分产业，每人又重新沦为"下贾"。为了克服这种不利的局面，徽商不得不采取合资经营的方式。因此，徽州商人中，兄弟叔侄之间合资经商的现象最普遍。

（2）委托经营。这是徽商资本组合的另一种类型。明清时期，徽州人以资金委托他人代为经营借以图利的现象也相当普遍。这种委托经营又可以分为两种形式：一是徽商以自有资本为主，同时接受少量委托资本从事商业经营。这种形式又称"附本经商"，即委托人往往拥有少量资金，但却无人经营，故将资金委托他人，借以取利，受委托者往往是财力较强又善于经商的人。二是被委托人以委托资金为主从事商业活动。在这种形式的委托经营中，委托人一般都是相当富有的，他们或因从事其他职业而无暇经商，或因能力不足而不善经商，因而不得不将资金委托给他人代为经营。在这种经营形式下，盈利则由资本所有者独享，亏蚀则由资本所有者独当，而受委托者一般都可获得较多的酬金。

通过以上分析可看出：第一，明清时期，徽州商人不同类型的资本组合，反映了他们在经营中的灵活性，说明了徽州商人善于根据实际情况合理运用资本的能力。第二，徽商的各种资本组合关系大多是在同乡同族的范围内建立起来的。第三，随着商业的发展，徽商之间相互借贷、合资、委托的关系已突破了乡里宗族关系的界限而进一步扩大。清朝中叶以后，这种趋向已经相当明显。第四，徽商以儒家的"诚"、"信"、"义"、"仁"的道德说教作为其商业道德的根本，使他们在商界赢得了声誉，促进了徽商商业资本的发展。这种以儒术建立起来的商业道德，在当时的历史环境下，对于规范市场行为、维护市场秩序无疑具有积极的作用，即便在今天也还有一定的借鉴意义。这些都表明，徽州商人的经营方式及经营手段已经超越了江右商帮。

参考文献

［1］张海鹏，张海滚．中国十大商帮［M］．黄山书社，1993．

［2］李琳琦，王玉娟．"贾而好儒"：徽州商帮的主要特色（二）［J］．金融博览，2010（5）．

［3］黄书模等．徽商兴衰的启示［J］．现代财经，2002（9）．

江右商帮与晋商的比较

黄小平　肖　苏

　　内容摘要　商帮是中国封建社会经济发展的一大亮点，中国封建历史上曾经出现过十大商帮，他们都对我国古代经济社会发展起到了重要影响。其中江右商帮和晋商都是中国十大商帮中著名的商帮，本文详细分析了江右商帮与晋商的相同点和不同点，从中也可以看出江右商帮未出现巨商的原因。

　　商帮的形成，应该同时具备五个条件：第一，在这个地区要有较悠久的商业历史和相当发达的商业；第二，有一批积累了大量资本的巨商作为中坚；第三，在经营、制度、文化等方面存在不同于其他商业集团的特点；第四，许多独立的商家出于经营和竞争的需要组成以地域为纽带的松散联合；第五，跨越了若干个封建王朝，在历史上产生过重要影响。按照这些条件，学术界普遍认为在历史上，中国商人曾形成过十大商帮，即以晋中为中心的晋商，以歙县、婺源等徽州六县为中心的徽商，以临清、济宁、聊城、烟台为中心的鲁商，以鄞县、镇海、慈溪、奉化、象山、定海为中心的宁波商，以龙游县为中心包括常山、衢县、江山、开化等县的龙游商，以苏州境内太湖中东、西洞庭山为中心的洞庭商，由人口流动形成的江右商，以广州、潮州为中心的粤商，与晋商同时兴起亦被称为晋商小兄弟的陕商，以福建沿海为中心的闽商。这里限于篇幅，仅介绍江右商帮与晋商的比较。

一、江右商帮与晋商的相同之处

（一）相同的商业道德——诚信为本，以义为利

由于江西商人在经商过程中长期注重"贾德"，因此积累了一些"贾道"，注重诚信，讲究职业道德。他们不卖假货、劣货，不抬高物价、欺行霸市，而且还遵守儒家的道德规范，提出了"君子爱财，取之有道"，并由此形成了"以诚待客，以义制利"、"和气生财，公平守信"、"货真价实，童叟无欺"等一系列道德要求，这些商业道德成为"江右商帮"共同遵守的道德典范。如浮梁商人朱文炽在经营茶叶时，每当出售的新茶过期后，他在与人交易的契约上均注明了"陈茶"二字，以示不欺。还如清江商人杨俊之，在吴越闽粤诸地从事贸易 20 余年，不但童叟不欺，而且在遇急难时还捐资排解。

晋商是明清时期我国最大的商帮之一，到了清代，晋商进入鼎盛时期。晋商称雄商界 500 年，活动区域遍及全国各地及欧亚大陆，"生意兴隆通四海，财源茂盛达三江"。尤其是在清代晋商创立票号以后，将商品经营与金融资本结合在一起，一度执全国金融界之牛耳，创造了辉煌的业绩。晋人自古就有崇商的民风，视商业为本业。同时把儒家经典的仁义、诚信、忠孝、礼让等理念引入商界，形成了以义制利、以德经商的商业文化。晋商讲究见利思义，不发不义之财，主张义利相通，先义后利，以义制利，这成为晋商精神价值观的核心。晋商在长期的经商过程中形成了独特的"廉商诚贾"的文化。晋商坚持"以诚待人，以信取人"的商业信誉，认为经商虽以盈利为目的，但凡事必以道德信义为标准。晋商有许多有关诚信的商谚，如"宁叫赔折腰，不让客吃亏"、"买卖不成仁义在"、"售货无诀窍，信誉第一条"等。如晋商巨子乔致庸把经商之道排列为"一是守信，二是讲义，三才是取利"。乔致庸主张"人弃我取，薄利广销，维护信誉，不弄虚巧"。乔氏在包头开设的"复"字商号，做生意坚持薄利多销，不图非法之利，从不掺杂使假，在使用斗秤称量过程中，总比市面上的其他商号略让利给顾客。于是，市民都愿意去买他的商品。

（二）相同的兴起背景——借战争之力发家

元顺帝至正十一年（1351 年）爆发了历史上有名的红巾大起义，中原大

地陷入了旷日持久的战乱中。由于元末明初的长期战乱，使江西人一方面广征粮草，满足军队的不断需求，贸易越做越大；另一方面，随着军队的推进，江西人又将本地的商品（主要是农副产品和生活必需品）行销到中原大地和华南、西南各省。同时，随着明军推进，江西也开始了有史以来第一次大规模的对外扩张。浩浩荡荡的江右商帮便在这个时期逐渐形成并迅速流向全国各地，占领了广阔的市场，赣商的队伍和经商范围也随之不断地扩大，渐成气候。

朱元璋推翻了元朝的统治，但并没有彻底消灭蒙元残余势力。明王朝建立后，逃遁北方的蒙元残余势力以及新兴起的蒙古瓦剌、鞑靼诸部不时入犯明朝边境。为了保卫新生的政权，明王朝不得不在北边长城沿线，设立辽东、宣府、大同、太原、延绥（一称榆林）、固原、宁夏、甘肃、蓟州9个军事重镇，驻扎了80余万军队，马匹也有30多万。这是一个庞大的消费群体，也是一个巨大的消费市场，每年需要大量的粮草、布匹、棉花及其他物品。当地所产粮棉远不能满足需要，必须从内地运送。对此，政府显然无能为力。于是从洪武三年（1370年）开始，政府实行了重要盐法——开中法："召商输粮而与之盐"，意思是说商人按规定将粮食运到边区指定仓储，取得盐引——食盐经营许可证，接着再到指定盐场凭引守候支盐，最后到指定地区销售。晋商敏锐地感到这是一个重大机遇并且迅速抓住不放，利用自己靠近边防的有利条件，捷足先登，以当时盐业集散地扬州为中心，不但向晋北边防输盐，而且向全国市场进军，与安徽的"徽帮"展开竞争。"晋商"借助自己得天独厚的地理优势和雄厚的实力，到明代末期即成为雄踞海内当时最大的商业集团。

（三）相同的历史结局——繁荣到衰亡

江右商帮最早兴于北宋时期，当时江西地区人口达446万，占全国总人口的1/10，位居全国首位；而江西地窄人稠，故民多弃农经商。尽管在江右商帮中，既没有出现像徽商那样坐拥巨资，堪与王侯相比的富商巨贾，也没有形成像晋商那样经营着垄断行业，也不能如浙商那样成为中国近代资本的源头，但江右商帮以其"人数众多，从业广泛，活动地区广泛，资本分散，渗透性极强"为世人瞩目，对当时社会经济产生了一定影响。在湖广，有"无江西商人不成市"的说法；在云贵川"非江右商贾侨居之，则不成其地"。江右商帮在明朝前期独领风骚，在明朝中后期及清朝前期与晋商、徽商成三足鼎立之势。从19世纪五六十年代至20世纪二三十年代，赣商在活跃了500年后，最终走向衰落。

在中国各大商帮中，晋商最为夺目。晋商从明初到清末活跃商界 500 多年，足迹遍布国内各地及朝鲜、日本、东南亚、阿拉伯和欧洲等地。晋商资本雄厚、经营项目灵活、活动区域广、活跃时间久，成为当时全国最有影响的大商帮，在世界商业史上也是罕见的。然而晋商在经历 500 多年的商业史后，却在清末民初很快走上衰败，其中的历史原因是多方面的、深刻的。

二、江右商帮与晋商的相异之处

（一）衰落原因不同

1. 江右商帮衰落原因

江右商帮没落的原因是多方面的，既有社会进步，市场竞争加剧，官府抑商等方面的原因，也有江右商帮内部的因素，江右商帮走向衰败的主因应是内部的分化和经营观念的落后。一是江右商帮的外省落籍，削弱了江右商帮的实力。由于江右商帮大多数人长期在外经商，随着时间的推移，他们逐渐接受了当地的传统文化，被当地同化，甚至为数不少的江右商帮人的后裔与江西经济断绝联系，成为当地居民，融入当地社会经济生活。由于地缘关系，他们中绝大部分商人加入了当地商帮，这直接壮大了其他商帮的实力，削弱了江右商帮的竞争力。二是江右商帮小本经营，影响了商业资本的扩大和转化。江右商帮经营的基本特点是小本经营，资本分散，小商下贾众多，特别是江右商帮在生了多个小孩，待其小孩成家立业分家后，小资本被分成更小，逐渐失去了作为商业资本的资格。三是江右商帮的经营观念陈旧落后，阻碍了江西商人向近代经济的转变。表现在：一方面，江右商帮的投资方向错位，多为生活性投资、社会性投资，而产业性投资极少；另一方面，江右商帮经营观念还没有完全跳出"以商补农，以末养本"的思维方式，农民以小本经营方式，暂时脱离农事，而从事贸易活动的，把经商作为农业的一种补充。四是经营方式和商品种类的长期不变，削弱了江右商帮获取商业利润的优势。表现在：一方面，江西商人的经营方式仍然停滞于个体小本经营，落后于经济社会的发展的要求，特别是鸦片战争，近代资本主义经济的出现后；另一方面，江西商人的经营行业多为地方产品，商品品种陈旧，经营方式为大多数人所熟悉，利润空间越来小。江西商人要想获利，只能靠薄利多销，赚取微薄的利润来维持。

2. 晋商衰落原因

鸦片战争后，清朝丧权辱国，内外交困，致使晋商的生存环境日益恶劣，在激烈的市场竞争中连遭失败，加上它又与腐败的清政府紧密地结托，随着清朝的灭亡，晋商也走到了尽头。具体原因有：一是清朝国运日衰，使晋商陷入绝境。晋商在清康雍乾三朝进入了它的全盛时期。但是再过了100多年后，西方的许多国家迅速崛起，而闭关锁国的清王朝却明显地衰微落后。由于晋商与清政府结托特别紧密，逐渐使其沦为清政府的御用财权金融机构。所以，随着清朝国家实力的不断衰落，晋商也衰落了下来。晋商的衰落充分说明，清王朝国运的衰落，是导致晋商衰落的根本原因。二是在激烈的市场竞争中遭到失败，加快了晋商衰亡。晋商的主要经营缺陷体现在用人制度的狭隘和商业活力的衰退。晋商用人主张是避亲用乡。避亲，即用人中回避戚族，包括财东与掌柜也不能荐用自己的亲戚，不用三爷（少爷、姑爷、舅爷）；用乡，即录用本乡本土之人，排斥外地人才。不用外人给晋商发展带来很严重的弊端，使晋商不断地近亲繁殖，缺乏新的思想和方法的引进、交流，逐渐地失去了活力，在激烈的市场竞争中越来越显得老态龙钟，在列强对中国经济侵略狂潮冲击下，晋商昔日的辉煌便很快消失。三是与清政府的亲密结托，使晋商给自己种下了苦果。晋商与清统治者的结托，早在清朝金政权入主中原之前就已经发生，清王朝定都北京后，晋商又对清朝在统一、平叛用兵作战、发展边境贸易和皇帝巡幸等活动中，进行大量的财力支持。其中最著名的是山西介休富商范氏。据记载，范氏先后为清政府运送军粮百余万石，出私财支援军饷，为清政府节省费用600万两。因此，晋商中一些人被朝廷晋爵加封，赐予高官，成了"皇商"，这些人为皇室操办盐铁买卖，或依恃特权进行独占性的商业活动，由此晋商声誉日隆，生意日盛。晋商与清廷结下的这种越来越密的不解之缘，却也给自己的衰落埋下了深深的隐患。它的命运必然与清王朝的命运兴衰与共，最终随着清王朝的覆灭而衰落下来。

（二）同晋商相比，江右商帮的渗透性极强，活动范围广阔，经商人数众多，操业相当广泛，但竞争力较弱

江右商帮具有很强的流民运动特征，江西商人为了求生存求脱贫，经商相当灵活，他们无孔不入，渗透性极强。从福建、两广到北方各省，甚至辽东、甘肃、西藏等极边省区，到处都有江西商人的活动足迹。江西商人不仅在大江南北留下了他们的足迹，他们贩运和销售商品的活动，甚至远赴海外贩销商品。徐世溥曾概括说："豫章之商者，其言适楚，犹门庭也。北贾汝宛徐邳汾鄂，东贾韶良夔巫，西南贾滇入棘黔沔，南贾苍梧桂林柳，为盐麦竹箭鲍木旃皮革所输会。"江西商人在中国的东、南、西、北各个方向都留下了他们的足迹。在当时，他们的商业活动在整个明代都是首屈一指的，江西人之所以从商人数众多，主要原因有：一是明时江西土地的高度集中，迫使部分破产农民弃农经商。本来"江右之地，田少而人多，江右之地力，所出不足以给其人"。由于土地的兼并、集中，造成了大量的农民破产，为维持生计，有一部分人弃农从商，以经商为业。二是江西丰富的经济资源、发达的手工业，为行商提供了厚实的物质基础。江西多山区，有丰富的山货和矿产，还有著名的特产如陶瓷、茶叶、纸、糖、烟草、夏布等，这些可以作为发展手工业生产的原料，进行商品生产。三是江西自古行商之风较浓，民多以亦农亦贾为俗。四是江西具有优越的地理区位，便于经商行贾。江西三面是山，背靠江汉，沿长江交通便利，省内又有赣江、信江、锦江、昌江、修水、袁水、贡水、抚河等大小河流2400多条，水路四通八达，这对于经商行贾很有好处。如樟树镇是明代药材贩卖中心、铅山是闽浙赣三省的商业要冲、江西南部的南安府之大庾，处于梅岭当中，是江西、广东南北货物的唯一通道。与活动广阔和经商人数众多相对应的是江西商人操业相当广泛。从本地土特产品瓷器、茶叶、纸张、木竹到人们的生活必需品粮食、布帛、食盐，从杂货业到典当质押业，从坐商到行贾，凡是能够谋生的品类都是江西人经营的对象。最后是经商方式灵活，江西商人还采用长贩、坐商、放贷等形式，加大商业资本的活动量。

从表面上看，江右商帮相当庞大，但与晋商相比，其经营规模、商业资本数量则相形见绌，竞争力相当薄弱。尽管他们经商人数众多，操业甚广，经营灵活，渗透力甚强，却往往在竞争中丧失市场。

明人张瀚曾说："盐茶之利尤巨，非巨商贾不能任"，山西商人正是以经营盐业起家，并长期垄断了北部的茶叶贸易市场，获利甚巨。而江右商帮则基本上没有涉足盐业经营，茶叶市场也逐渐为其他商帮所攫取。如江西所产的茶叶，明前期主要由江西商人经销，明末清初，浮梁茶多被徽商垄断，而武夷茶则操于晋商之手。在明前期，河南活动的主要是江西商人，但到清代，山西商人已远远超过了江西商人。

（三）同晋商相比，江右商帮资本相当分散，积累严重不足

江右商帮以其经商人数众多、操业之广、渗透力之强，活跃于明清时代，对当时社会经济的发展起了重要的推动作用。但是，江右商帮的资本实力却远远无法与徽商、晋商和陕商相比。如山西地区"豪商大贾甲天下，非数十万不称富"。而江右商帮则多为贫弱的中下小贾，"究之曾不得比于通都大邑之一小贩"。江右商帮资财薄弱，一方面使其很难深结官府、攀缘权贵，从而与封建特权进一步挂上钩；另一方面，又使得江右商帮在日益激烈的商业竞争中逐渐处于劣势，更难以实现对一些重要部门或行业（如盐、茶叶等）的垄断。所谓"商无挟重货为本，不能居奇贩贵以缴重利"，正一语道破了江西商人的弱势所在。加上江西商人经营观念上的某些自我束缚，这一切反过来又使江西商人的商业资本难以富聚并向近代金融资本和产业资本过渡。因而，随着近代外来资本主义势力入侵的冲击，随着传统的、发达的江西农业经济基础的削弱，江西商人在近代经济史上很快失去了原有的地位。

山西商人常常上通朝廷、下结官绅，他们资本雄厚社会信誉较高。"山西富户，百十万家资者，不一而足"。晋商的经营资本来源广泛，又创造了贷金制、朋合制、伙计制等组合形式，实现了所有权与经营权的分离，经营方式上的创新及其先进性在很大程度上保证了山西商人在国内商界的长期兴盛。晋商的商业利润虽然也用于建祠修谱等社会性活动，购田筑宅更占用了他们的很大比例，但大多数山西商人都要留出一定的储备资金以应对经营中的不测或进行一定的资本积累以扩大商业资本。因此，同江右商帮相比，晋商的资本来源较为广泛，而其资本流向也较利于资本积累，从而使其市场竞争性相对较强。

（四）同晋商相比，江右商帮的商业角色意识较差

江右商帮资本分散，积累不足，竞争性较弱的深层次原因在于他们的商业角色意识较差所致。从总体上看，江右商帮的宗族观念不如徽商，而乡土意识又逊于晋商。他们虽然也同徽商一样把大量资金投向了建祠修谱等宗族建设，但并没有像"亦儒亦贾"的徽商那样把宗族管理模式移入商业领域。他们虽然也以同乡或宗族关系，通过会馆建立了一些商业组织，但并没有像晋商那样创造性地把乡土组织关系加以制度化。江右商人虽然也采用了结帮而商的团体经营，但多数商贩均有各自独立的资金和货物，经营上也完全独立，只有发生意外时才予以互相扶持，尚处于一种临时性的松散结合体状态。在贸易经营中，虽然他们也采用过"主伙"或"伙东关系"的商业运作形式，但基本上还完全出于道义层面自己独特且合理的商业管理模式。

晋商在长期的经商活动中形成了一套独具特色的经营意识和管理理念，练就了一套"经商不然货殖何妨子贡贤"的商业竞争理念。他们比较注重发挥群体力量，乡土观念十分浓厚，常常以地缘为基础，以会馆为组织形式，通过敬奉共同的信仰关羽达到了精神上的一致和心理上的相通，并进而将这种乡土精神情结深化为商业合作中的"仁义"、"诚信"等道德准则。在商业活动中，晋商常常通过同籍商人之间的"敦恰比，同情慷"来互通信息、互相照应、互相周恤、互相支持，在商业上连成一气。在商业经营中，他们常常采用朋合营利、合伙经营等形式，在同业之间或不同行业的商人之间特别强调讲义气，讲求相与和帮靠。他们还创立了联号制和身股制等比较先进的业缘群体组织，大大增强了其在商业经营中的竞争力。而江西商人由于还存在"知足常乐"、"能聚能散"、"息事宁人"、"父母在"等的传统思想观念，基本上还没有进入经商角色。因此，既没有形成像徽商那样拥资数百万、上千万，也没有形成像山西商人那样网络全国的垄断性行业，像闽粤商人那样拥有手握千金的舶来品丰为奇货。故在以后各商帮的发展竞争中，江右商帮逐渐被取代了。

总之，同晋商相比，江右商帮具有资本分散、竞争商人角色意识较差等特点。这使得其在商业活动中虽经营商地广泛，经商人数众多，操业相当广泛，但却没有形成富商大贾，在竞争中也常常处于不利地位。鸦片战争之后，外国资本主义的侵入和国内商品市场的竞争性增强，便迅速走向了衰落。

参考文献

［1］焦菊梅. 明清江西商人与晋商的比较［J］. 中国市场，2006（12）.

［2］焦菊梅. 弘扬晋商精神续写晋商辉煌［N］. 人民代表报，2009-09-05.

［3］燕红忠. 晋商信用制度启示经济问题［J］. 山西大学学报（社科），2007（11）.

［4］崔俊霞. 晋商伦理形成原因探析［J］. 山西大学学报（社科），2009（11）.

［5］梁小民. 人口流动与江右商帮［N］. 经济观察报，2010-04-26.

［6］张正明. 晋商与经营文化［M］. 山西古籍出版社，1995.

江右商帮与闽商的比较

黄小平　范　锐

内容摘要　商帮是中国封建社会经济发展的一大亮点，中国封建历史上曾经出现过十大商帮，他们对我国古代经济社会发展起到了重要影响。本文首先从经济基础、政策环境和商帮自身发展需要三方面阐述了商帮出现的原因，接着从乐善好施、回馈家乡及精神寄托等方面介绍了江右商帮与闽商的相同点，最后从经营文化不同和历史机遇不同分析了江右商帮与闽商的不同点。

商帮是中国一种特殊的经济形态，它是以地域为中心，以血缘、乡谊为纽带，以"相亲相助"为宗旨，以会馆、公所为其在异乡的联络、计议之所的一种既"亲密"又松散的自发形成的商人群体。在明清 300 余年的中国商业史中，山东商帮、山西商帮、陕西商帮、洞庭商帮、江右商帮、宁波商帮、龙游商帮、福建商帮、广东商帮、徽州商帮十大商帮，都曾是称雄逐鹿于商界的商人群体。

一、商帮产生的原因分析

（一）较强的经济基础

中国的经济和文化在宋代曾达到相当高的水平，经元代之后，在明代又迎来了一个高潮。据专家估计，明朝万历年间农产品总量达 696 亿斤，江南水稻单产量达到 2 石（300 斤）左右，与当时的欧洲处于同一水平。农业的发展为工商业的发展提供了物质基础。明代在官营手工艺衰落的同时，民营的手工业有了快速的发展。尤其是江苏的丝绸业，广东佛山的冶铁和铁器的铸造业，江西景德镇的制瓷业以及其他地方的棉纺织业，无论在生产技术上还是生产规模上，都有了相当的发展。在经济发展的基础上，商业亦有相当大的发展。

（二）较松的政策环境

政策的变化对明清三大商帮形成起着重要作用。明朝初年，为了保卫北部边防，设立了"九边"（9个军区），80多万的强军和30万匹战马给政府财政造成了极大的压力，于是，洪武三年（1370年）开始实行的以粮换盐政策成为晋商和陕商形成的契机。明代中期，官府授权的私人盐业垄断经营成为了徽商成长的关键推动力。而在辽宁和张家口分别开放东西马市，对晋商由以盐业为主转向多种经营有了重要的促进作用。同样，明代中期海禁的放松，也是浙商、闽商、粤商得以形成的直接原因。

（三）商帮自身发展的需要

商帮是以乡土亲缘为纽带，以会馆办事机构和标志性建筑的商业集团。伴随几百年商品经济的发展，到明清时期商品行业繁杂和数量增多，商人队伍日渐壮大，竞争日益激烈。而封建社会统治者向来推行重本抑末的政策，在社会阶层的排序中，"士、农、工、商"中商也是屈尊末位。对于商人而言，国家没有明文的法律保护，而民间又对商人冠以"奸商"的歧视。因而，商人利用他们天然的乡里、宗族关系联系起来，互相支持，和衷共济，于是就成为市场价格的接受者和市场价格的制定者和左右者。同时，商帮在规避内部恶性竞争，增强外部竞争力的同时可以在封建体制内利用集体的力量更好地保护自己，商帮在这一特定经济、社会背景下应运而生。

二、江右商帮与闽商的相同点

江右商帮是中国古代商帮最早成形的商帮，兴起于唐宋，称雄于明清两朝。明末清初散文家魏僖所著的《日录杂说》上记载"江东称江左，江西称江右。盖自江北视之，江东在左，江西在右。"故江西商帮在历史上被称为"江右商帮"。"闽商"为福建商人的简称，主要指闽南（泉州、厦门、漳州等）一带从商的人。闽人崇商盛于元代。唐宋时期，迁徙的闽人为了谋生从家乡带着丝绸、药物、糖、纸、手工艺品等特产搭上商船从泉州出发，顺着"海上丝绸之路"漂洋过海，将这些商品销往各地区甚至世界各国。而真正具有现代意义的闽商则崛起于19世纪后半期。明中叶以后，商业资本十分活跃，以明代社会经济大发展为背景，以本地发达的手工业为依托，闽商开始大规模地进行海内外贸易活动。万历年间李光绪说："（泉州）安平市贾行遍郡国，北贾燕，南贾粤，西贾巴蜀，或冲风突浪，争利于海岛渔夷之墟。"明清时期，闽商已经成为在国内颇具实力、商界不可小觑的闽商集团，位列全国十大商帮第四位。

（一）乐善好施、回馈家乡

1. 江右商帮讲究回报家族、家乡

主要的形式有建祠修谱、增置族田族产、救灾赈荒、办学助读、建桥修路以及捐粮助饷等。明清是江西家族制度的发展时期，家族作为社会基层组织的作用也越来越明显，建祠修谱、置族产族田成为每户家族成员尤其是家族中的富户所必须承担的义务。而且，这种义务承担得越多，在家族中的地位也就越高。清乾隆二十九年（1764年）统计，江西全省由同一族姓合建的总祠达8994处。建祠的同时是修谱，以清江县水永泰龚氏为例，自明嘉靖至民国二十五年的400年间，修家谱15次，平均二十几年修一次。因此，江西商人在这方面的投资就带有双重意义：一方面是承担在家族中的义务；另一方面是加强在家族中地位。从抚州、南昌、饶州等府的一些家谱来看，如果没有在外商人投资，建祠修谱、增置族产的资金来源就相当成问题，反之，如果一个家族经商致富者多，那么，修谱就更加频繁，祠堂也建得气派，族产也雄厚。在兴办义塾资助科举方面，江右商人也是舍得花钱的。江西自两宋至明清，科甲鼎盛，为世人瞩目。明代大学士陈循说："江西及浙江、福建等处，自昔四民之中，其为士者有人，而臣江西颇多，江西诸府而臣吉安府又独盛。"不少江右商人是因家境所迫不得已而弃儒经商的，他们把读书入仕的希望寄托在子弟或其他家族成员身上，因此在兴办义塾、资助科举上不遗余力。江西商人在这方面的投资，在一定程度上又促进了江西科举的发展。在帮助家乡修桥补路、救灾赈荒等方面，江右商人也有不俗的表现。商业经营的坎坷和前景的不测，使不少江右商人有落叶归根，给自己留下一条后路，回家养老之念。

2. 闽商素有乐善好施的胸怀

闽商创造财富，却不为金钱所累，而是将财富作为回报社会，捐办公益和慈善事业的资本。他们有倾资全力支援祖国民族解放事业和举力创办学村的"华侨旗帜，民族光辉"；由一批成功的青年闽商自发组成，在短短几年为家乡和全国各地捐建近百所小学，资助数万名贫困学生的"希望工程基金会"；有出手近2亿元捐建职业大学的知名慈善家；有积极带头并带动周边同仁筹集巨款抢救、保护家乡的各类文物，为弘扬传统文化做出贡献的众多热心闽商；在家乡乃至祖国各地每当遇到各种自然灾害，以及东南亚的海啸灾难，海内外的广大闽商都会毫不犹豫地作出迅速反应，及时地把大量的救助款物送往灾区。据有关方面统计，改革开放以来仅海外闽商对福建家乡的捐献就达100多亿元，特别是近几年每年捐赠都在10亿元左右。

（二）都拥有一种精神寄托

1. 江右商帮的精神寄托——万寿宫

万寿宫最早是为纪念江西的地方保护神——俗称"福主"的许真君而建。随着江右商帮的兴起，万寿宫在国内外数量不断增加，遍布全国各地城乡，乃至中国台湾、新加坡、马来西亚等地区和国家。据统计，万寿宫有1400多处，其中省外就有800多座。在古代，有江西人聚住的地方，就有万寿宫。明清时期，江西经济发达，经营瓷器、茶叶、大米、木材和丝绸的赣籍商人行走全国，并在全国其他地方都修建了万寿宫，万寿宫也成为外地江西同乡的"江西会馆"。目前，万寿宫成为赣商的标志，赣商的广告，赣商财富与实力的象征，也是江右商帮的精神寄托。万寿宫既为旅外乡人开展亲善友好、祭祀活动的场所，又是商人、待仕官员与文人们议事与暂住的地方。壮观、雄伟的万寿宫建筑显示了赣商曾经的辉煌。

2. 闽商的精神寄托——妈祖庙

妈祖是1000年前福建莆田湄洲湾的一位年轻女子，出身官家，却成为专门帮助渔船和商船引航救难的公益家，毫不利己，专门利人。她在28岁的妙龄离开人世后慢慢变成了海神、天后，保佑海上的船只和海边的人民平安幸福。妈祖文化在闽台两地影响尤甚，在中国台湾2300万人口中，妈祖的信众有1700万人，在全世界有5000多座妈祖庙，信众达2亿人。闽商在各地的会馆，基本上都是前庙后馆模式，前面是妈祖庙，后面是商会会馆，如上海 250 年前建立的漳泉会馆和 100 年前建立的三山会馆都是如此。闽商在各大商帮中是唯一具有自己的神和庙的商帮，由于海洋的关系，闽商在中华儒释道文化下还具有自己独特的精神支柱，这在各商帮中是绝无仅有的。目前，妈祖崇拜成为闽商最为典型的文化标记。几乎凡有闽商到过的地方，都建有妈祖庙。据不完全统计，全国仍有几百个县、市保存着天后宫或妈祖庙，世界范围内的天后宫或妈祖庙仍有近 5000 座。

三、江右商帮与闽商的相异之处

（一）经营文化不同

1. 江右商帮亦农亦贾的经营文化

江右商帮贾农结合紧，做到"贾农兼业"。这是中国封建社会商人的一个普遍的特点，但是江西商人在这方面做得更加彻底。由于江西地少人多，因此，江西商人往往把经商中获取的大笔资金用于购买土地。他们有的回归本省、置办田产，而多数就地买地、定居外省。在李维桢的《大泌山房集》中有吉安永丰商人在湖北的竟陵经营商业后，在当地买田入户的记载。江右商人的经营文化与观念未能随着社会的发展而发生转变，其经营文化仍然没有完全跳出"以商补农，以末养本"的思维方式。

2. 闽商勇闯天下和爱拼会赢的经营文化

闽商"勇闯天下"和"爱拼会赢"的文化与重商冒险精神可以在闽南歌曲中体现出来。"少年不打拼，老来无名声"、"争气不争财"、"三分本事七分胆"、"三分天注定、七分靠打拼，爱拼才会赢"，这些通俗朴实的话语深藏于闽商的内心之中，伴随着他们从故乡发展到海内外，从历史繁盛到现代，表达了闽商对经商创业的信念与追求、对人生与命运的感悟、对成功与失败的理解。在闽商的身上有一种崇尚力量的品格和崇尚自由的天性，有一种强烈的个体自觉意识，有一种强烈的竞争冒险意识和开创意识，甚至还有一点生命的本然性和壮美的悲剧意识。因此，很多人愿意用"不怕"两个字来形容闽商的这股子韧劲：不怕没文化，照样做外贸；不怕没经验，一样搞开发；不怕没有钱，照样搞投资。福建人的这种义无反顾的闯荡精神，连称霸世界的移民大国——美国也不能不折服，以至有人喊出了"世界怕美国，美国怕长乐"。

（二）历史机遇不同

1. 江右商帮的历史机遇

良好的历史契机，造就了江西商人的繁荣。明代初期，明太祖采取严厉的海禁政策，颁布"片板不得下海"等一系列规定，全面禁绝民间私人海上贸易，影响了全国物流的流向。海上贸易的停滞和萎缩，促进了"内陆"贸易的发展。从地理位置来讲，江西得天独厚，占有天时地利：拥有便利的赣江水系和当时最具运力的长江水运，往南跨过赣粤边界大山，通过隘口，可将货物运至广东，散于南中国；往北跨过湖广，辐射中原；往东沿长江而下，江浙尽收眼底；往西溯长江而上，云、贵、川市场广阔。这一物流通道在当时是最具有吸引力的。精明的江西人抓住这一千载难逢的商机，凭借丰富的物产，利用当时较为发达的运输系统，小本经营，迅速发展起来。

2. 闽商的历史机遇

汉唐之间，海洋经贸在闽越国发轫，孕育并形成"闽商"；宋元之际，泉州成为"海上丝绸之路"的重要发源地；明永乐年间，郑和七次下西洋曾六次在福建沿海扬帆起航；近代，厦门、福州位居"五口通商"之列，马尾船政文化也曾辉煌一时。闽都南台（台江），因得闽江三面环绕、"东江浪向应到海"之地利，唐宋以来便已成为我国东南沿海对内、对外贸易的口岸之一，是本地农副土特产品和传统手工制品以及闽省各地货物进出口的集散地，所以福州南台地区也是源远流长的"闽商"发祥地之一。闽人的"崇商"意识始于元代，而盛于明清直至新中国成立前夕，经历数百年长盛不衰。新中国成立特别是改革开放政策，为闽商提供了施展智慧和才华的广阔空间，是在海内外都取得巨大成就并具有重大影响的商人群体。

总之，江右商帮与闽商的兴衰是"天时、地利、人和"共同作用的结果，天时决定商帮兴衰，地利影响商帮特色，人和促进商帮发展。

参考文献

［1］敏敏. 闽商·爱拼才会赢［J］. 中国商贸，2009（6）.

［2］江增辉．"儒道经营"与"爱拼才会赢"——浅析徽闽商帮的文化差异［J］．福建商业高等专科学校学报，2007（8）．

［3］廖新平．中国十大商帮的兴衰分析与闽商可持续发展［J］．福建商业高等专科学校学报，2007（10）．

江右商帮兴衰史带给新赣商的启示

肖文胜　肖鸿晶

　　内容摘要　江右商帮有过辉煌，曾与晋商、徽商鼎足而立，活跃在全国，时有"无赣不成商"之称，但是，江右商帮没落了，随着清代社会的发展，在鸦片战争以后，活跃了近500年的江右商帮没能向近代经济转变和发展，最终没落了。以史为鉴，读古明今。通过研究江右商帮兴衰史，能带给新赣商诸多启示，这些启示能为新赣商发展和江西经济腾飞提供有效的智力支持。本文就是围绕这一重要课题展开的一些探讨。

　　明清500余年，十大商帮称雄，逐鹿于我国商界。有的辉煌，随着历史的变迁，转换角色，融入近代经济甚至现代经济，仍然在我国经济中发挥作用；有的没落，只留在历史的过眼烟云之中。江右商帮有过辉煌，曾与晋商、徽商鼎足而立，活跃在全国，时有"无赣不成商"之称，但是，江右商帮没落了，随着清代社会的发展，在鸦片战争以后，活跃了近500年的江右商帮没能向近代经济转变和发展，最终没落了。以史为鉴，读古明今。通过研究江右商帮兴衰史，能带给新赣商诸多启示，这些启示能为新赣商发展和江西经济腾飞提供有效的智力支持。江右商帮兴衰史带给新赣商的启示主要有：

一、资源优势要成为发展优势

　　江西素有"物华天宝，人杰地灵"之美誉。良好的资源优势曾经是江右商帮兴起和发展的主要原因之一。

现如今，江西省生态环境良好，资源优势明显，森林覆盖率达 59.7%，居全国前列。矿产资源丰富，铜、钨、铀、钽、稀土和金、银被誉为江西省的"七朵金花"，拥有亚洲最大的铜矿（德兴铜矿厂）和中国最大的铜冶炼基地（贵溪冶炼厂）。作为一个农业比重较大的省份，粮食、油料、蔬菜、生猪、蜜橘、淡水鱼类等农产品在全国占有重要地位。随着农业科技推广和产业化经营步伐的加快，传统农业正迅速向现代农业转变。生态农业前景可喜，绿色农产品正成为重要增长点。治湖治江治山的"山江湖工程"被联合国专家誉为跨世纪工程和可持续发展的范例。江西还拥有丰富的旅游资源，旅游业正日益成为江西经济新的增长点。庐山、井冈山、龙虎山、三清山以及被誉为江南三大名楼之一的滕王阁，已成为来赣客人必游之胜景。尤其是鄱阳湖生态经济区建设已上升为国家战略，更为江西经济腾飞带来了千载难逢的机会。江西省的资源丰富，主要在矿产资源、农业资源和劳动力资源方面表现较突出。江西省要实现经济社会的跨越式发展，就必须依靠自主创新激发产业活力，提高产品的科技含量和附加值，弥补在其他经济领域的劣势，把资源优势更好地转化为发展优势。

江西的发展战略中努力对接长珠闽，承接沿海产业转移，成为"万商西进"的桥头堡，主打劳动力资源优势。但是，从目前出现的"民工荒"、工业园区招工难等问题中透视出劳动力成本的被迫提高，对于江西企业来说依靠劳动力要素低价格为优势的基础正在动摇。同时，企业没有自己的品牌、自主创新能力弱等很难把劳动力资源优势发挥出来，仅仅依靠加工型企业的发展模式，对于江西企业走出去战略的实现变得举步维艰。提高自主创新能力是转变经济增长方式的突破口，形势正逼迫企业发展模式转换。企业只有在拥有自主知识产权、自主品牌等"软实力"的基础上才能把劳动力资源优势转化为发展优势。

今日之新赣商，只要抓住历史给现代商帮的特殊机遇，找准自己的定位，充分发挥自身优势和地域资源优势，塑造现代意义的兴盛商帮，一定能走出一条有自己特色的发展道路。

二、创新是新赣商崛起和壮大的根本

赣商历史文化源远流长，其中也包含着创新发展的积极内容，比如瓷都景德镇瓷帮、药都樟树药帮的创业史，记载的是富有地域特色的工商业文明，也反映了江西商人的创新精神和显著业绩。下面，仅以景德镇瓷帮创新发展带给世人的启示为例加以说明。

"景德镇"一名始于北宋景德年间（1004~1007年）。宋真宗命昌南镇进贡御瓷，并命底书"景德年制"款，因御瓷"光致茂美，四方则效"，于是"天下咸称景德镇瓷器"，景德镇因此而得名，并沿用至今。景德镇制瓷业在中国乃至世界陶瓷史上有着极其重要的地位。它虽然制瓷史和兴盛晚于其他窑址，但它却创造出了中国陶瓷史上最为辉煌、最为瑰奇壮丽的一页；它虽然不是陶瓷的发明者，但它却以不断创新的英姿和吸纳百川的气魄，当之无愧地成为中国陶瓷的最杰出的代表，对世界和人类文明产生了深刻影响。据调研，明时的景德镇官民竞市，"有明一代，至精至美之瓷，莫不出于景德镇"，"合并数郡，不敌江西饶郡产……若夫中华四裔，驰名猎取者，皆饶郡浮梁景德镇之产也"，景德镇真正成了"天下窑器之所聚"之地。除了在继承前代技术并发扬光大的种类烧造方面外，明代景德镇还消化和吸收了各大日益没落的著名窑场的优秀技艺，并广采博收外来文化的精华，不拘一格，大胆创新，创造了许多新的品种、新的造型、新的装饰，真正是"开创了一代未有之奇"，而所有这些创新，不仅造就了明代景德镇在全国制瓷业的中心地位，而且光照千秋、辉映千古。

21世纪以来，景德镇市陶瓷产业发展战略有了根本性变化，在划小承包、分块经营、长期租赁之后，又实施了退城进郊、园区集聚、异地发展的战略。该市陶瓷产业集群在深厚历史积淀的基础上，通过不断的创新、发展，目前已形成了自己的六大特点：进一步凸显了陶瓷产业集聚效应；打造了一条较为成熟的产业链条；成为全国最大的陶瓷商品集散地及会展中心之一；成为全国最大的陶瓷生产基地之一；形成了一批龙头企业和著名品牌；造就了一支陶瓷产业人才队伍。创新让古老的陶瓷业不断焕发出勃勃生机。

赣商企业要创新，有几个方面需要进一步提升和改善。一是创新意识要进一步加强。现在讲知识经济，无论是做什么行业，如果在行业中没有一两个创新点"称霸"江湖的话，就难以立足与发展了。创新不仅包括技术上的创新，也包括管理创新、营销创新。二是创新要倡导包容。三是品牌意识要加强，品牌价值往往比产品的价值大。四是赣商企业还应该提升全球意识，不仅要把生意做到国外，而且全球化意识要强，能准确把握行业未来的发展方向。

除此之外，赣商企业还应该积极进行目标创新、技术创新（要素、要素组合、产品）、制度创新（产权、经营、管理）、组织机构和结构的创新、环境创新。创新是新赣商崛起和壮大的根本。

三、发展要有自觉意识

江右商帮衰弱有一个主要原因是：缺乏自觉发展的商业意识。积极与消极，主动与被动，自觉与不自觉，从根本上说反映的是文化形态的差别。江右商帮早期从商人和他们的后继者就是在带有很强宗法色彩的农业文化观念的支配下进入商业活动领域的。在一定的历史时期和特定的外部条件下，这种文化观念对商业的繁荣可能具有强化作用，但是，随着社会的进步以及社会商品经济因素的增多，上述文化观念所具有的守旧性与落后性，必将对赣商的竞争力形成抑制，缺乏自觉发展的商业意识，在后来与广东、上海、江苏等地商人的交往与竞争中，江西商人迭遭失利，最终走向败落，其原因也就不难理解了。

但综观江右商帮发展史，也有自强不息，不断发展的江右商人，这就是樟树药帮。樟树商人的发展留给我们的启示也很多。樟树这块宝地，在医药方面之所以能从悬壶施诊，发展到药圩、药市、药码头，进而成为南北川广药材之总汇；从经营性到技术性，形成全国最大的药帮——樟树药帮，并以药必到樟树方"齐"；药若过樟树则灵，而誉满神州。这并非仅仅是"樟树老表"会做生意，更不是靠"奸商"的发迹，而是千万人的赤诚奉献，千百年的艰苦创业，千万次的反复实践，才建立起与人类生命息息相关的医药千秋大业，成为今日的药都——樟树。

樟树成为今日的"药都"，为中药材交易，集散，加工炮制之地，奠基于唐宋。唐代"药圩"，宋代"药市"，为明清时期樟树中药业的鼎盛奠定了深厚的基础。樟树中药业，在明清时期的400余年中，已进入全面发展、鼎盛时期。其自觉发展的意识主要体现在：经营体制独树一帜、以人才技术为基础构建樟树药帮组织、药医结合与药材集散及药材加工炮制同步发展几个方面。明清时期樟树药商，在经营体制上独树一帜；在药业组织上形成"樟帮"；在经营性质上进行独创。由单纯的药材交易、集散、经营性转变为和专业技术性同步发展，以"科技领先"，从而促进了经济大发展，迎来了樟树药业的鼎盛时期。

近年来，樟树市委、市政府秉承历史文脉，把推动药业特色产业作为振兴全市经济的战略举措，不断培育壮大产业集群，延长产业链条，形成药地、药企、药市齐头并进，科研、生产、加工、销售一体化的产业化发展格局。争取用5~10年的时间，把樟树打造成具有中国药业发展特色的医药加工制造基地、医药流通及信息中心、全国医药会展中心、医药研发中心、医药科技成果转化基地、道地中药材生产基地，真正成为极具竞争力并享有较高国际知名度的"中国药都"。

虽然江右商帮现已不复存在，但在改革开放之初，江西商人也及时把握消费的新趋向，生产出了国内第一辆摩托车；在全国第二个生产出方便面、洗衣机和羽绒服；电视机和电冰箱也算"起"得早。曾经，钱江摩托的人员来洪都摩托车厂观摩，长虹的总经理来到赣新电视机厂取经，春兰的总经理前往湾里制冷设备厂学习。但令人遗憾的是，当今天钱江摩托、长虹电视、春兰空调在中国各自行业已是领军企业之时，它们的"江西老师"又在何方呢？由于缺乏改革开放的勇气和胆略，因循守旧，故步自封，缺乏自觉发展意识和创新精神，江西曾经丧失了一次又一次发展的机会，真是让人扼腕痛惜！

四、倡导企业文化，注重企业文化的建设

赣文化内核也有创业经商的传统，江右商帮虽然不及徽商、晋商，但以其人数之多、操业之广、渗透力之强为世人瞩目。在社会结构中，经济和文化是不可分割的，经济决定文化，文化反作用于经济。经济的成就体现就是文化的成果，特别是物质文化；而文化既包括存在于典籍中的文化思想、理论和文学艺术的观念文化，也包括体现在民风民俗和老百姓精神心态、行为习惯中的行为文化。古代江西作为传统儒家文化的大基地，江右商帮的从业者自然而然地会受到儒家"诚信"、"修身、济民"文化的影响，敬仰那些为民除害、清正廉洁的英雄。而生性聪颖，医病救人，为官清廉的许真君，自然受到百姓的爱戴。从中可以看出一点，江右商帮从业者虽然身在商海，但骨子里还是存在着儒家文化的因子，许真君成为赣商文化偶像实际正是当时的精神文化对经济的巨大影响的结果。

在江西南昌城南象湖的波光潋滟处，有一座建于当代的万寿宫，巨大的牌坊和宫宇巍然屹立。为什么一座现代化的公园一定要建一座远古样式的建筑

呢？对此，诸多专家认为，文化传统作为一定民族内在的精神观念和行为方式，是一个地区或一个地域经济发展的标志，经济发展的最终体现点就落实在文化上，其竞争的优劣就直接表现在文化上，文化既是经济发展之根，又是经济发展之果。象湖公园作为一处文化与经济的载体，不建现代建筑，而建万寿宫，体现出赣传统文化对现代经济及人们思想上的影响已超越了时间与空间，深入到赣人的骨子里、血脉中了。

江西要汲取传统赣商文化的优秀元素，吸收传统赣商文化的精华，弘扬传统赣商文化精神。在品牌的创造方面，政府来主导，媒体来搭桥，使赣商文化有实质性的内涵。新赣商文化应该包括有勤劳诚信、开拓性强、敢于创新、好学吃苦精神等内涵。新赣商应该是行业化、信息化、资本化、全球化的代表，应该是每个行业的精英，是江西人敢为人先的楷模。文化可以传承，文化也可以发展和引导。赣商要不断适应新环境，不断解决新问题。新的赣商文化必定是既有传统文化的合理内核，又注入了新的时代内涵，那一定是我们所期待的也一定是未来呈现在我们面前的赣商文化。

文化是跟经济联系在一起的，经济发展了，文化才能重振。在相当长的历史阶段，江西的经济相对落后，所以文化也相对落后。眼下江西正在实现新的崛起、新的跨越，有了一大批精英人物和领军人物，新赣商已经崭露头角。我们的时代也呼唤着新赣商和新赣商文化的诞生。

赣商文化不是一蹴而就的，它有一个漫长的建设过程。我们一定要坚持下去，塑造诚实守信、吃苦耐劳、公平竞争、合作共赢、开拓创新、不畏风险的赣商新形象，形成共同追求、共同发展的良好氛围，相信江西在不远的将来一定会登上赣商文化的崭新境界。

五、"以德治商"文化精华与现代管理方式相结合

江右商人讲求"贾德"，以诚信为本。曾发生过这些故事：新城人吴大栋，父母死时生意上欠别人债务，十几年后他回家还债，债主已经去世，其家属拿不出借据，甚至从未听说此事，吴大栋却坚持偿还；浮梁商人朱文炽在经营茶叶时，每当出售的新茶过期后，他在与人交易的契约上均注明了"陈茶"二字，以示不欺；清江商人杨俊之，"贸易吴越闽粤诸地20余年，虽童叟不欺，遇急难不异捐赀排解。"

"细伢子不要懒，大了可以做老板"，这是一句至今流传在赣鄱的口头语。江右商人勤勉，不畏艰苦，从大漠孤烟直的塞外边陲到烟柳画桥的江南古镇，从茶马古道上的铃声阵阵到出海航船边的波涛声声。东乡商人，"牵车者遍都大邑，远逾黔滇不惮"；丰城商人，"无论秦蜀齐楚闽粤，视若比邻"；临川商人，"行旅达四裔，有弃妻子老不归者"。因此，抚州人艾英南不无自豪地说："随阳之雁犹不能至，而吾乡之人都成聚于其所。"

江右商人在长期的商贸实践中，积累了不少的经验，创造了不少的财富，也形成了不少的流芳百世、令人景仰的人格精神。他们那种艰苦奋斗的创业精神、和合共赢的协作精神、以义制利的儒商精神、潜心学艺的钻研精神、童叟无欺的和谐精神、勇于排难的战争精神、稳扎稳打的务实精神、胸怀大志的进取精神。这都是江西贤才爱国之心、爱乡之情的综合反映，不仅饮誉乡里，而且传颂海内，教育和影响了一代又一代的后人，在推进经济发展、社会进步中，发挥了不可估量的作用。

对此，有学者认为，往日的赣商有自己的优秀文化，江西商人生意曾经做到我国的西藏以及缅甸、孟加拉国，也都知道"无赣不成商"、"没有江西人不成码头"的说法。这样的故事今天还在发生，这些都是江西商业文化中非常优秀的财富。

一位现代的西方经济学家说："也许将中国的人情味与现代西方管理模式相结合将产生最好的管理方法。"而江西商人讲究"贾德"，注重诚信是江西人质朴、做事认真的性格的一个外在反映，也是江西人头脑中中国传统儒家思想的自然流露。江西商人还善于揣摩消费者心理，迎合不同主顾的要求。总之，以销售尽手中的商品和捕捉商机为原则，这是江西商人发财致富的经验总结。所以赣商的经营方式是柔性家长式的，西方的经营方式是强硬法制性的，西方的经营手段达到一定程度时反而不如水滴石穿的柔性经营方式有力量。所以加入世界贸易组织后，赣商企业一方面要认真学习汲取西方经营管理经验的精华，另一方面也应充分结合江右商帮的传统文化，创造出一种符合中国具体情况的最有效的企业管理方式。

六、政府应充分发挥其应有作用

江右商帮最兴盛的时期是以官宦支撑为支柱，而那时的江右商人就像今天的国企，对政府的依赖性很重，一旦政府不予支持，很快就垮了下去。所以解决好国企的问题是一个"瓶颈"。目前我国国企改革虽然取得了很大成绩，但总的形势还是不容乐观的。国企的问题说到底就是资本的问题，如果国内的资本市场充分活跃并有序发展，各种类型的企业能够充分地发展起来，才能真正形成经济发展的支柱，财政收入也才能够得到有效保证。

政府应充分发挥其应有作用：制定与实施经济社会发展战略；维护公平竞争的市场秩序；理顺和建立良好的资本市场；管理国有资产；调节收入分配；提供公共产品和公共服务；创造良好的政策环境、法制环境、信息环境、交通环境；积极推进工业化、城镇化。

赣商在过去，是指生于斯长于斯的商人。在今天，这个"赣商"的内涵要扩延，要与时俱进。用一句话来总结，就是：在赣的、出赣的、来赣的，统统都是我们心目当中的赣商，这有一个新称谓：新赣商。只有注入求新思变的新赣商理念，才能突破封闭保守的观念束缚；只有建立开放性的天下赣商理念，才能和现在这个日益扁平的"地球村"相适应；只有弘扬富有包容性的中国赣商理念，才能光大赣文化海纳百川、兼容并蓄的传统。弘扬优秀的赣商文化最重要的是政府要建立一种重商、敬商、爱商、兴商、荣商、护商的氛围。正如吴新雄在江西省首届赣商大会所讲的：经济发展靠投资创业者，营造投资创业环境靠政府。我们将进一步提升观念、战略、诚信、效率、文化等方面的软实力，真正把江西打造成一个成本低、回报快、市场大、机会多、信誉好、效率高的理想投资创业之地。

2009年12月鄱阳湖生态经济区建设上升为国家战略，这对江西人来说是一个千载难逢的发展机会。良好的生态环境是江西最大的优势资源、最大的财富、最大的潜力、最大的品牌，一定要把资源优势转化为发展优势。保护好江西良好的生态环境，是中央的重托，也是江西各级政府的历史责任，当然，建设鄱阳湖生态经济区，绝不是单纯地保护生态，更不是守着金山受穷。鄱阳湖生态经济区建设特色是生态，重点是发展，关键是加快转变经济发展方式，目标是科学发展、进位赶超。政府要把生态优势、资源优势转化为经济优势，把绿水青山变成金山银山，更好地为全省人民和子孙后代造福。保护生态与发展经济，如鸟之两翼、车之两轮，关系紧密，缺一不可。政府要坚持经济文明与生态文明的有机统一，坚持把推进环境友好型产业发展作为重中之重的任务，把发展低碳经济、绿色经济作为江西转变发展方式目标，把发展高新技术产业、高效生态产业、现代服务业作为江西产业结构调整的重点。

七、努力造就新的一批赣商领军人物

说起古代的大商人，人们自然会想起徽商胡雪岩、晋商乔致庸，而在江右商帮中既没有出现像徽商那样坐拥巨资，堪与王侯相比的富商巨贾，也没有形成像晋商那样经营着垄断行业，也不能如浙商那样成为中国近代资本的源头，古代的江右商帮没有这样的代表人物。

江右商人绝大多数是因家境所迫而负贩经商的，因此，小本经营、借贷起家成为他们的特点。他们的经商活动一般是以贩卖本地土特产品为起点，而正是江西商人这些独特的背景，使得江右商帮具有资本分散，小商小贾众多的特点。除少数行业如瓷业比较出众外，其他行业与徽商、晋商等商帮相比经营规模就要显得相形见绌，商业资本的积累也极为有限。当代著名作家沈从文在他的作品中，曾经就这样描述江西布商"一个包袱一把伞，跑到湖南当老板"。总之，在江右商帮中，未能产生出资本实力雄厚、影响极大的商业领袖级的代表性人物。

众所周知，一个地区企业家的数量多少，素质高低，在很大程度上决定一个地区的创业水平和经济竞争力。赣商中缺少领军人物，缺少优秀的代表人物，这也是赣商在近代衰落的原因之一。如何形成新的赣商群体，如何造就新的一批赣商领军人物，这是时代的呼唤、形势的要求。应该说，现在的江西人和过去的江西人没有太大的变化，当年赣商所有的特点，现在的江西人仍然具备。现代的江西商人，有着比先辈们更开放的思想、更先进的理念、更开阔的眼界、更丰富的知识、更卓越的胆识、更无畏的气概，而先辈们的勤劳和节俭、诚信和务实将成为融入现代江西商人血液中的优秀基因。昔时江右商帮兴盛了几百年，当今的改革开放才 30 多年。当代赣商中有不少的先行者已成气候，江右精神已经展现，江右商人正在崛起。新中国第一个亿万富翁是江西人张果喜，还有全国著名的王文京、段永平、黄代放、刘伏生、杨洪等都在大商之列；深圳三九生化、深信泰丰、亿安科技、中金岭南、天健地产、农产品、方大集团、天翼基金 8 家上市公司的老总都是江西人。江山代有人才出，新一代赣商群体及其领军人物的产生，新一代赣商的成功与辉煌将不会是一个遥不可及的梦。

今日之赣商非昔日之赣商,即新赣商;今日之江西非过去之江西,即崛起之江西。这些年来,江西最大、最深刻的变化就是人的思想观念的变化、精神状态的变化,全省上下昂扬着一股敢闯新路的气势、竞相发展的气势、团结奋进的气势。"观念就是财富",今天的新"赣商"一定要区别传统的老赣商:要有自强不息、创业致富的不懈追求,要有敢闯市场、敢担风险的进取意识,要有吃苦耐劳、注重实干的创业精神,要有和谐宽容大气的人文气质,要有合作共赢、讲求信用的价值取向,要有富而不奢、富而思进的财富观念。创业有了精神、灵魂,我们就会有一支支在市场上胜而不骄、败而不馁、敢于创业、善于创业,而且能够创成业、创大业的"新赣商"队伍,我们就可以看到这样一种精神:天下赣商,敢为人先,乘风破浪,一往无前。

昔日的江右商帮,在中华商贸史上有着极为重要的地位和影响;如今的新赣商,正合力打造"天下赣商敢为人先"的品格特征。在经济全球一体化的今天,江西商人面临的机遇和挑战并存。希望新一代赣商用更加深邃的目光、更为敏锐的判断,不断提高捕捉机遇、把握机遇的才能、素质和胆识,始终走在时代前列,增强自觉发展意识,牢牢把握发展的主动权;期盼新赣商能以更加博大的胸怀、更加强烈的责任感,贡献拳拳之心,为重振赣商辉煌和加快江西崛起努力奋斗!

参考文献

[1] 沈金华,刘振强. 自主创新——建设创新型江西的思考 [EB/OL]. 江西省发展和改革委员会网,2006-10-12.

[2] 景德镇瓷业不断创新 [EB/OL]. 景德镇市信息网,2010-07-12.

[3] 药文化 [EB/OL]. 樟树市信息网,2010-07-12.

[4] 赣商的标志性建筑——万寿宫 [EB/OL]. 江西社会科学网,2007-12-16.

[5] 赣商欲现新辉煌要做大儒商 [EB/OL]. 中华赣商网,2007-12-10.

新赣商民营企业人力资源状况调研报告

罗时万

内容摘要 民营经济已成为推动江西省经济发展的重要力量、财政收入的重要来源、新增就业的主要渠道。民营经济之所以发展如此强劲，是与有一大批勇立潮头、顽强拼搏、锐意进取的民营企业家和会管理、善经营、懂技术的民营企业人才队伍密不可分的。为了全面掌握江西省民营企业人力资源的现状，加快人才队伍建设步伐，促进全省民营经济再创新高。最近，我们通过实地走访和问卷调查等多种方式，对江西省民营企业人力资源作了较深入的调查，在分析政府统计数据的基础上，采取有效样本数量为292家，总体来看，江西省民营企业人力资源状况喜忧参半。一方面，具有大专以上学历或具有一技之长的人才明显增多，近3年，年均增长约3个百分点；另一方面，具有懂技术又懂管理的通用型高层次人才十分紧缺，人才总量与民营经济在国民经济中所占的份额也不成正比，民营企业经营管理者成长环境亟待进一步优化。加快民营企业人力资源开发，培养并造就一支高素质的民营企业经济管理者队伍乃当务之急。民营经济作为江西省经济发展的重要增长点，已成为市场经济条件下人才开发和创业的重要舞台，同时人才也成为推动民营经济发展最重要的因素。在新的经济环境中江西省人力资源开发存在诸多薄弱环节和不足，如何全面推进民营企业人力资源开发，营造江西省人力资源的新优势，培育好新赣商赣军队伍，值得我们深入总结和探索。

一、江西民营企业人力资源概述

（一）江西民营企业人力资源统计（传统方式）概况

按传统的人才统计口径，江西省民营企业人才的总量很少，层次不高，与民营经济大省的地位不相称。初步统计测算，2013 年 12 月，江西省非公有制经济组织（包括私营企业、个体工商户和港澳台及外商投资企业）人才总量为 232.4 万人，占全社会人才总量的 36.5%。其中，大专以上的比例为 39.4%，本科以上的比例为 13.6%，高级、中级、初级职称的比例为 2.33%、12.52%、45.49%。从对江西省 7395 家非公有制单位（包括经济组织和社会组织）人员状况的抽样调查，基本反映出江西省非公有制单位从业人员的大致状况是，总体素质偏低，具有专业技术职称或技术等级证书的专业人才严重短缺；从分企业类型看，港澳台及外商投资企业的人才集聚能力较强，而私营企业的人才拥有量非常缺乏；在三次产业分布中，第二产业人才相对不足，第三产业人才拥有量有一定程度的上升，但仍然不能满足发展需要。

1. 从素质结构看

（1）低学历人员多，高学历人员少。在这些人员中，具有研究生学历的仅占 0.2%，具有大学本科学历的占 2.3%，具有大学专科以上学历的占 7.5%，而高中及以下学历的人员占到 83.5%。按从业人员的职业类别看，大专及以上学历人员主要集中在管理和专业技术两类岗位上。与省内国有企业比较，管理人员和专业技术人员中大专以上学历人员所占比重，国有企业为 51.69%，高于非公有制单位近 20 个百分点。

（2）在专业技术人员中，初级及无职称人员多，具有中级及以上职称的专业人才少。在专业技术人员中，具有中级以上技术职称的占 22.3%，其中具有较高技术职称的只占 4.6%，具有初级技术职称的占 34.1%，无职称的人员占 43.7%。与省内国有企业比较，专业技术人员中具有各类职称的人员所占的比重，国有企业为 91.86%，高于非公有制单位 35.6 个百分点；其中中级及以上职称人员所占比重为 29.09%，高于非公有制单位 6.8 个百分点。

（3）在工勤人员中，一般人员多，高级工以上的专业人员少。技能人才队伍总量短缺，技术工人队伍整体素质偏低，技术工人中以高中、初中学历层次为主。在工勤人员中，高级技师仅占 0.19%，技师也只占 0.79%，高级工占 2.72%，三类人员占全部工勤人员的比重只有 3.7%。初级工所占比例过大，技工中持证上岗比例偏低。

2. 从企业类型分布看

从企业登记注册的类型看，大专以上学历人员占全部从业人员比重最高的是其他联营及民办非企业单位，为 8.2%；居第二位的是私营企业，为 7.8%；其次是港澳台及外商投资企业，为 6.1%，比重最低的是个体工商户，仅为 2.5%。具有中级以上职称的人员占全部专业技术人员比重较高的是港澳台及外商投资企业，为 29.2%，其次是其他联营及民办非企业单位，为 25.1%，私营及个体工商户较低，分别只有 20.9% 和 15.4%。高级工以上的专业人员所占比重较高的是港澳台及外商投资企业，为 8.5%；其次是私营企业，为 3.2%；其他联营及民办非企业单位为 0.9%；最低的是个体工商户，仅占 0.6%（见表 1）。

表 1　分企业类型的人才分布情况

单位：%

项目	大专及以上学历人员占全部从业人员比例	中级及以上职称人员占全部专业技术人员比例	高级工以上专业人员占全部从业人员比例
港澳台及外商投资企业	6.1	29.2	8.5
联营及民办非企业单位	8.2	25.1	0.9
私营企业	7.8	20.9	3.2
个体工商户	2.5	15.4	0.6

3. 从三次产业分布看

从三次产业分布看，第三产业非公有制单位人员大专以上学历人员所占比重最高，为 20.9%；其次是第一产业，为 11.3%；最低的是第二产业，仅为 5.4%。具有中级以上职称的人员占全部专业技术人员比重较高的是第一产业，为 29.8%；其次是第三产业，为 26.6%；最低的是第二产业，仅为 20.8%。从三次产业看，高级工以上的专业人员所占比重较高的是第一产业，为 6.0%；其次是第二产业，为 3.9%，最低的是第三产业，仅为 2.3%（见表 2）。

表2　分企业类型的人才分布情况

单位:%

项目	大专及以上学历人员占全部从业人员比例	中级及以上职称人员占全部专业技术人员比例	高级工以上专业人员占全部从业人员比例
第一产业	11. 3	29. 8	6. 0
第二产业	5. 4	20. 8	3. 9
第三产业	20. 9	26. 6	2. 3

(二) 江西民营企业人力资源的新特点

虽然按传统的统计我省民营企业人才总量较少、层次较低,但是从科学的人才观来看,江西省民营企业人力资源具有鲜明的特点。

1. 民营企业的人才观念发生较大的变化

随着民营企业规模的扩展,管理方式的转变,民营企业对人才的需求日趋迫切,绝大多数民营企业的经营者已经认识到人才是企业生存与发展之本,他们礼贤下士寻觅人才,不惜重金招揽高才。民营企业人才观念发生变化,不仅体现在他们引进和招聘人才的积极性上,而且也体现在对现有人才的合理使用上。据所收回的 372 份民营企业的管理人员和专业技术人员的问卷显示,67.5%的被调查者认为"民营企业对人才比较重视",有81.7%的人对目前的工作感到满意或很满意。另有 5.9%的接受调查者反映他们有企业的股份或股票期权,说明民营企业对所有者愿意花比较高的价钱引进并设法留住好的人才。

2. 民营企业已经基本形成成熟的人才引进策略

民营企业在长期实践中,摸索出一套针对不同层次的人才,采取不同的招聘策略和方法。一是对于行业内顶尖的或骨干技术人才和管理人才,企业大多采取定向高薪聘请。他们把触角伸向同行企业,尤其是同行国有大中型企业。只要对企业的发展能发挥大的作用,企业一定能想方设法挖到手。二是有些企业采取"不求所有,但求所用"的策略,以柔性的方式聘请机关事业单位下海人员和离退休的高级技术人员,到企业兼职或担任顾问,以提升企业的管理和技术水平。三是对具有一定工作经验的中层技术和管理人才,则通过人才市场，跟随当地政府举办人才招聘会和刊登广告的方法来引进。

3. 民营企业能把人才的作用发挥到极致

民营企业在人才使用上的做法是，只要你是人才，有能力挑起担子，就给你独当一面负责某一项目的机会。一方面是因为民营企业中人才不充裕，每个人都有更多的负责具体项目的机会；另一方面，与民营企业追求利益的本性有关，高薪引进的人才不是为了做摆设，而是要为企业创造更多的效益。南昌市高新开发区等民营企业，近 3 年引进了 8000 余名具有大学本科以上学历和高级工程技术人才，担任公司总经理的有 870 名，占 10.8%，担任部门经理的有 3560 名，占 44.5%，担任科室主管的有 2880 名，占 36%，其余 8.6% 的人才，也大多被安排在科室担任专职秘书，较好地做到人尽其才、才尽其用。

4. 民营企业中年轻一代执掌"帅印"的增多

据对南昌市、赣州市、九江市、新余市多家资产在 1000 万元以上的民营企业调查，董事长年龄在 45 岁以下的占 38%，总经理年龄在 35 岁左右的占 50%。一些小企业执掌"帅印"的经营者年龄绝大多数在 40 岁以下。这些新生代企业家中，有的属子承父业，有的属经营有道、管理有方，在实践中成长起来的，也有的属毛遂自荐执掌"帅印"的。年轻一代执掌"帅印"的增多，既符合新陈代谢的客观规律，也表明了江西省民营企业家队伍后继有人。从实践情况看，年轻一代企业家精力充沛，思路敏捷，能谋善断，他们经营的企业大多红红火火。

5. 企业内部形成相对合理的人才结构

民营企业内部，人才资源整体素质虽然不是很高，但由于要应对激烈的市场竞争，因此，较为注重人才结构的合理配置，逐步形成了以民营企业家为主的领军人才、以核心技术管理人员为主的骨干人才和一般技能型人才组成的层次结构优势。由于经济利益的驱动非常明显，民营企业的用人观非常务实，能分析工作岗位的需要，讲究职责分工，计较聘用成本，注重在企业生产经营的每一个环节选择合适的人才。民营企业人才资源配备中没有多少高学历、高职人员，但是其内部人力资源相对合理，人才知识结构、专业结构优势互补，减少了人才内耗，发挥了整体协作优势。这样企业的资源得到相对合理的利用和最佳组合，并与民营企业在各个发展阶段上的生产经营相适应，提高了人才资源整体配置效率和人才效益发挥，使企业发挥最大的潜力，获得最大的经济效益。

6. 人才流动进行了市场配置

江西省民营企业注重以柔性流动方式，充分配置全国范围内的人力资源为我所用。民营企业认识到自身专业技术人员薄弱的缺陷，较早地突破传统的人才配置方式，积极在市场中寻找合适的人才。民营企业柔性引进人才的方式有：一是聘请机关事业单位下海人员和离退休高级技术人才，到企业兼职或担任顾问，以提升企业管理和技术水平；二是依附高等院校和科研院所开展相关科研活动，聘请大专院校的专家当"星期天工程师"，采取长期定点帮助方式解决生产中遇到的厂内技术人员无力克服的难题；三是积极吸引外省高层次人才来创业。有真才实学的人才也往往通过市场配置的方式找到了适合自己才能发挥的最佳岗位，并通过市场实现自己的人才价值。

7. 人才成长形成了竞争择优机制

江西民营企业人才尤其是民营企业家成长的一个显著特点是，人才并不是靠指标框定出来，也不是人为评定的，而是在市场竞争中产生，又在市场竞争中得到检验。江西民营企业在严酷的市场竞争中求生存和发展，民营企业家必须有把握市场机会的魄力和能力，在市场利润激励下表现出敢冒风险与顽强拼搏的精神。同时，也是在竞争中，民营企业家发现自身文化素质的不足，因此不断地在实践中学习摸索，使自己逐步成长起来。因此是市场竞争提供了"优胜劣汰"的筛选识别机制，从而使大批优秀民营企业家显露才能，脱颖而出。专业人才、营销人才都一样，也是英雄不问出身，不管什么学历、资历，只要能干就是人才，就受重用，就享受各种待遇，不能干就遭淘汰。可以说，江西民营企业人才的成长天然地就被放置于一个竞争的市场环境下，从而形成了有利于其成长的机制，而这一机制催生，逼生了江西民营企业的一大批各类核心人才。

（三）江西民营企业人力资源薄弱环节

经济全球化和国际国内市场竞争日益激烈、宏观政策调控带来经济增长方式的转变、生产要素的日趋紧张、探索建立现代企业制度等一系列环境的变化，推动着江西省民营经济发展必然要从粗放型向集约型、从内源式向开放型的方向转变和提高。而在这过程中逐渐暴露出来的深层次问题就是人才问题，民营企业人才资源的能力和素质已日显不足，尤其是与民营企业自身发展相匹配的各类科技型、知识型高素质人才已日显短缺。

1. 与现代企业制度相适应的有竞争力的企业经营管理人才非常短缺

江西省民营经济主要取决于民营企业家资源，但在渡过创业难关后，作为领军人才的企业家素质却不能适应企业成长期的需要。江西省现有的民营企业家群体还是以传统的小老板、小业主、层次低的创业者为主体，大企业家很少，企业家年龄偏大、知识结构老化、创新能力弱化等问题较为突出。调研中反映出，当企业产值达到 5000 万元以上时，企业主用以前的管理能力、知识水平来运作企业普遍感到很乏力。仅仅凭借感性经验、市场意识和冒险精神的传统企业家，已经越来越难以适应复杂的企业结构、多变的市场环境。此外，新兴成长起来的熟悉现代企业制度、适应现代产业国际化和善于资本运作经营的"领军式"经营管理人才非常匮乏。在某种意义上讲，具有组织创新和制度创新能力的现代企业经营管理人才短缺，是江西省民营企业人力资源最突出的劣势。企业家资源如果不与资金要素、技术要素以及高素质人才要素、熟练劳动力要素相结合，必然会被锁定在较低的产业形态中难以自拔。

2. 与产业升级要求相适应的技术创新型的专业人才集聚不足

目前江西省民营企业的产业规模小且科技含量不高，专业化产业经济的粗放型发展仍然非常明显。制约江西省高新产业发展的主要原因是技术创新型人才匮乏，以致短期内很难实现产业升级和产品升级。以往民营企业可以请"星期天工程师"、"周末顾问"来帮助企业发展，但是企业聘用全职的技术人员开展企业的科研活动是技术创新的主要模式。因此创新型专业人才拥有量低，集聚不足所导致的技术创新"瓶颈"，直接制约江西省产业的升级和转型。

3. 与外向型经济发展相适应的国际化的现代服务人才十分匮乏

一方面是原有能够在国内市场游刃有余的民营企业人才，对国际市场相对生疏。另一方面是国际金融、贸易、会计、法律、信息咨询等外向型现代服务业人才十分匮乏，进一步对江西省民营经济开放形成"瓶颈"效应。众多中小城市的民营企业，由于缺乏国际化的专门人才，企业即使取得自营进出口权，不少仍处在"有权难用、有权不会用"的状态。因缺乏熟悉国际贸易和国际事务的人才，真正开展自营出口贸易的企业不足五成。即使一批以出口为主的民营企业，也主要依靠低成本、低价格的优势，面对国外的反倾销指控、技术性贸易壁垒、知识产权问题等显得相当被动。

4. 与江西省工业园区发展相适应的高素质技工人才极为稀缺

江西省一大批工业园区，需要一流技能应用型人才提供有力支持。而当前江西省工业园区需要的高级技工需求旺盛与供给严重短缺的矛盾极为突出，技工人才能力素质严重滞后于制造业的发展。而江西省各方面的民营企业的一线技工，很大一部分来自农村，没有经过正规的培训，年龄结构和文化层次参差不齐，难以适应技术水平较高的工作。江西省许多民营企业面临着"一流设备，二流管理，三流产品"的尴尬局面，其中重要原因就是知识型、技能型并具有学习能力、能适应市场需求的高素质技工人才队伍非常稀缺，这是制约江西省先进制造业发展的重要因素。

二、江西民营企业人力资源开发与管理的现状

近年来，江西省各级党委、政府十分重视引导和推进民营企业的人力资源开发。各级政府相关部门紧密结合各地实际，创新工作方法，在促进民营企业人力资源开发方面进行积极探索，取得了明显的成效。

（一）政府相关部门在民营企业人力资源开发与管理中的积极作用

1. 充分尊重民营经济组织的特点，确立其用人主体地位

各级组织人事部门主动将民营经济人才工作纳入工作服务范围，重点在激发两个主体的活力上下功夫，为民营企业拓展人才来源。为发挥市场机制配置人才资源的基础性作用，江西省已构建了省、市、县三级人才市场体系，积极引导和支持民营企业通过市场自主择人，人才进入市场自主择业。人才市场还利用人才招聘热线和人才网站等形式，积极发布人才信息。此外，各级政府人事部门还积极组织民营企业赴全国各地及海外招聘人才，解决民营企业引才难题。

2. 破除人才流动障碍，鼓励各类人才向民营企业流动

江西省采取一系列措施，进一步打破人才流动体制性障碍，制定党政机关、事业单位以及企业之间人员流动的衔接政策，解除各类人才创办民营企业或者到民营企业工作的后顾之忧。积极引导和鼓励高校毕业生到民营企业就业或自主创业。凡到民营企业就业的高校毕业生，都由当地政府人事部所属人才交流机构提供人事代理；自主创业的，在企业注册、创业资金等方面给予支持和方便。

3. 开拓创新，大力解决省民营企业人才瓶颈约束

江西省实施"富民兴赣，全民创业"的政策，根据高层次人才工作、科研、生活的不同特点，大力倡导"不求所有、但求所用"的新理念，吸引高层次人才在不迁户口、不转人事关系的情况下，通过兼职、咨询、讲学、科研和技术合作、技术入股、创办企业等方式来江西工作、创业和服务，实现人才资源共享。

4. 探索建立人才公共服务体系，为民营经济提供良好服务

各地积极探索将民营企业人才工作由管理型向服务型转变，重视建立健全人才公共服务体系，把人才公共体系延伸到民营企业。许多地方政府人事部门开展了针对民营企业的专门人才培训，有计划、有重点地选派民营企业家、企业经营管理者到知名大学、大企业和商务基地进行培训锻炼，促进了民营企业人才校团委资源的能力建设。

（二）民营企业人力资源开发与管理中存在不足

1. 人力资源管理制度和政策有待全面创新

在引导民营企业发展方面，有些地方往往考虑更多的是土地、项目、资金等方面的支持，而对民营企业人才队伍建设这一深层次的问题还没有引起足够重视。民营企业的人才工作还未能从单项的政策推动转向全面制度创新。同时，出台的人才政策由于涉及很多相关部门，整合力度不够，政策落实还比较困难。此外，在民营企业人才培养、评选、激励、职称评定等政策方面还没有充分考虑民营企业人才特殊性，民营企业利用公共政策资源还存在局限性。

2. 人才信息渠道不够顺畅，存在供需双方信息不对称的状况

目前，民营企业需要的核心骨干类人才和高级技工，基本上是通过企业自身的业务网络来获得，引入成本很高、效率也较低。主要原因是各类人才市场能提供的人才信息尤其是高层次人才信息非常有限，信息功能单一，针对性不强，以致大量存在人才供需双方信息不对称的状况。这反映了人才市场信息搜集能力与沟通传导系统还存在较大缺陷。同样，引进国外智力除了官方渠道外，还没有其他更多的渠道，而且引进国外专家周期长，也在一定程度上影响了民营企业引进海外人才智力的积极性。

3. 服务内容较单薄, 服务功能有待进一步增强

民营企业人力资源开发总体上还处于浅层次, 人才工作缺乏强有力的工作抓手。不少地方在民营人才工作中, 往往是"锦上添花"的多, "雪中送炭"的少, 对高层次人才关注较多, 对基础性人才关注较少; 对大型规模企业眷顾很多, 而对广大的中小企业关注比较少。人才服务中, 政策咨询、职业指导、人才培训、社会保障等功能需要进一步增强和完善。

4. 基础性人才的培训有待加强

如针对民营企业技工紧缺现状, 一些基本技能的岗位培训开展得还不够。同时, 发展先进制造业对人提出了更高的要求, 而江西省的高等教育尤其是高等工程教育的结构和水平还不能适应民营企业发展的需要。

5. 高素质人力资源在市场非市场部门配置失衡的情况还较突出

从全国和江西省情况来看, 大量高素质人才集中在机关事业单位和高收入的垄断行业, 造成这种现状的核心原因是当前利益分配的格局还不够合理, 抑制了工资与收入分配机制对人力资源流动、配置的调节作用。由于高层次、高素质人才流向民营企业的比较优势难以真正形成, 使得非市场部门能持续不断吸引大批人才涌入, 造成这些部门人才富余闲置、人力资本失效突出, 而真正紧缺人才的民营企业却面临人才瓶颈。这不但影响了其他行业人力资源的稳定性, 也增加了民营企业选人难度。

6. 吸引和留住人才的环境欠佳, 人才氛围有待进一步营造

由于江西省区位处于相对欠发达的地区, 民营企业人力资源开发的较大瓶颈因素是城市的环境和品质问题。由于技术、信息沟通上的相对闭塞、生活氛围上的相对枯燥, 使许多科技人员感到落地创业发展非常困难。城市功能比较欠缺, 城市所能提供人才生活、工作、学习等软硬条件的不足, 成为人才引进和人才提升自身素质的重要制约因素。

（三）不同层次民营企业在人力资源开发中的差异性比较

江西省民营企业历经30多年的发展, 已经逐渐从最初以家庭作坊企业为主的发展阶段向以专业市场和专业化产业区为主的发展阶段转变, 并开始成长出一批规格化、资本化的现代企业集团。从客观情况看, 江西省民营企业存在着两个层次性。

一是民营企业民营规模的层次性。江西省民营企业是以中小企业为中心，全省工商企业99%以上属于中小企业，还有165万多家个体工商户，中小企业发展状况在很大程度上决定着全省经济的质和量。当前绝大部分传统中小企业组织结构简单，所有权与经营权合一，仍然处于较低的产业层次和产业链。

二是民营企业人力资源的层次性。第一层次是领军型人才，在江西省民营企业普遍是家族制管理的背景下，这一层次的人才主要是企业的创业者，即民营企业家本身；第二层次是核心骨干人才，主要是企业的高层次管理人员，掌握核心技术的高级专业技术人员以及营销财务人员；第三层次是技能应用型人才，其范围最广，一般属于可替代的人才。不同层次的民营企业对不同层次的人力资源的开发与管理具有较大的差异性，并在人才引进、培养、激励等方面呈现出不同特点。

1. 人才意识普遍增强，但落实人才理念有别

规模企业凸显"以人为本"理念，中小企业"人才短视"现象较突出。我们就民营企业发展面临的主要问题作了对比调查，认为是人才问题的，两类企业都达到了百分之七八十以上，远高于土地、资金、项目等问题。但是两类企业在落实人才理念方面，有较大的差异性。大型规模民营企业经过市场考验，对人才的认知已经开始从单纯功利目的，逐步提高到企业发展的核心战略高度。大型企业人才理念呈现的特点有：实践"以人为本"理念，重视人的全面发展；十分重视引进和培养管理类专业人才；凸显人才国际化理念。如联创光电、汇仁集团。广大中小企业对人才的重要性已有所意识，但在实际工作中，力度还不是很大。其人才理念比较突出的特点是：人才使用的功利性目的较明显，重使用培养；人才管理的法制化理念缺乏，忽视劳动合同关系的建立、人才合法权益的保护；"任人唯亲"现象较为严重，家族制是中小企业普遍的管理方式，外来人才的上升空间非常有限。此外，除了一些大型企业设有人力资源部，对政府的人才政策掌握较好外，中小企业普遍缺乏人力资源管理人员，导致与政府人事政策法规贯彻脱节等问题。

2. 人才需求大量增加，但需求类别区别显著

规模企业急需高级专门人才和熟练技工，中小企业需求技术营销类人才，大型企业人才需求层次明显呈哑铃形，一头是急需一批熟悉资本运作等高级专门人才，以及能进入最高决策层的人才，如副总裁、职业经理人等职位，许多

民营企业的总经理一职正虚位以待。尤其是一些已经步入规范运作的上市民营企业，非常需要优秀的职业经理人。另一头是需要大量经验丰富的高级技术工人。他们认为，当前技术类人才的引进和使用已经基本不成问题，最缺的是管理类人才资源，而大多数中小企业需求比较旺盛的是相关行业的技术人才、营销人才以及熟练的技术工。

3. 人才招聘引进方式多样化，但引才效果差异明显

规模企业引进人才的稳定性相对较强，中小企业引进人才的流动性较大。大型企业的人才引进总体来看相对容易，引才的方式比较丰富，引才的效果突出。对于核心类骨干技术人才以及高级技工，很多企业是通过自身业务网络的关系，如在与大专院校、科研院所以及国内外企业合作过程中发现企业发展急需的专门人才，并高薪聘请。这类方式引进的人才，普遍在企业发挥了突出的骨干作用。对于大量的一般应用型人才，主要通过人才招聘大会，通过企业网站的渠道，或参加政府人事部门组团赴外地招聘引进。在高校的人才洽谈会中，人才带着技术加盟企业的现象成为民营企业引才的新亮点。一些企业还与高等院校建立人才培养与输送关系，或为高校硕博研究生提供假期实习锻炼基地，从而达到吸引人才的目的。反观中小企业，人才引进的渠道就相对单一，主要是通过省、市、县、区的人才交流中心进行人员招聘，或通过熟悉的亲戚朋友的介绍，引才效果相对较差。对于引进的高校应届毕业生，企业普遍反映不能安心工作，能力、知识结构与企业的期望有较大的差距。另外，受区位条件的影响，一些县（市）人才引进比较困难，企业需要的高层次人才，一般采取"柔性引进"方式"为我所用"，虽然解决了企业面临的燃眉之急，但总体来看稳定性较差，流动性大。

4. 人才培养开始重视，但对人才蓄养的关注程度差异显著

规模企业已形成较完善的人才培训体系，中小企业人才培训较被动且投入不足。在人才培训与继续教育这一环节上，规模企业与中小企业的差异性是明显的。在一些大型企业，特别是产值上亿，员工达到数千人的集团型企业，非常重视人才的储备与提升，人才培养的投入很大，很多建立了培训中心，分期分批对员工进行轮训，其自身已经形成一套比较完善的人才培训机制。处于第一层次的"领军型"人才——企业集团老总，学习意识和学习能力很强。当前大型民营企业家适应发展潮流，不断学习充电已经掀起热潮。其主要方式是

到国内外知名大学参加经济管理类的长短期课程培训教育；作为第二层次的骨干型人才，企业也是投入重金进行开发培养。其主要方式有出巨资让骨干人才到国外深造，或参加正规的学历教育，或聘请大学知名教授到企业培训；对于第三层次的一般应用型人才，企业主要进行一些短期的集中培训授课，或进行一些岗位技能培训。然而，对于许多中小企业来说，一方面企业主自身参加系统学习的动力不强，接受学习、培训的机会少，效果不大理想；另一方面企业内部人才的储备与蓄养显得更加欠缺，企业不愿在人才培养方面花更多精力与资金。

5. 人才激励机制差别较大

规模企业人才激励保障相对完善和多样化，中小企业短期激励灵活长期激励不足，但人才社会保障的缺失是企业共同的软肋。在激励机制方面，大型企业对高层次人才的激励更加注重工作本身的激励、事业的激励、个人成就感的激励。高层次人才参与要素分配，技术入股、股权、期权制等分配方式已在一些大型企业展开。对第三层次的人才，则更多注重薪酬待遇激励，而中小企业内部激励长期不足，员工外流现象十分严重。

（四）民营企业人力资源开发的规律性分析

造成上述差异性的原因是，大型企业与中小企业在发展规模、产业层次、经营管理方式等客观因素方面存在的差别直接对企业的人力资源开发水平产生了影响。

1. 民营企业家素质影响人力资源开发的水平

企业家自身素质不但会对企业的发展战略产生决定性影响，而且也会对企业内部人力资源开发起到关键的作用。一些大型精英企业家已经较好地完成了自身知识结构的转型，人才的忧患意识很强，这些企业家能主动将科学的人才开发管理理念与方法运用到实践中去，使人才引进、使用、培养、激励等一系列的人力资源开发环节能进入良性循环。很多土生土长的中小企业家虽然也开始重视人才作用，但是其思维定式是"投入必须立即有产出"，往往把用于考察简单劳动的方法移用到人才的使用和考核上，忽视企业的长远战略考虑，人才储备观念难以形成。不但人才引进具有较大的盲目性和随意性，而且引进的人才很多处于闲置和浪费状态，对人才培养教育的愿望与投入也不足。一些企业主自身素质较低, 已成为制约人才在民营企业中有效发挥作用的重要原因。

2. 企业发展层次决定人力资源集聚的程度

江西省一些民营企业已开始进入产业调整和升级换代阶段。新兴产业的涉足必然要求企业能够集聚起一支能掌握和运用高新技术的人才群体, 而且企业技术升级, 设备更新换代, 会导致对技术过硬的技工人才需求旺盛。因而这些企业往往能根据发展战略, 比较系统进行前期人才需求规划, 提前介入相关需求人才的引进、培养等环节。对于很多中小企业来说, 主要还是依靠制造链协作群方式生产, 产业集中在低成本、低技术、低附加值等人才集聚能力不强的领域, 客观上难以形成对各类人才特别是高层次人才的有效需求。而且中小企业用人即时性较强, 往往急时抱佛脚, 难以形成较强的人才集聚力。

3. 企业经营方式决定了对人力资源开发的回报预期

一些大型企业已开始向创新型发展模式转变。企业丰厚的利润在于技术含量较高的高端产品, 人才效用发挥显著。追求技术和管理水平的先进性, 必然要求企业重视人才因素, 不断追加投入, 培养一支过强的人才梯队。而江西省很多民营企业还是以粗放型经营方式为主, 依靠廉价生产要素的大规模投入, 人才效益不明显, 企业对人才培养的回报预期较小。因此很难把资金投到员工的培训开发上来, 这又导致中小企业人才流动性大, 人才频繁跳槽进一步降低了企业人才投资收益率, 从而遏制了企业培养人才的积极性。

4. 企业管理机制决定了人力资源开发的效果

当前民营企业人才问题比较突出, 其中一个重要原因是很多企业没有建立或形成科学合理的人力资源管理机制。对于中小企业, 由于其产品、市场和员工的规模都比较小, 家族制管理在一定程度上也有比较优势, 但也应逐步规范相关管理制度, 以减少人才管理中的随意性。而对大型企业来说, 企业管理机制创新甚至比产品技术创新更为迫切。如果没有科学、严格的人力资源管理机制, 企业就难以有效运作。因此建立健全企业人力资源管理机制, 对企业人力资源开发和企业发展至关重要。

三、全面推进民营企业人才资源开发的几点建议

江西省民营企业的可持续性发展关键在于营造民营企业人力资源的新优

势，开发民营企业人力资源将是下一轮江西省民营经济发展的重中之重。适应新形势，全面推进江西省民营企业人力资源的开发，必须通过政府、社会、企业的共同努力和有效联动，抓紧建立和完善民营企业人力资源开发服务系统。在市场经济条件下，政府的主要任务之一就是全社会提供基本的公共产品和公共服务。建立健全人才人事公共服务体系是健全社会主义市场经济体制，政府转变职能的必然要求，也是贯彻实施人才强省战略，落实"以人为本"理念的迫切需要。要完善民营企业的人才工作，政府必须加强政策引导，完善公共服务，为促进民营企业人才资源开发提供良好的宏观环境。

（一）加强政策引导，完善公共服务，为促进民营企业人才资源开发提供良好的宏观环境

1. 制定并完善民营企业人才工作政策规则

政策制度是一种稀缺资源，也是最重要的公共产品。它能从根本上影响人才资源的成长与效能发挥，影响良好人才环境的形成。一是加快人才立法工作。完善民营经济组织人才引进、培养、使用、保障、争议仲裁等方面的立法工作，把民营企业人力资源开发管理纳入规范化、法制化轨道。二是提高政策的开放性和适应性。对民营企业的各类人力资源，在政府人事部门提供的职称评定、人才引进、培训项目、表彰奖励、人才资助等人才政策和公共人才人事服务项目要一视同仁，统一安排，平等开放，有时还应在一定程度上给予政策倾斜。三是整合梳理相关政策资源，要对分散在各部门单项政策中人才人事政策，进行全面整合梳理，清除不合时宜的政策规定，创新一批有利于民营企业人力资源开发的新政策，并形成政策聚焦效应，强化民营企业人才工作政策的贯彻实施。四要深化人事制度改革、创新要素的部门所有，深化机关事业单位和垄断性行业的用人制度改革，积极促进社会保障、户籍等制度改革，从根本上消除人才流动中的体制性障碍。

2. 提供紧密围绕江西省产业特点的基础性人才教育途径

教育是生产和积累人力资本的产业，是实现经济社会可持续发展的关键因素。构建多层次的人才教育体系，一要强化政府对义务教育的投入和财政支持，全面提高人均受教育水平。二要加快发展普通高等教育，积极调整专业和课程设置，打破传统工程教育人才培养模式，加大实用技能训练的内容，并在毕业生中推行国家职业资格证书制度，加快人才培养和储备。三要加强技能人才培养。要根据江西省产业发展政策，以培养先进制造业和现代服务业技能人才为重点，积极培育和不断完善产业区作为专业人才培训中心功能。建设一批国家级、省级重点专业，建设一批高质量的制造业人才培训基地和实践基地，建立一批融教学、科研、生产为一体的工程实践基地，校内实训基地和毕业生实习基地，积极开展各类人才的岗位技能培训。

3. 建立面向企业资源开放共享的人才信息系统

向民营企业提供充分有效的人才资源信息是政府公共服务的一个重要内容。要根据民营企业人力资源信息具有多样性、时效性强的特点，建立开放、共享的信息服务体系，形成全省各类人才资源库。一是完善功能，全面反映人才资源信息。要积极运用现代技术，构建完善人才资源信息系统。既能提供人才需求、人才资源诚信等微观信息，又能提供资源总量、结构、分布和需求预测等宏观信息。二是要提高覆盖面，增强信息的服务质量，要建设覆盖全省、贯通全国的统一开放的信息网络，打破行政区划分割，实现人才资源信息系统大联网，增强人才资源信息的公开性、广泛性、时效性和互动性，最大限度实现民营企业与社会在人才资源开发方面的信息对接和信息对称。

4. 积极推行并不断完善人事争议仲裁制度

随着人才及民营企业维权意识的逐步增强，以及民营企业用人制度不规范现象的普遍存在，促进在民营企业建立规范、科学的用人制度，及时解决民营企业从业人员因用人问题引起的纠纷矛盾，已成为民营企业人才工作中必须予以重视的问题。江西省还有一个特殊的情况，外来人才比较多且流动性大，还必须重视协调好不同省籍人才之间的关系。因此要积极推行且不断完善全省劳动人事仲裁制度，努力提高劳动人事争议仲裁工作的水平，切实维护人才和民营企业双方的合法权益。

5. 完善和巩固多层次形式的民营企业人才社会保障体系

要加强组织协调，健全社会保障制度，切实将民营企业人才养老保险、失业保险、工伤保险和医疗保险纳入社会保障体系，以消除各类人才进入民营企业的后顾之忧，减少人才资源流向民营企业的机会成本。一要针对不同行业、不同职位的人才采取不同的保障方法，对一般员工要确保最低社会保障线，而对高资本、高贡献和高风险职业人才资源要进行高保障。各级人事劳动部门及所属人才中介服务机构要为人才流动提供系统、配套的保障服务。二要形成多元化、管理服务社会化的保障体系。发挥企业和个人多方力量，使政府、企业、个人三方共同负担社会保障费用。同时，要加强保障的立法和监督工作，使民营企业人力资源的社会保障法制化、规范化。

（二）大力发展人才中介组织，健全服务功能，提供民营企业人力资源开发服务的市场化水平

随着人力资源配置市场化和人力资源管理社会化步伐的不断加快，人才中介组织的作用不断增强。人才中介组织及其市场化的运作机制和手段，将成为今后提高民营企业人才工作效率的重要渠道。因此，政府有关部门要进一步完善政策，加快培养发展各类人才中介组织，特别是要鼓励支持发展民营人才中介组织，同时，加强对中介组织和市场行为的规范和管理。各类人才中介组织要立足于市场，拓展服务功能，提高营利性与非营利性人才服务的有效产出和供给，使民营企业能够在市场上购买到各类人才服务产品，如信息产品、培训产品等，提升民营企业人才资源开发服务的市场化水平。

1. 大力提升人才中介组织服务功能和服务水平

目前不少地方已建立了人才中介服务组织，但绝大多数人才中介服务组织规模小，服务功能不强，服务对象层次低，开展"猎头"业务非常少，企业寻求高端人才资源的成本还比较高。因此，一方面，要按照"管办分离、政事分开"的原则，加快政府所属人才中介服务机构体制改革，使其成为社会公共服务机构，重点面向社会提供人事代理服务以及其他基础性的人才交流服务；另一方面，要大力培养、扶持和发展其他人才中介组织，鼓励拓展服务内容，提高服务能力，积极开展人才资源外包、人才职业规划、人才培养、扶持和发展其他人才中介组织，鼓励拓展服务内容，提高服务能力，积极开展人才资源外包，人才职业规划、人才测评、人才市场报价系统等适应人才市场发展要求的服务项目。鼓励支持人才中介组织向深层次企业分化工和国际化运作的方向发展，增加技术含量较高的服务产品供给，有效经营专业性人才市场、高端人才市场和高级猎头，面向企业提供高品质的、个性化的服务。同时政府要着重加强人才市场法制化管理，健全人才市场监管机构，建立和完善人才市场许可证制度和年审制度，完善人才中介机构准入制度，进一步规范人才市场行为，维护人才市场秩序，更好地发挥市场机制在人力资源配置中的基础性作用。

2. 切实加强中高端民营企业人才的继续教育

要高度重视在民营企业中高端人力资源中开展继续教育，通过多途径、多形式的继续教育，着力提高高端人才资源的能力素质，特别是要重视运用手段，发挥社会各类人才培训机构服务民营企业中高端人才继续教育的作用，如开展民营企业家培训、专业骨干培训等。各类人才培训机构要致力于加强培训的针对性和提高培训效果，一要依据省工商联江西经济管理干部学院主导人才培养方向、目标、内容，帮助民营企业做出紧缺专业人才培训规划，具体设计民营企业人力资源培训方案，组织实施人才培训。二要加强市场分析，有效掌握民营企业人才培训的要求，并提供多样化的培训方式，如举办赣鄱发展论坛、EMBA 与学历对接的系统教育等。三要拓展培训渠道，加强与江西经济管理干部学院和科研院所以及国内外人才中介机构的联系，进一步丰富培训内容和培训方式，如在线学习、菜单式选学等，同时，政府有关部门要进一步为民营企业中高端人才的继续教育提供有效途径和创造必要手段，优化整合各种教育培训资源，鼓励和支持各类教育培训机构进入江西市场，促进各类教育培训机构优势互补，逐步形成一批有规模、有影响、专业性强的培训机构，还要制定科学规范的教育培训质量评估和监督办法。

3. 探索建立民营企业人才职业能力的社会化评价机制

要按照科学人才观的要求，建立完善以能力和业绩为导向，规范化、社会化的人才评价机制。一方面，要畅通非公有制经济组织评审专业技术职务任职资格的渠道，支持民营企业人才本人直接或通过所在企业，人才交流机构申报专业技术职务任职资格评审。资格评审要不唯学历、不唯资历、注重工作业绩和工作能力。另一方面，针对民营企业人才资源的特殊性，探索建立民营企业人才职业能力的社会化评价机制，形成民营企业人才职业能力资质认证平台，具体途径可由政府相关部门为主，制定相应的能力认证的标准和技术，会同行业组织、权威人才中介机构、相关专业管理部门，建立人才职业能力认证项目体系和认证机构网络中心。由认证中心开展相关的职业能力认证工作。同时政府相关部门要重视实行民营企业人才职业能力认证制度与实行行业准入、职业培训、职业活动管理、职称职业资格等制度在政策上、工作机制上保持有效衔接。

（三）确立企业在人力资源开发中的主体地位，努力形成企业独特的人力资源开发的内生优势

民营企业人力资源开发，政府营造良好的社会环境固然很重要，但至关重要的因素是民营企业必须在企业内部营造并形成宽松良好的人才环境。为此，必须确立企业人力资源开发中主体地位，充分发挥企业的自主作用。

1. 大力提升企业家自身素质，充分体现"以人为本"的管理理念

新的发展形势下，企业家们必须充分利用各种机会和途径，努力学习先进的专业技术、管理经验和理论、法律知识，提高自身的管理水平、决策水平和法制意识。尤其是要确立人力资源在企业发展中的战略地位，高度重视人力资源的开发和管理，贯彻"以人为本"的理念，要尊重、理解和信任人才，加强与人才的沟通融合，努力做到适才适用，充分发挥人才的潜能，调动人才的创造力，使人力资源成为企业发展的第一资源。

2. 加快企业升能转型，增强人才集聚的力度

企业要逐步转变粗放型的发展方式，增强企业集聚人才的力度。一是企业要在充分发挥现有产业比较优势的基础上，通过技术植入，进一步提高产品科技含量，拓展产业链；二是寻求发展本区域具有一定潜在优势的资本、技术密集型的产业，重视向第三产业方向拓展，如管理业、物流业、服务业等；三是中小企业要增强企业自主创新能力，突出核心竞争力，向"小而精"、"小而新"，即科技型、专业型和配套型的方向发展，为人才提供发挥效能、创新创业的舞台。

3. 创新企业人才管理，建立科学的人力资源开发平台

民营企业要从制度上克服传统管理方式上的惯性和缺陷，要根据发展阶段和自身特点，突破自身局限，创新治理机构，积极推进现代公司制改革。要以科学的手段和方法，重视和拓宽人力资源开发的渠道；要重视从企业内部培养人才，为企业管理人员、技术人员提供各种学习机会，提高企业整体的管理水平和技术水平；要优化企业人力资源的配置，鼓励人才发挥创造性和积极性，增强企业凝聚力。总之，民营企业应结合自身发展需要，建立科学的人力资源开发平台，形成企业独特的人才引进、人才培养、人才使用、人才激励和人才工作机制的内生优势，以取得相对的人才优势，促进企业不断发展。

"中共十八届三中全会"后新赣商发展
思路探讨

范　锐

　　内容摘要　清朝末年，赣商难以与晋商、徽商相抗衡而日益衰落，经过百年沉寂，中共十八届三中全会的召开，给"新赣商"带来了前所未有的机遇，"新赣商"指的是在赣的、出赣的、来赣的商人。只有在新的历史条件下抓住机遇，才能重现"江右商帮"的历史辉煌。

一、"中共十八届三中全会"提供的历史机遇

（一）"中共十八届三中全会"的内容

　　全会指出，要紧紧围绕使市场在资源配置中起决定性作用深化经济体制改革，坚持和完善基本经济制度，加快完善现代市场体系、宏观调控体系、开放型经济体系，加快转变经济发展方式，加快建设创新型国家，推动经济更有效率、更加公平、更可持续发展；紧紧围绕坚持党的领导、人民当家做主、依法治国有机统一深化政治体制改革，加快推进社会主义民主政治制度化、规范化、程序化，建设社会主义法治国家，发展更加广泛、更加充分、更加健全的人民民主；紧紧围绕建设社会主义核心价值体系、社会主义文化强国深化文化体制改革，加快完善文化管理体制和文化生产经营机制，建立健全现代公共文化服务体系、现代文化市场体系，推动社会主义文化大发展大繁荣；紧紧围绕

更好地保障和改善民生、促进社会公平正义深化社会体制改革，改革收入分配制度，促进共同富裕，推进社会领域制度创新，推进基本公共服务均等化，加快形成科学有效的社会治理体制，确保社会既充满活力又和谐有序；紧紧围绕建设美丽中国深化生态文明体制改革，加快建立生态文明制度，健全国土空间开发、资源节约利用、生态环境保护的体制机制，推动形成人与自然和谐发展现代化建设新格局；紧紧围绕提高科学执政、民主执政、依法执政水平深化党的建设制度改革，加强民主集中制建设，完善党的领导体制和执政方式，保持党的先进性和纯洁性，为改革开放和社会主义现代化建设提供坚强的政治保证。

（二）历史机遇

中共十八届三中全会决定今后"市场在资源配置中起决定性作用"，这是最本质的核心。公有制经济和非公有制经济都是我国经济社会发展的重要基础。十八届三中全会提出"要赋予农民更多的财产权利"，"建立城乡统一的建设用地市场"，这是启动中国新一轮发展的内在牵引力。

二、"江右商帮"衰退的启示

（一）"江右商帮"衰退的原因

衰落于观念，最突出的是"因循守旧"，"江右商帮"性格上也有缺陷，表现在封闭、守旧、不团结，同时置身于改革之外，不善于吸收新知识、新观念，对待外来新事物比较冷漠，自身又比较满足，小农意识比较强。江右商帮的兴起是移民的作用，江右商人都是小本起家。赣商几百年来虽然形成了人数多、行业广、讲信誉、能吃苦、善筹算及渗透力强等优势，但存在着以商脱贫、资本分散、小本经营、难成规模等先天不足。相比徽商以垄断盐业发家，相比晋商以垄断边贸业发达，江右商人最大的产业是矿业。此外，江右商人绝大多数是因家境所迫而负债经商的，借贷起家成为他们的特点，他们的经商活动一般是以贩卖本地土特产品为起点，因浓厚的传统观念和小农意识而影响到他们的资本投向，只求广度，不求深度，安于现状。因此，江右商帮资本分散，小商小贾众多，往往在竞争中容易丧失市场。在政治权力与商业资本关系密切的中国社会，赣商借助于"朝士半江西"的优势，得以壮大和发展。到清朝末年，朝廷为官者赣人日渐稀少，缺乏以特权为依托的赣商难以与晋商、徽商相抗衡而日益衰落。但是，也正因为是小本经营、人数众多、发掘本地土特产，所以对当地经济发展、社会开发特别是西南地区开发起到重大作用，这是别的商帮所不具备的。

（二）"江右商帮"的优势

江右商人在长期的经营活动中逐渐形成了特有的活动准则，特别重视信誉。注重诚信是江西人头脑中传统儒家思想的自然流露。江西商人还善于揣摩消费者心理，迎合不同主顾的要求，以销售商品和捕捉商机为原则，所以赣商的经营方式是柔性的。

"江右商帮"在长期的商贸实战中，形成了独特的赣商精神，这种精神概括起来，集中表现为"胸有大志，脚踏实地；戒骄戒躁，潜心专研；勤勉躬行，稳扎稳打；以义制利，童叟无欺；合作共赢，善行天下"的品格。

三、新赣商发展的思路

（一）要学会"自我否定"

江西商业存在概念不清、理念不透、观念不新的问题。这就决定了相当一部分新赣商，在实践的过程中缩手缩脚，拼搏冒险意识不足，从而错过大好机会。"对接长珠闽"靠的不仅是得天独厚的自然环境和资源，而且包括创新的发展思路、先进的管理理念、高尚的精神境界；"融入全球化"依靠的是优秀的人才队伍、深厚的人文底蕴、立足全球的广阔胸襟和视野、敏锐的洞察力和高效的领导力。

江西商人只要学会"自我否定"，改变陈腐观念，必定能成为大赣商。彭小峰、王文京、段永平等人就是很好的代表。朱怡岚说，这些年来，江西最大、最深刻的变化就是人的思想观念的变化、精神状况的变化。提出"新赣商"概念，开展赣商论坛，成立赣商文化发展促进会，就是要凝聚江西商人的力量，唤醒古老的江右商帮，共同打造新赣商航母。

（二）要找准商业的切入点

"江右商帮"兴盛于战争，成于海禁，依靠政治上的特权而逐步走向繁盛，主要还是立足于自然资源。相对于晋商和徽商而言，发展的切入点完全不同，晋商多以商贸为主，在商业经营和资本运作中有非常多的特色，不断地进行投资再贸易，设计典当、颜料、药材、皮革、洋货等领域，进行联号经营，对贸易进行垄断。随着中共十八届三中全会的召开，以往赣商在一些领域内的落后，现在有了赶超的机会，各省商人处于同等竞争的地位，金融领域的改革，民营医院的设立，民营资本可以大规模地进入以前不能进入的领域，这都给赣商提供了千载难逢的机会。摆在新赣商面前的路只有不断探索，适应新情况，找准切入点，领先赶超。在金融、保险等领域，新赣商也有成功的经验可以借鉴。不能因循守旧，只找"相对优势"的行业，摒弃"小富即安"的思想。

江西铜业等矿山企业对乐安河下游的污染自20世纪70年代开始，由于上游有色矿山企业的生产，乐安河流域每年接纳的"三废"污水排放总量达6000多万吨，废水中重金属污染物和有毒非金属污染物种类有20余种。由此带来一系列损失，如9269亩耕地荒芜绝收，1万余亩耕地严重减产，沿河9个渔村因河鱼锐减失去经济来源，相关人群重金属中毒病症和奇异怪病时有发生。江西上市公司章源钨业拦腰截断章江水系的三条河流，开凿山体改变河流走向，利用河道筑坝排放尾砂废水，对当地防汛抗洪、农田灌溉和生态安全构成直接威胁，引发部分群众质疑和不满。全省因雾霾天气曾一度封闭大部分高速公路，有网友调侃直呼十面"霾"伏，甚至医院都出现了呼吸道疾病患者骤增的情况。种种迹象显示，仍然依靠传统产业不就收益下降，而且带来严重的环境污染，必须及时转型。

（三）树立各行各业的领军人物

中国古商帮差不多都有标志性的领军人物，晋商有乔致庸，徽商有胡雪岩，赣商却没有相应的人物。新赣商在改革开放时期形成了很多有影响的人物，比如新中国首位亿万富翁张果喜，"步步高"的段永平，"用友软件"的王文京，这些都是新赣商中的杰出代表，但是，江西却没有几个产业在中国能够处于领先地位，景德镇的陶瓷产量不如广东佛山，光伏产业遭遇寒冬，追根结底，在于商界的领军人物太少，江西的上市企业在全国排名靠后，远不及浙江、江苏、山东等省。

从近年的江西富豪榜来看，何金明、王文京、杨龙忠、李义海、段永平、郑跃文、杨文龙夫妇等榜上有名，但是从其行业影响力和财富积累情况和其他省市相比还是有比较大的差距，树立各行业的领军人物，其实是一个产业链甚至是一个产业群集聚的过程，只有形成了规模才能带领江西经济不断地转型。

（四）在引进外资的同时，着力培养本地商业氛围，为赣商的发展提供良好的社会基础

2013 年 1~6 月全省新批外商投资企业 423 家，同比增长 11.9%；合同外资金额 47.02 亿美元，同比增长 24.31%；实际使用外资金额 41.73 亿美元，同比增长 11.27%。招商引资成果显著，但是在经济发展的条件下过度依赖外来资金，而且容易导致本地产业空洞化，从表面上看提高了经济增长速度，优化了产业结构，改善了人民生活，但是从赣商的分布来看，王文京、杨龙忠、段永平等的事业重心均不在江西，江西本土知名赣商比较少，而且多是一些资源密集型行业，这与江西经济发展的未来不符。因此，必须重视本土赣商的发展，立足于本地。

参考文献

［1］肖文胜，蔡玉文. 江右商帮兴衰史带给新赣商的启示［J］. 南昌高专学报，2011（1）.

［2］何宝庆. 赣商，江西崛起的强动力［N］. 江西日报，2007-12-18.

［3］熊学慧. 当代赣商如何突围？［N］. 中国经营报，2012-06-04.

［4］芦忠友. 赣商复出"江湖"还需苦心经营［N］. 中华工商时报，2008-06-03.